普通高等教育经管类专业"十三五"规划教材·会计信息化系列

会计综合实训
——业务财务一体化

丛书主编　欧阳电平
主　　编　张耀武
副主编　　许小静　李　星　徐　涛　丁　璐

清华大学出版社
北　京

内 容 简 介

本书基于业务财务一体化管理的思想,介绍了业财一体化的基本概念,采用用友 U8 V10.1 版为教学软件,通过一套集成应用的案例,详细讲述了系统管理、业财一体化的初始设置、采购与付款过程、销售与收款过程、库存管理与存货核算过程及总账与报表处理过程的业务流程和业务操作,并提供了完整的操作指导。

本书可作为高等院校和职业院校的经济管理类相关专业实践教学环节的教材,也可供在职会计人员及相关人员学习使用。

本书封面贴有清华大学出版社防伪标签,无标签者不得销售。
版权所有,侵权必究。举报:010-62782989,beiqinquan@tup.tsinghua.edu.cn。

图书在版编目(CIP)数据

会计综合实训:业务财务一体化/张耀武 主编. —北京:清华大学出版社,2020.1(2023.1重印)
普通高等教育经管类专业"十三五"规划教材·会计信息化系列/欧阳电平 主编
ISBN 978-7-302-54267-4

Ⅰ.①会… Ⅱ.①张… Ⅲ.①会计学－高等学校－教材 Ⅳ.①F230

中国版本图书馆 CIP 数据核字(2019)第 271066 号

责任编辑:刘金喜
封面设计:范惠英
版式设计:思创景点
责任校对:成凤进
责任印制:丛怀宇

出版发行:清华大学出版社
网　　址:http://www.tup.com.cn, http://www.wqbook.com
地　　址:北京清华大学学研大厦 A 座　　邮　编:100084
社 总 机:010-83470000　　邮　购:010-62786544
投稿与读者服务:010-62776969, c-service@tup.tsinghua.edu.cn
质 量 反 馈:010-62772015, zhiliang@tup.tsinghua.edu.cn
课 件 下 载:http://www.tup.com.cn, 010-62781730

印 装 者:三河市龙大印装有限公司
经　　销:全国新华书店
开　　本:185mm×260mm　　印　张:14.75　　字　数:332 千字
版　　次:2020 年 4 月第 1 版　　印　次:2023 年 1 月第 4 次印刷
定　　价:58.00 元

产品编号:079024-02

丛 书 序

经济全球化和大数据、云计算、移动互联、人工智能等新一轮信息技术的飞速发展，加速了我国企业信息化进程，会计环境也随之发生了重大变革。依托于信息技术创新的财务管理模式(如财务共享服务)，以及管理会计信息化的深入推进，不仅提高了会计工作效率，更加提升了会计管理、控制和决策的能力。我国财政部发布的《关于全面推进管理会计体系建设的指导意见》(财会 2014〔17〕号)文件中也明确指出"加快会计职能从重核算到重管理决策的拓展"，我国会计信息化事业进入一个新的发展阶段。

信息化事业的发展对财会人员或经管类专业学生的知识结构和能力提出了更高的要求。财会类或经管类专业的学生如果不掌握一定的信息技术知识，不具备较熟练的计算机应用能力和必要的分析问题、解决问题的能力，以及自我学习的能力，将很难适应未来专业工作的需要。如何培养适应时代发展的财会专业人才及企业信息化人才？作为一名在中国会计信息化领域从事教学和研究近 30 年的老教师，我一直在思考这个问题。会计信息化需要的是具有多学科交叉的复合型知识结构的人才。我国高校要培养这样的人才，首先要解决专业教育理念的转变、培养目标的正确定位、会计信息化师资等问题；在此基础上要制定适应信息化发展的人才培养方案，以及编写适应时代发展的合适的教材。为此，我们经过充分的调研和精心准备，推出了这套'会计信息化系列"丛书。

本丛书首先出版的是《会计信息化基础》《财务与会计数据处理——以 Excel 为工具》两本。考虑到高等院校对会计综合实训课程开设的不同，为便于灵活选择，我们将原拟定的《会计综合实训——从手工会计到业财一体化》一书分解成《会计综合实训——从手工到电算化》《会计综合实训——业务财务一体化》两本姊妹篇。在 2018 年 3 月出版《会计综合实训——从手工到电算化》后，将出版《管理会计信息化》，随后将陆续出版《会计综合实训——业务财务一体化》《ERP 系统原理与应用》《企业经营决策模拟实训——以财务决策为中心》等。

本丛书具有以下特点。

(1) 学历教育、职业教育、岗位对接一体化。本丛书的读者对象主要为我国普通高校财会专业及经管类专业的本科生、大专生，以及在职的财会人员。对于学历教育要求将基本概念、基本原理和知识架构论述清楚；对于职业教育要求将业务流程和数据之间的传递关系阐述清楚；对于岗位对接则要求将岗位职责和岗位操作流程表达清楚。本系列丛书的编写自始至终都贯穿这个原则，使理论学习与实践有机地结合起来，使课程教学与岗位学习有机地结合起来。

(2) 本丛书内容不仅注重信息化实践操作能力的培养,也注重构建相关学科信息化的完整理论体系。我们根据长期从事信息化教学的经验体会到:任何应用软件仅仅是从事专业工作的工具,只有对业务工作熟悉了才能使用好工具,因此,本丛书重点是对业务流程、业务场景阐述清楚,要有基础理论铺垫,不仅要使读者知其然,还要使读者知其所以然。为便于教学,本丛书都配有软件的操作实训(如金蝶 K/3 系统的操作),但又防止写成软件的操作手册,这样才能让读者做到触类旁通。

(3) 创新性。本丛书由浅入深,内容丰富,能满足各个层次的会计信息化教学和读者群的要求。其中,《会计综合实训——从手工到电算化》在教学手段信息化方面进行了改革创新,依托互联网,充分利用"云存储""二维码"等信息技术,由"纸质教材+配套账册+数字化资源库"构建课程的一体化教学资源,可以通过手机等多种终端形式应用;《企业经营决策模拟实训——以财务决策为中心》《管理会计信息化》是目前市面上少有的教材,我们的编写思路和结构是创新性的。本丛书基本覆盖了目前高校财会专业及经管类专业开设的会计信息化相关的课程教学,同时又充分考虑了企业开展会计信息化培训的不同需求,按照从易到难的原则设计每本书的知识体系。每本书除了讲授相关课程的信息化理论和实务外,还提供了相应的案例、丰富的习题、上机实训题等,以便于教学使用。

(4) 充分利用团队的力量,力保丛书的质量。本丛书由欧阳电平负责策划、担任丛书主编和主审,确定每本书的大纲、编写的思路和原则,以及修改。其他作者大部分是来自于湖北省会计学会会计信息化专业委员会的高校教师和在会计信息化领域有着丰富实践经验的专家,以及在湖北高校多年从事会计信息化教学的教师,他们都具有多年信息化方面的教学和实践经验。另外,湖北省会计学会会计信息化专业委员会除了有高校委员外,还有浪潮集团湖北分公司等企业委员,他们丰富的实战经验和案例等资源为本丛书提供了大量素材。我们利用会计信息化专业委员会这个平台组织丛书编写团队,充分调研和讨论大纲,相互交叉审阅书稿,力保丛书质量。

在本丛书的编写过程中,我们参考和吸收了国内外很多专家学者的相关研究成果并引用了大量的实例,在此一并表示感谢。尽管我们进行了多次的调研和讨论,力求做到推陈出新,希望能够做到尽可能完美,但仍然难免存在疏漏和错误,恳请读者多提宝贵意见。

欧阳电平
2019 年 7 月于珞珈山

前　　言

当今，以计算机信息技术为核心的高技术革命正在推动人类社会进入一个新的文明，信息技术正全面渗透到人类社会的各个方面。"大智移云"(大数据、人工智能、移动通信、云计算)技术及区块链技术等都在不断地改变着会计行业，并重新赋予会计新的内涵。

本书在介绍业财一体化基础知识的基础上，以一个简化的虚拟企业为背景，借助用友 U8 管理软件，通过系统管理、业财一体化的初始设置、采购与付款过程、销售与收款过程、库存管理与存货核算过程、总账与报表处理过程等几个主要环节的应用，分析了业务财务一体化的应用方法和过程。整个实训均按照实验目的、实验内容、实验资料和实验操作指导展开。实验目的明确了通过该实验学生应该掌握的知识和技能；实验内容说明了该实验应完成的主要工作；实验资料提供了企业的业务及财务数据；实验操作指导详细地讲解了具体的操作流程和步骤。

本书遵循理论与实务相结合的原则，既注重业务财务一体化的基本理论和基本知识的讲解，又注重软件的实际操作。本书可作为高等院校和职业院校的经济管理类相关专业实践教学环节的教材，也可供在职会计人员及相关人员学习使用。

武汉纺织大学会计学院张耀武老师担任本书主编，武汉纺织大学许小静老师、李星老师、徐涛老师、丁璐老师担任副主编。张耀武老师负责确定编写思想、总体结构、内容大纲和数据测试，并编写了第四章、第五章和第六章，许小静老师负责编写第二章和第三章，李星老师负责编写第七章，丁璐老师负责编写第一章，华中科技大学张栩同学参与编写，为本书的录入、图形处理和排版做了大量工作。

本书的编写和出版得到了清华大学出版社的大力支持和协助，在此表示感谢。

由于水平有限，时间仓促，书中难免存在错误和疏漏之处，敬请读者指正。

本书 PPT 课件和实验账套数据可通过扫描下方二维码下载。

服务邮箱：476371891@qq.com。

PPT 课件下载

实验账套下载

作　　者

2019 年 12 月

目 录

第一章 业财一体化概述 …………… 1
  第一节 业财一体化的相关概念 … 1
    一、业财一体化的定义与处理特点 ……………………… 1
    二、传统部门级会计信息系统的局限性 …………………… 2
    三、业财一体化处理的目标与任务 ……………………… 3
  第二节 业财一体化的发展历程与实现方案 …………………… 3
    一、业财一体化发展历程概述 … 3
    二、业财一体化实现方案 ……… 5
  第三节 企业业财一体化过程分析 ……………………………… 6
    一、企业基本业务过程 ………… 6
    二、企业业财一体化处理过程 … 7
    三、企业业财一体化处理流程 … 9

第二章 系统管理 ……………………… 11
  第一节 系统管理概述 ……………… 11
    一、系统管理概念 ……………… 11
    二、系统管理功能 ……………… 11
  第二节 系统管理应用实训 ………… 12
    一、实验目的 …………………… 12
    二、实验内容 …………………… 12
    三、实验资料 …………………… 12
    四、实验操作指导 ……………… 13

第三章 业财一体化的初始设置 …… 23
  第一节 业财一体化初始设置概述 …………………………… 23
    一、业财一体化初始设置的目的和意义 ……………………… 23
    二、业财一体化初始设置的内容 ………………………… 23
  第二节 业财一体化初始设置应用实训 ……………………… 24
    一、实验目的 …………………… 24
    二、实验内容 …………………… 24
    三、实验资料 …………………… 24
    四、实验操作指导 ……………… 35

第四章 采购与付款过程 …………… 69
  第一节 采购与付款过程概述 ……… 69
    一、采购与付款的目标与内容 … 69
    二、典型业务过程 ……………… 70
    三、与其他业务过程的关联 …… 73
  第二节 采购与付款功能模块 ……… 73
    一、采购管理子系统的功能模块 ………………………… 73
    二、应付款子系统的功能模块 … 75
    三、与相关子系统的接口 ……… 76
  第三节 采购与付款应用实训 ……… 77
    一、实验目的 …………………… 77
    二、实验内容 …………………… 77
    三、实验资料 …………………… 77
    四、实验操作指导 ……………… 79

第五章 销售与收款过程 …………… 113
  第一节 销售与收款过程概述 …… 113
    一、销售与收款过程的目标与内容 ……………………… 113
    二、典型业务过程 …………… 114
    三、与其他业务过程的关联 … 116
  第二节 销售与收款功能模块 …… 117
    一、销售管理子系统的功能模块 ………………………… 117

二、应收款管理子系统的功能
　　　　模块 …………………… 118
　　三、与相关子系统的接口 …… 119
　第三节　销售与收款应用
　　　　实训 …………………… 120
　　一、实验目的 ………………… 120
　　二、实验内容 ………………… 120
　　三、实验资料 ………………… 121
　　四、实验操作指导 …………… 124

第六章　**库存管理与存货核算过程** … 175
　第一节　库存管理与存货核算
　　　　过程概述 ……………… 175
　　一、库存管理与存货核算过程的
　　　　目标与内容 …………… 175
　　二、典型业务过程 …………… 176
　　三、与其他业务过程的关联 … 178
　第二节　库存管理与存货核算
　　　　功能模块 ……………… 178
　　一、库存管理与存货核算子系统
　　　　功能模块 ……………… 178
　　二、与相关子系统的接口 …… 179
　第三节　库存管理与存货核算
　　　　应用实训 ……………… 180
　　一、实验目的 ………………… 180

　　二、实验内容 ………………… 180
　　三、实验资料 ………………… 180
　　四、实验操作指导 …………… 182

第七章　**总账与报表处理过程** ……… 201
　第一节　总账与报表处理过程
　　　　概述 …………………… 201
　　一、总账与报表处理过程的目标
　　　　与内容 ………………… 201
　　二、典型业务过程 …………… 202
　　三、与其他业务过程的关联 … 204
　第二节　总账与报表处理系统
　　　　功能模块 ……………… 204
　　一、总账系统功能模块 ……… 204
　　二、报表处理系统功能模块 … 205
　　三、与相关子系统的接口 …… 205
　第三节　总账与报表处理应用
　　　　实训 …………………… 206
　　一、实验目的 ………………… 206
　　二、实验内容 ………………… 207
　　三、实验资料 ………………… 207
　　四、实验操作指导 …………… 208

参考文献 ………………………………… 225

第一章

业财一体化概述

第一节 业财一体化的相关概念

一、业财一体化的定义与处理特点

(一) 业财一体化的定义

业财一体化是指将企业经营中的三大主要流程,即业务流程、财务流程、管理流程有机融合,引入计算机"事件驱动"概念,建立基于业务事件驱动的财务一体化信息处理流程,使企业财务数据与业务数据融为一体,以最大限度地实现企业数据共享,实时控制经济业务,真正将会计控制职能发挥出来。

业财一体化从本质上说是一个企业再造工程,需要整个企业统一思想、协调运作,深入调研企业各部门的业务流程,重新审视企业既有的工作方法,评估其对企业整体的贡献,并在此基础上进行优化重组。业财一体化的实施涉及企业的方方面面,是企业提高管理水平的深层次变革。

(二) 业财一体化的处理特点

业财一体化与传统的部门级会计信息系统相比而言,最重要的变化就是在对业务过程的优化基础上实现集成:将企业业务处理和信息处理集成、将企业财务信息和非财务信息集成、将企业日常会计核算工作与企业管理工作集成,使企业由事后反映到实时反映,会计事前计划、事中控制的职能得以有效发挥,会计信息质量发生了质的飞跃。具体来说,业财一体化具有如下处理特点。

(1) 业财一体化实现了财务数据与非财务数据一体化的集成,因此信息将集成存储数据库中,实现数据的集中管理,从而大大地提高信息的安全和可靠性管理,同时已提高了信息的共享度。会计和财务人员不仅可以完成常规的信息应用,还可根据业务处理的需求灵活地使用数据库中的数据。

(2) 业财一体化基于企业业务活动构建，有效防止了在会计系统和业务系统中出现大量重复存储及处理相同业务活动的数据，有效减少数据冗余，避免数据不一致的发生。

(3) 业财一体化最大限度地实现了企业内各种资源的共享，简化业务过程，节约企业资源，大大降低了企业运营成本，使企业资源得到最为合理的利用，提高系统效率。

(4) 业财一体化实现了实时控制，只要业务信息转换成会计信息的规则制定正确，就能实时、高效地生成会计信息，业务系统的单据可以直接生成财务凭证，减少凭证处理时间。业务系统有的数据财务系统都有，财务系统能完整地反映经营状况。此外在业务部门经济业务发生的同时更新会计信息，加强了财务对业务的监控，通过监控原始业务单据，保证账实相符和信息的及时详尽与准确。

(5) 业财一体化使企业实现以物流为依据、以信息流为核心、以商流为主题的全新运作模式。企业实现业财一体化后，在整合并组织各种经济活动的过程中展现出比以往任何时候都要强的竞争力，在经营管理和竞争力上都发生了巨大的变化。其实现信息高度集成与共享，改变"信息孤岛"的状况；在业务处理的同时，自动产生会计信息，使业务与财务有机衔接，并为企业提供多角度查询、统计及分析功能和手段。

二、传统部门级会计信息系统的局限性

传统的部门级会计信息系统是在 20 世纪 70 年代，伴随着小型计算机和微型计算机的大量普及应运而生的。在这个阶段，会计信息系统的设计目标是综合处理发生在企业各业务环境中的各种会计信息，并为企业管理部门提供一定的管理和辅助决策信息。会计信息系统可称为"会计管理信息系统"，它实现部门内的信息集成。但部门级的会计信息系统只是企业财务部门专用的信息系统，它在物理上独立于企业其他部门的信息系统。因此，虽然联机应用已经成熟，但由于部门级会计信息系统的输入被动地依赖于业务部门提供的数据，所以对管理决策的支持只能是提供事后的统计分析评价，而无法有效进行事中控制。又由于会计信息系统采集的仅是影响组织资产、负债或所有者权益构成的经济事件的数据，信息使用者不能获得市场、竞争对手和协作方等有关信息，因而仍只能进行事后的统计和分析，而无法进行有效的事前计划预测和事中控制。

部门级会计信息系统与其他业务系统之间形成的相互独立的"信息孤岛"，是面向事务处理阶段的信息系统的固有特征。如果企业缺乏一个长期和统一的信息系统发展规划，在建立不同业务系统时不考虑将来可能的集成，这些"信息孤岛"的消除是相当困难的。反之，"信息孤岛"就会在信息系统向更高阶段跳跃时自然消除。

正因为部门级会计信息系统存在诸多局限性，故而从部门级会计信息系统发展到业财一体化的企业级会计信息系统是必然的。

三、业财一体化处理的目标与任务

企业在日常经营过程中越来越深刻地认识到,要提高企业的市场竞争力,就必须将整个企业业务过程中涉及的所有职能部门紧密协同起来,使整体效率最大化,这样才能真正提高企业的效率和效益。基于此,企业业财一体化的处理目标与任务如下。

(1) 集成化企业业务流程、会计工作流程和企业信息流程,使企业的物流、资金流、信息流和业务流整合一体,实现企业信息与过程集成,彻底消除"信息孤岛",实现数据与信息资源高度共享。

(2) 基于 C/S 结构网络系统,在客户端与数据库服务器间合理分配数据与功能,将会计信息系统作为整个企业管理信息系统的有机组成部分。

(3) 将企业会计信息的采集、存储、处理及传输嵌入业务处理系统,将企业会计系统与业务系统融为一体。在业务发生时能够实时采集详细的业务及财务信息,执行处理和控制规则。

(4) 高度集成化下实时采集的财务信息使企业内控前移,不仅可以做到事后分析与决策,还可以进行有效的事中控制。

(5) 利用已有的业务和会计综合信息,建立决策模型及企业决策支持系统,帮助企业管理者解决多样化和不确定性的问题,以更好地制定企业高层管理决策和发展策略。

第二节 业财一体化的发展历程与实现方案

一、业财一体化发展历程概述

伴随着计算机、网络等信息技术的发展,会计信息系统的发展经历了由单项会计数据处理阶段发展到部门级会计数据处理阶段,再发展到财务业务数据一体化处理阶段的历程。

(一) 单项会计数据处理阶段

1946 年 2 月 14 日,由美国政府和宾夕法尼亚大学合作开发的世界上第一台电子计算机 ENIAC 在费城问世,其准确、快速的运算特点,使人们意识到计算机在数据处理方面的作用巨大,开始尝试使用电子计算机辅助企业进行管理。1954 年美国通用电气公司第一次使用电子计算机计算职工工资,实现了工资核算和成本会计核算,引起了会计数据处理方式上的变革,大大提高了工作效率和工作质量,标志着开始以单一会计核算处理业务为特征的电算化会计信息系统模式。

这一阶段,由于电子计算机硬件的飞速发展,其性能价格比逐渐优化,在软件方面产生了独立于应用程序的数据文件系统,以及各种高级语言的诞生,特别是 COBOL 语言的使用为企业各种核算工作提供一个自动化的工作环境,产生管理信息系统的早期形态,即 EDP。EDP 阶段一直延续到 20 世纪 60 年代末期。在这期间企业计算机整体应用水平较低,在企业管理中计算机仅被应用到个别部门解决局部的计算和管理要求,开发的计算机软件的应用功能也比较简单,一般主要是用以代替部分手工劳动,降低劳动强度,以及提高劳动效率等。在这一阶段,人们主要是利用计算机来处理工资计算、存取款、库存材料的收发核算等数据处理量大、计算简单且重复次数多的经济业务,各项会计业务均独立完成,没有相互联系。

(二) 部门级会计数据处理阶段

会计信息系统发展至 20 世纪 70 年代,随着小型机和微型计算机的大量普及,财务部门内部有越来越多的会计事务使用计算机处理。当财务部门内部的计算机应用达到一定程度时,人们开始考虑如何将财务部门内部的各种计算机应用进行集成,使各种应用程序能够共享数据。也就是说,任何数据可由一个部门的操作员从一个应用程序录入,存入统一的数据库,按一定的规则处理和授权使用。这样可以减少数据重复输入,提高效率、避免差错、明确责任,同时被授权者能够实时共享数据库中不断变化的信息。

这一阶段,实现了财务部门内部的信息集成,这种集成被称为"部门内的信息集成",其突破传统的数据处理范围的局限,将会计信息系统中包括账务处理、应收应付、成本核算等在内的各子系统有机地结合在一起,形成整体性的会计信息系统。会计数据的采集和输入可由某个子系统完成,其他子系统共享,从而实现了会计数据来源唯一,实时共享。

但这一阶段的会计信息系统准确地说只是企业财务部门专用的信息系统,它在物理上是独立于企业其他部门的信息系统的,会计信息系统与其他业务系统之间形成了相互独立的"信息孤岛"。虽然联机应用已经成熟,但由于会计信息系统采集的仅是影响组织资产、负债或所有者权益构成的经济事件数据,没有关于市场、竞争对手和协作方等的相关信息,且只能被动地依赖业务部门提供的数据,因此对企业的管理决策支持只能提供事后的分析评价,而无法有效地进行事前预测及事中控制。

(三) 财务业务数据一体化处理阶段

从 20 世纪 70 年代后期开始,市场竞争加剧,企业越来越深刻地认识到要提高企业的市场竞争力,仅靠提高某个职能部门的工作效率是不够的,企业各个业务部门只有紧密协同,才能从整体上提高企业的效率和效益。这一阶段,企业通过信息技术的应用,使企业生产经营部门活动中的物流、资金流、信息流融为一体,在企业内畅通地流动,有效地支持管理和决策,推动企业管理的进步。

企业财务业务数据一体化处理的实现,使企业业务和财务如一道工艺流程有机地连接起来,各岗位在完成本职工作的同时,也为后续岗位做好了准备。我们通过事务驱动,将原来离散、脱节、静态、滞后的管理变为流畅、动态、面向过程的管理,数据既不重复,又保证了相互关联和整体再现,解决了数出多门、报表不一的长久困惑,极大提高了财务业务信息系统运行质量，提升了企业管理水平和工作效率，使会计信息系统由部门级会计信息系统升级为企业级会计信息系统。财务业务一体化是先进的管理思想和现代化管理手段的完美集成和统一。

二、业财一体化实现方案

从业务、技术和管理等几个角度分析，实现财务业务一体化应该至少包括基础数据、账簿表单、工作流程和系统运维管理一体化等内容。

(一) 基础数据的一体化

在企业管理信息系统中，能否实现财务与业务一体化，最关键的是基础数据能否统一。企业管理信息系统中的基础数据，主要是数据字典(如科目代码表、往来单位代码表、产品代码表、项目代码表等)和系统参数(如工作日历、用户角色与权限、工作流定义、数据精度等)。在财务子系统与业务子系统进行数据交换时，如果基础数据的代码字典不统一，就只能采用设置代码对照关系的方式，即将财务子系统中的代码与业务子系统中的代码逐一进行对照。这种方式不仅工作量大，而且由于两边的基础数据都在不断变化，对照的工作需要随时完成，一般难以在实际应用中采用。

在一体化设计的企业会计信息系统中，财务与业务等子系统所公用的基础数据要采用单独的基础数据设置模块来完成，可以在各个子系统中公用，从而避免了各子系统各自为政的现象。

(二) 账簿表单的一体化

对此可能会有人提出不同意见，认为财务子系统与业务子系统在账簿、表单方面应该单独设计，不存在一体化的问题。其实不然，由于财务子系统记录了企业在经营过程中的所有经济事项，其他业务子系统中产生的原始数据大部分都需要流入财务子系统中，因此存在一体化设计的问题。其具体应该包括以下几个方面。

(1) 相关账簿一体化设计。应收账款、应付账款、原材料、半成品、产成品、固定资产等明细账簿，是财务与业务子系统密切相关的，这些明细账簿既需要进行价值核算，又存在一定的业务管理，因此可以在设计上通盘考虑财务核算和业务管理的功能，分别满足不同的需要。这里需要特别强调的是，财务与业务账簿统一设计是完全可能的，至于两者关于记账主体、未达业务和制度差别造成的差异，完全可以通过查询等功能了解。这样做不仅可以体现财务与业务的差异，更能避免因在财务与业务子系统中分别设账造成的数据冗余。

(2) 相关表单一体化设计。仓储管理中的入(出)库单，采购管理中的采购发票，生产过程中的领料单、工时表，人事管理中的劳资表等表单，都可以作为会计记账凭证的原始凭证，因此需要进行相关一体化的设计，以实现记账凭证、原始凭证之间的自动生成和双向追溯功能。

(三) 工作流程的一体化

对于企业会计信息系统，业务协同是一个非常重要的需求。财务业务一体化方案中可以采用基于工作流平台的设计，使财务和业务可以在工作流程上实现一体化。例如，业财一体化以后的出库业务流程可以既包括业务部门的入库处理过程，又包括财务的结算等处理。这些工作流程，都不是局限在某一个部门内部的业务，而需要财务与业务部门进行协作才能完成。我们通过工作流平台的定义和设置，能实现跨部门业务工作流程的一体化。

(四) 系统运维管理的一体化

对于业财一体化设计的企业会计信息系统，还有一个最大的优势就是可以建立统一的系统运行和维护体系。大量的信息孤岛浪费了大批的IT资源，包括硬件、系统软件和网络设施，而一体化设计的企业会计信息系统可以运行在统一的服务器上，可以在一个数据库中存储在同一套磁盘阵列中，财务和业务子系统的数据可以在一个网络上传输，同一个防火墙不仅可以保护财务数据，也可以保护业务数据。对于企业来说，也要考虑信息系统的投资与收益，统一的系统运行平台自然可以节省一部分投资成本，从而提高信息系统的投资收益。

此外，企业会计信息系统实施上线以后，系统的运行维护工作也要长期保证并需要一笔不小的开支。而在业财一体化设计的企业会计信息系统中，采用统一的运行维护体系，包括建立统一的运维呼叫中心(Call Center)、数据备份策略和设备、文档管理机制等，无疑会大大节约系统运维的成本。

第三节 企业业财一体化过程分析

一、企业基本业务过程

企业的根本目标是通过获利来满足和利益相关者的需要，这一目标只有在企业提供的产品或服务被顾客接受后才能实现。我们将为实现某个业务目标而进行的一系列活动称为"业务过程"，任何产品或服务都是通过一定的业务过程生产完成并最终到达顾客方的，因此每一个企业都有业务活动。为了提供产品或服务，每一个企业又都必须至少有获取/支付、转换及销售/收款这三个基本业务过程，具体如图1-1所示。

1. 获取/支付过程

获取/支付过程是企业从上游供应商或企业内部的上游车间和部门等处获得所需要的各种原材料等需要被加工的任何有形及无形的资源，并为此支付款项资金等可以用价值计量的资源的业务过程。

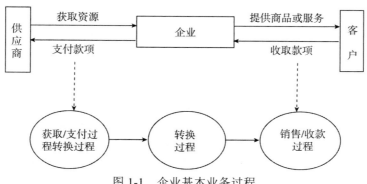

图 1-1　企业基本业务过程

2. 转换过程

转换过程是企业将获取的资源转换成客户需要的商品和服务，通过这个过程将原始的输入变成完工的商品或服务。其核心是投入顾客所需要的产品或服务的一系列活动和这些活动的分布结构。

3. 销售/收款过程

销售/收款过程是企业向顾客销售和交付商品及服务，并收取货款的过程。只有通过销售/收款过程，企业的产出才能够真正到达下游客户，产出的价值才能够真正体现出来。

二、企业业财一体化处理过程

在企业基本业务过程的基础上，我们按照企业生产经营周期的环节可进一步将企业的业财一体化处理过程细分为如图 1-2 所示。

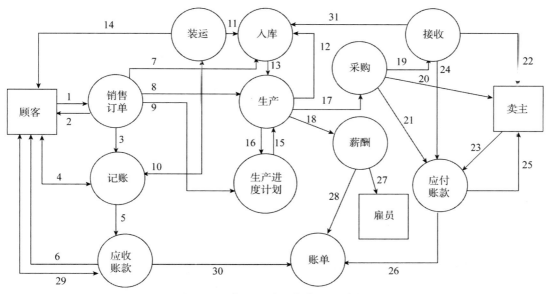

图 1-2　企业业财一体化处理过程

- 订购：顾客通过销售订单流程下订单要货。订单可以由顾客本人或销售人员开具，书面或电话预定均可。销售订单转换成其他相关应用系统进一步处理所必需的数据。
- 确认：销售订单流程中经常会发给顾客一张确认单，通知顾客其订单已经收到且正在处理中。
- 账单备忘录：依据销售订单将账单备忘录发送给账单处理的过程。备忘录提供了准备给顾客所订的货物开票时所必需的数据。
- 发票：账单处理过程是给顾客开具发票，请其付款。通常账单是在装运部门发出装运通知后开具。
- 发票通知：账单处理向应收账款处理发出开票通知。应收账款处理的责任是维护顾客数据库，并将数据库更新以反映这笔交易。
- 报表：应收账款处理要定时向顾客改善有关报表，详细说明每位顾客所欠的总金额，一般来说，这些报表列出的不单是一个顾客的订单/交易。
- 装货单：销售订单流程发出装运订单给仓库。这份文件会详细说明顾客订的货物名称及交货的时间和地点。
- 生产通知单：如果所订的货物是专门定做的非库存产品或临时缺货，顾客订单通常需要给生产机构发出生产通知单。
- 生产通知单(如需要)：另一种方式是把销售订单流程定下的生产通知单发送到生产计划部门，这要取决于生产过程的组织情况。
- 装货单：在发货给顾客之后，装运部门给账单部门发出一份装运单的复印件，证明货已经发出并确认账单处理过程已经完成。
- 货物装运：仓库把要运给顾客的货物发到装运部门。
- 成品：产成品由生产部门运到仓库进行存储。
- 产品订单(如需要)：仓库会记录缺货的情况，这要取决于交易过程如何组织。在这种情况下，生产通知单要发给生产部门(或者也可能发到生产计划部门)来替换库存。
- 发给顾客的货物：货物发送或递送给顾客。
- 生产进度表：生产计划部门给生产部门发出生产进度表，通过该表批准并管理生产过程。
- 生产状况：把生产情况报告发给生产部门以便审阅和修订生产进度。
- 购买需求：生产部门发出采购单给采购部门，订购生产所用的原材料，采购部门负责向供应商发出订购单。
- 劳动报告：生产部门发出劳动情况报告给薪酬部门，据此付给雇员薪水并累计生产成本。
- 接收通知：采购部门发出接收报告给接收部门，批准接收部门接收供应商的货物。
- 购买订单：采购部门通过向供应商发出订购单订购货物。
- 购买通知：订购单发到应付账款部门，启动付款过程。

- 商品：接收供应商的商品。
- 发票：供应商开发票让公司付款，这些发票必须与应付账款核对。
- 接收凭证：接收部门通知应付账款部门的货物已经收到。
- 付款：应付账款部门批准付款给供应商。
- 付款记录：付款记录转到记账部门进行处理。
- 付款支票及其他：雇员从薪酬部门收到薪金支票或其他文件。
- 雇员付款记录：雇员工资记录转到记账部门进行处理。
- 汇款(顾客)：顾客汇款支付所欠公司的账款。
- 现金收据：记账部门处理现金收入记录。
- 购买货物：采购的货物从接收部门运到仓库存储。

三、企业业财一体化处理流程

企业业财一体化处理流程，如图 1-3 所示。

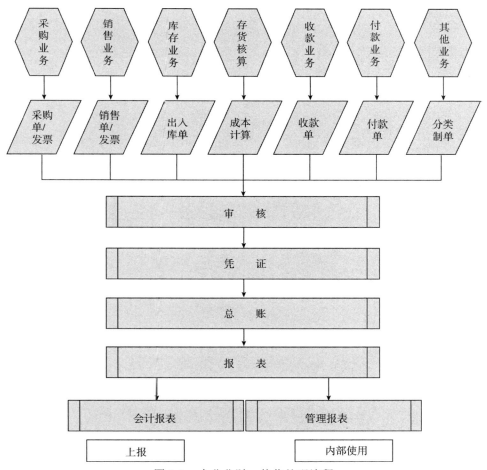

图 1-3 企业业财一体化处理流程

第二章

系统管理

第一节 系统管理概述

一、系统管理概念

业财一体化软件是由若干个具有独立功能的子系统组成，如总账、报表、薪资管理、固定资产、应收应付、采购管理、销售管理、库存管理和存货核算等子系统，各个子系统之间相互联系，数据共享，共同实现财务、业务一体化的管理。系统管理为各个子系统提供一个统一的数据环境和必要的安全机制，实现一体化的管理应用模式。

二、系统管理功能

系统管理模块的主要功能是对各个子系统进行统一的操作管理和数据维护，主要包括账套管理、年度账管理、操作员及其权限管理及系统安全机制等。

1. 账套管理

通俗地讲，账套指的是一套账，是一组相互关联的数据。一般来说，每一个单位可以为其自身和每一个独立核算的下级单位建立一个核算账套，各个账套数据之间相互独立、互不影响。目前，用友ERP-U8财务管理软件中，用户最多可以建999套账。

账套管理一般包括建立账套、修改账套、引入和输出账套等功能。其中引入和输出账套功能，即是账套数据的备份和账套数据的恢复功能。

2. 年度账管理

年度账与账套的概念不同，一个账套中包含了企业所有的数据，一般来说，都是以年度为单位进行保存的。年度账管理是指对同一账套内不同年度的数据所进行的管理。换言之，用户不仅可以建立多个账套，而且每个账套中还可以存放不同年度的账套。

年度账管理的功能主要包括年度账的建立、清空、引入、输出和结转上年数据等。

3. 操作员及其权限管理

为了保证系统及数据的安全保密、符合岗位分工的要求并防止越权操作、进一步加强企业内部控制，系统管理提供了操作员及操作权限的集中管理功能。即对账套操作员及功能权限实行统一管理，设立统一的安全管理权限，账套的修改和功能启用由账套主管来完成。

4. 系统安全机制

用户在使用财务软件系统时，要求系统运行安全、数据存储安全，所以系统应建立一个强有力的安全保障机制，即设立统一的安全机制。其主要包括设置系统运行监控、设置数据自动备份、清除系统运行异常任务、记录上机日志和刷新等功能。

第二节　系统管理应用实训

一、实验目的

(1) 掌握业财一体化软件用友 ERP-U8 中系统管理的内容。
(2) 理解系统管理在整个系统中的作用及重要性。

二、实验内容

(1) 建立单位账套。
(2) 增加操作员及财务分工。
(3) 备份与恢复账套数据。

三、实验资料

(一) 建账

武汉飞乐电脑公司是一家电脑组装公司，公司有一个车间主要组装"飞乐 1 号"产品，同时代理与"飞乐 1 号"产品相关的配套用品(如喷墨打印机、浪潮服务器等)。

1) 账套信息
账套号：111(班级+顺序号，111 是指 1 班 11 号)；账套名称：武汉飞乐电脑公司；采用默认账套路径；启用会计期：2019 年 1 月；会计期间：默认。

2) 单位信息
单位名称：武汉飞乐电脑公司；单位简称：武汉飞乐。

企业类型：工业；行业性质：2007年新会计制度科目。
有外币核算。

3) 分类编码方案

科目编码级次：4222；客户和供应商分类编码级次：22；存货分类编码：122；部门编码级次：12；地区分类编码级次：2；结算方式编码级次：2；收发类别编码级次：12；其余使用默认。

4) 数据精度

该企业对存货数量、单价小数位定为2，均为默认。

5) 系统启用

启用总账系统，启用时间为2019-01-01。

（二）财务分工

财务分工如表2-1所示，初始密码均设置为空。

表2-1 财务分工

编号	姓名	角色	主要业务权限	所属部门
01	张三	账套主管	负责业务处理工作；具有系统所有模块的全部权限	财务部
02	李四	出纳业务	负责现金、银行账管理工作	
03	王五	日常业务	负责日常业务处理工作	
04	赵六	采购业务	主要负责采购业务处理工作	采购部
05	刘七	销售业务	主要负责销售业务处理工作	销售部
06	陈八	仓库业务	主要负责仓库管理工作	仓存部

在实验中，各项业务处理主要由张三完成，需要出纳签字的由李四完成，盲核、记账的工作由王五完成。实际工作中则具体按照岗位完成相关业务处理工作。

（三）备份与恢复账套

对武汉飞乐电脑公司账套进行备份与恢复。

四、实验操作指导

（一）建账

1. 启动系统管理

执行【开始】→【所有程序】→【用友 U8 V10.1】→【系统服务】→【系统管理】命令，启动【系统管理】，弹出【用友 U8[系统管理]】窗口，如图2-1所示。

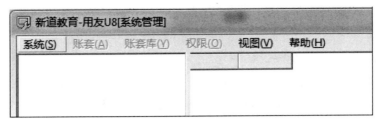

图 2-1 【用友 U8[系统管理]】窗口

2. 注册

系统允许用户以两种身份注册进入系统管理:一是以系统管理员 Admin 的身份;二是以账套主管的身份。系统管理员负责整个系统的总体控制和维护工作,可以管理该系统中所有的账套。以系统管理员身份注册进入,可以进行账套的建立、引入和输出,设置操作员和账套主管,设置和修改操作员的密码及其权限等;账套主管负责所选账套的维护工作,主要包括对所选账套进行修改,对年度账的管理(包括创建、清空、引入、输出及子系统的年末结转,所选账套的数据备份等),以及该账套操作员权限的设置。

由于在第一次运用该软件时还没有建立核算单位的账套,因此,在建立账套前应由系统管理员 Admin 进行登录。

单击菜单栏【系统】→【注册】命令,打开【登录】系统管理对话框,如图 2-2 所示。

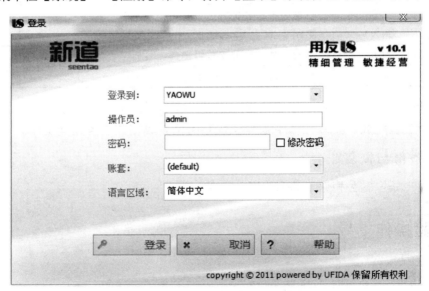

图 2-2 【登录】系统管理对话框

单击【登录】按钮。

3. 创建账套

执行【账套】→【建立】命令,系统提示创建账套,如图 2-3 所示。

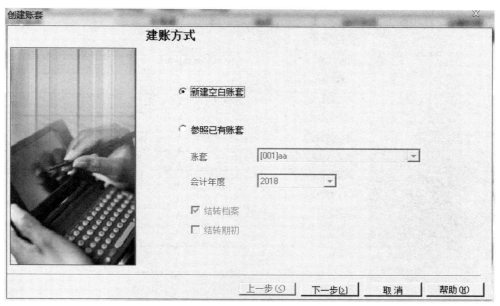

图 2-3 建账方式

单击【下一步】按钮，输入账套信息，如图 2-4 所示。

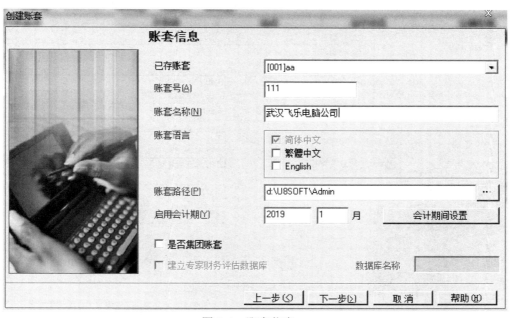

图 2-4 账套信息

单击【下一步】按钮转入【单位信息】设置窗口。输入单位信息，如图 2-5 所示。

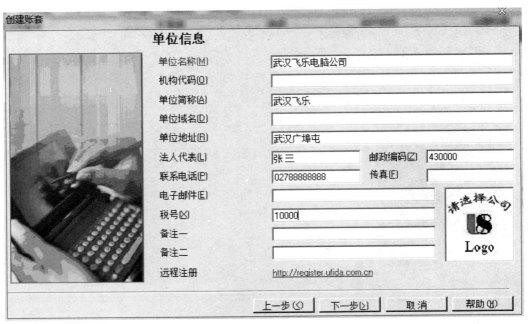

图 2-5 单位信息

单击【下一步】按钮,转入【核算类型】界面。输入核算类型信息,如图 2-6 所示。

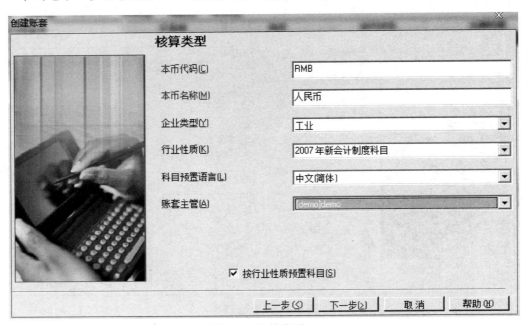

图 2-6 核算类型

单击【下一步】按钮,输入相关的基础信息,如图 2-7 所示。

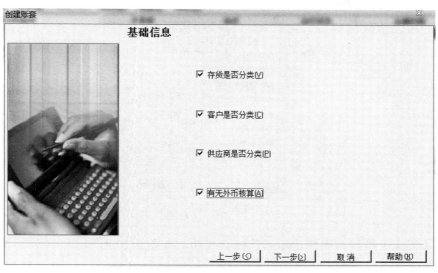

图 2-7　基础信息

单击【下一步】按钮，系统提示【可以创建账套了么？】，单击【是】按钮，系统开始创建账套，经过一段时间后弹出【编码方案】窗口，如图 2-8 所示。

项目	最大级数	最大长度	单级最大长度	第1级	第2级	第3级	第4级	第5级	第6级	第7级	第8级	第9级
科目编码级次	13	40	9		2	2	2					
客户分类编码级次	5	12	9	2	2							
供应商分类编码级次	5	12	9	2	2							
存货分类编码级次	8	12	9	1	2	2						
部门编码级次	9	12	9									
地区分类编码级次	5	12	9									
费用项目分类	5	12	9	1	2							
结算方式编码级次	2	3	3	2								
货位编码级次	8	20	9	2	3	4						
收发类别编码级次	3	5	5	1	2							
项目设备	8	30	9									
责任中心分类档案	5	30	9									
项目要素分类档案	6	30	9									
客户权限组级次	5	12	9	2	3	4						

图 2-8　【编码方案】窗口

单击【确定】按钮，转入【数据精度】定义界面，如图 2-9 所示。

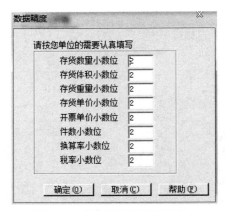

图 2-9 【数据精度】界面

单击【确定】按钮,系统提示创建账套成功,如图 2-10 所示。

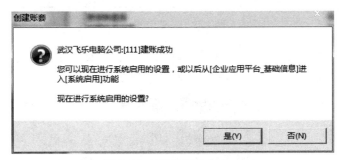

图 2-10 创建账套成功

单击【是】按钮,进入【系统启用】界面,如图 2-11 所示(也可以在【企业应用平台】上进行子系统的启用,见下章)。

图 2-11 【系统启用】界面

在需要启用的子系统名称(如总账)左边的方框里单击打上【√】。

(二) 财务分工

1. 增加用户

打开用友 ERP-U8【系统管理】窗口，执行【权限】→【用户】命令，如图 2-12 所示。

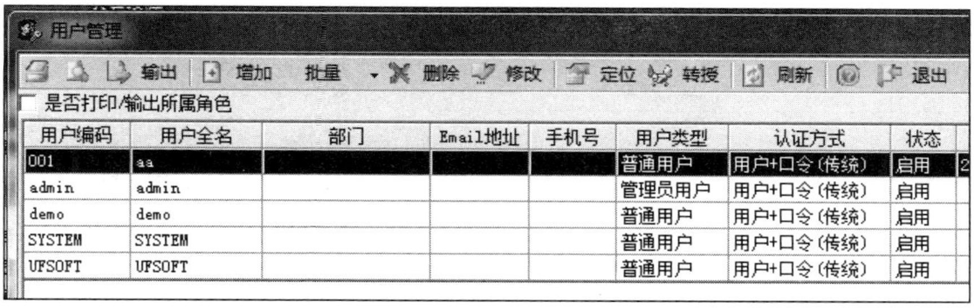

图 2-12 【用户管理】对话框

在图 2-12【用户管理】对话框中，单击【增加】按钮，打开【操作员详细情况】对话框，输入操作员的具体信息，如图 2-13 所示。

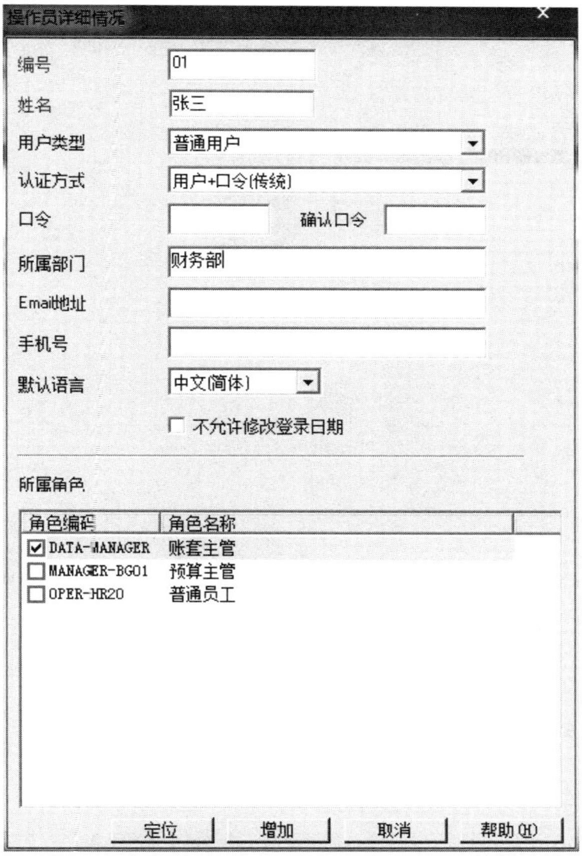

图 2-13 【操作员详细情况】对话框

其他用户增加与此相同，设置完成后，如图 2-14 所示。

用户管理

输出 增加 批量 删除 修改 定位 转授 刷新 退出

是否打印/输出所属角色

用户编码	用户全名	部门	Email地址	手机号	用户类型	认证方式	状态
001	aa				普通用户	用户+口令(传统)	启用
01	张三	财务部			普通用户	用户+口令(传统)	启用
02	李四	财务部			普通用户	用户+口令(传统)	启用
03	王五	财务部			普通用户	用户+口令(传统)	启用
04	赵六	采购部			普通用户	用户+口令(传统)	启用
05	刘七	销售部			普通用户	用户+口令(传统)	启用
06	陈八	仓存部			普通用户	用户+口令(传统)	启用
admin	admin				管理员用户	用户+口令(传统)	启用
demo	demo				普通用户	用户+口令(传统)	启用
SYSTEM	SYSTEM				普通用户	用户+口令(传统)	启用
UFSOFT	UFSOFT				普通用户	用户+口令(传统)	启用

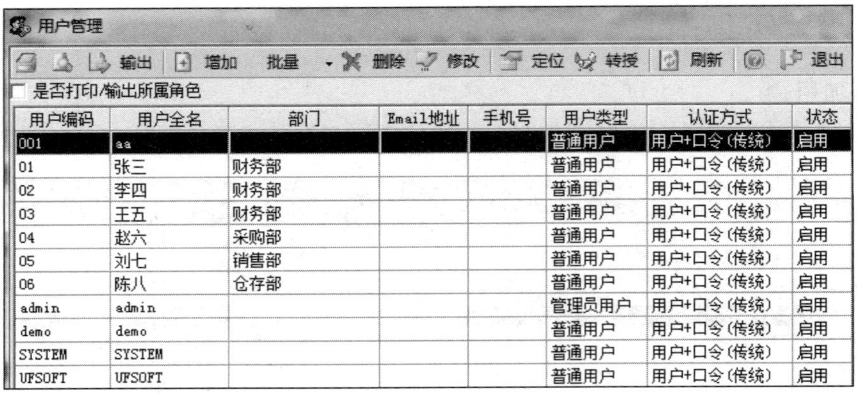

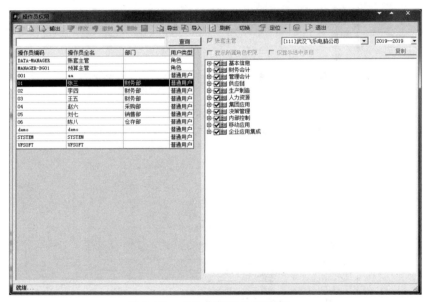

图 2-14　用户增加完成

2. 分配权限

打开用友 ERP-U8【系统管理】窗口，执行【权限】→【权限】命令，弹出【操作员权限】对话框，选择操作员(如张三)进行权限的设置，如图 2-15 所示。

图 2-15　【操作权限】对话框

其他用户的权限设置操作与此相同。

(三) 备份与恢复账套

1. 账套备份

以系统管理员 Admin 的身份注册系统管理，选择【账套】→【输出】命令，打开【账套输出】对话框,如图 2-16 所示。

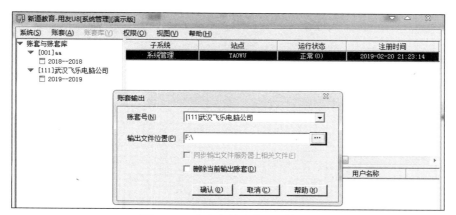

图 2-16 【账套输出】对话框

备份的文件为 UFDATA.BAK 和 UfErpAct.Lst 两个文件,文件的大小为 1.5GB 左右。

如果要删除账套数据,则在【账套输出】对话框中(见图 2-16)选择"删除当前输出账套"复选框,输出完成之后,即可弹出一个信息提示框,单击【是】按钮,即可删除账套数据的信息。

2. 账套恢复

以系统管理员 Admin 的身份注册系统管理,选择【账套】→【引入】命令,然后选择备份账套的存放路径及所要恢复的备份文件 UfErpAct.Lst,备份文件 UFDATA.BAK 和 UfErpAct.Lst 要在同一目录下,单击【确定】按钮后即可完成账套的恢复工作。

第三章

业财一体化的初始设置

第一节 业财一体化初始设置概述

一、业财一体化初始设置的目的和意义

业财一体化初始设置是日常业务处理的前提，是原来手工处理的数据进入计算机系统进行计算机处理的起点，是通过对资金流、物流全面跟踪管理最终提高企业管理整体水平的基础，也是影响整个系统运作质量和效率的直接因素。进行业财一体化初始设置的目的和意义在于以下几个方面。

（一）完成从通用软件到专用软件的转换

由于软件系统安装后，系统的参数、基础资料等都还没有设置，系统还不能针对企业具体情况处理具体业务，因此用户必须先根据企业实际业务需要，设置系统控制参数、科目、核算项目等，才能正常处理业务。

（二）完成从旧系统到新系统的数据交接

企业启用新的软件系统之初，必须完成从旧计算机软件系统或旧手工处理系统将原有的数据作为期初数据移植交接到新系统，以保证企业日后工作的延续性及数据的一致性。

在集成化信息系统环境下，业财一体化初始设置可以充分发挥数据共享和数据集成的优势，保障企业基础信息的一致性和正确性。

二、业财一体化初始设置的内容

业财一体化初始设置的内容主要可分为系统启用、参数设置、基本信息及档案设置、

业务流程设置和期初数据输入等几部分。系统启用是设置要启用的子系统及子系统的启用年度和启用期间;参数设置是对数据基本处理原则和方法、业务操作的基本规则、业务流程规范等进行设置,以及为使系统正常运转和简化日常处理工作,预先定义系统涉及的一些信息;基本信息及档案设置是将企业基础资料和管理资料进行整理、汇总后录入系统中的过程,业财一体化涉及的基础资料及档案主要包括部门、职员、客户、供应商、会计科目、核算项目、凭证字、币别、计量单位、仓库、存货、结算方式、收发类别、采购类型、销售类型、费用项目和开户银行等;业务流程设置是由用户自定义业务处理的环节和相互关系,系统将根据用户的设置进行相关控制,从而满足企业特定业务流程需要;期初数据输入时输入系统启用期之前的业务及财务数据。

第二节 业财一体化初始设置应用实训

一、实验目的

(1) 理解业财一体化初始设置的意义。
(2) 掌握业财一体化软件初始设置的相关内容。
(3) 掌握业财一体化软件初始设置的操作方法。

二、实验内容

(1) 启用业财一体化软件相关子系统。
(2) 业财一体化软件基础资料及档案的设置。
(3) 相关子系统参数的设置。
(4) 期初数据的录入。

三、实验资料

(一) 子系统启用

按照要使用的业务,启动的子系统模块表如表3-1所示。

表 3-1 启动的子系统模块表

系统名称	启用会计期间	启用自然日期
总账	2019-01	2019-01-01
应收款管理	2019-01	2019-01-01
应付款管理	2019-01	2019-01-01

(续表)

系统名称	启用会计期间	启用自然日期
固定资产	2019-01	2019-01-01
出纳管理	2019-01	2019-01-01
销售管理	2019-01	2019-01-01
采购管理	2019-01	2019-01-01
库存管理	2019-01	2019-01-01
存货核算	2019-01	2019-01-01
薪资管理	2019-01	2019-01-01

（二）基础档案

1. 部门档案

部门档案，如表3-2所示。

表3-2 部门档案

部门编码	部门名称
1	管理部门
101	行政部
102	财务部
2	购销部门
201	采购部
202	销售部
3	制造部门
301	一车间
4	后勤部门
401	仓存部
402	运输部

2. 人员类别

101：管理人员；102：经营人员；103：车间管理人员；104：工人。

3. 人员档案

人员档案，如表3-3所示。

表3-3 人员档案

人员编码	人员姓名	性别	人员类别	行政部门	是否业务员	是否操作员	对应操作员编码
101	张三	男	管理人员	行政部	是		
301	赵六	女	经营人员	采购部	是	是	04
401	刘七	男	经营人员	销售部	是	是	05

人员均为在职人员。业务人员的费用归属于所在部门，生效日期从2019年1月1

日起计算。

4. 地区分类

01：华中；02：华北；03：华东。

5. 供应商分类

01：原料供应商；02：成品供应商。

6. 客户分类

01：批发；02：零售；03：代销。

7. 供应商档案

供应商档案，如表3-4所示。

表3-4 供应商档案

供应商编码	供应商名称	供应商简称	地区名称	所属分类	税号	银行账号	专营业务员名称	分管部门名称
01	武汉WA公司	武汉WA	华中	01	10001	中行，1001	赵六	采购部
02	武汉WB公司	武汉WB	华中	01	10002	中行，1002	赵六	采购部
03	上海SA公司	上海SA	华东	02	30001	工行，3001	赵六	采购部
04	上海SB公司	上海SB	华东	02	30002	工行，3002	赵六	采购部

8. 客户档案

客户档案，如表3-5所示。

表3-5 客户档案

客户编码	客户名称	客户简称	地区名称	所属分类	税号	银行账号	专营业务员名称	分管部门名称
01	武汉WC公司	武汉WC	华中	01	10003	工行，1003	刘七	销售部
02	北京BA公司	北京BA	华北	01	20001	工行，2001	刘七	销售部
03	武汉WD公司	武汉WD	华中	02	10004	中行，1004	刘七	销售部
04	北京BB公司	北京BB	华北	03	20002	中行，2002	刘七	销售部

9. 外币

币符：USD；币名：美元；固定汇率1:6.85。

10. 会计科目

企业使用的会计科目，如表3-6所示。

表3-6 企业使用的会计科目

科目代码	科目名称	辅助核算	方向	币别计量	备注
1001	库存现金	日记账	借		
1002	银行存款		借		
100201	工行存款	日记账/银行账	借		

(续表)

科目代码	科目名称	辅助核算	方向	币别计量	备注
100202	中行存款	日记账/银行账 外币核算	借	美元	账页格式：外币金额式
1122	应收账款	客户往来	借		
1123	预付账款	供应商往来	借		
1221	其他应收款		借		
122101	应收单位款	客户往来	借		
122102	应收个人款	个人往来	借		
1231	坏账准备		贷		
1401	材料采购		借		
1403	原材料		借		
140301	生产用原材料	数量核算	借	个	
140399	其他用原材料	数量核算	借	个	
1404	材料成本差异		借		
1405	库存商品		借		
1408	委托加工物资		借		
1411	周转材料		借		
1601	固定资产		借		
1602	累计折旧		贷		
1604	在建工程		借		
160401	人工费	项目核算	借		
160402	材料费	项目核算	借		
160499	其他	项目核算	借		
1701	无形资产		借		
1901	待处理财产损溢		借		
190101	待处理流动资产损溢		借		
190102	待处理固定资产损溢		借		
2001	短期借款		贷		
2202	应付账款	供应商往来	贷		
2203	预收账款	客户往来	贷		
2211	应付职工薪酬		贷		
221101	工资		贷		
221102	职工福利费		贷		
2221	应交税费		贷		
222101	应交增值税		贷		
22210101	进项税额		贷		
22210102	销项税额		贷		
222102	应交营业税		贷		
222199	其他		贷		
2231	应付利息		贷		

(续表)

科目代码	科目名称	辅助核算	方向	币别计量	备注
223101	借款利息		贷		
2241	其他应付款		贷		
4001	实收资本		贷		
4103	本年利润		贷		
4104	利润分配		贷		
5001	生产成本		借		
500101	直接材料	项目核算	借		
500102	直接人工	项目核算	借		
500103	制造费用	项目核算	借		
500104	折旧费	项目核算	借		
500199	其他	项目核算	借		
5101	制造费用		借		
510101	工资		借		
510102	折旧费		借		
6001	主营业务收入		贷		
6051	其他业务收入		贷		
6401	主营业务成本		借		
6402	其他业务成本		借		
6403	营业税金及附加		借		
6601	销售费用		借		
660101	工资	部门核算	借		
660102	福利费	部门核算	借		
660103	办公费	部门核算	借		
660104	差旅费	部门核算	借		
660105	招待费	部门核算	借		
660106	折旧费	部门核算	借		
660199	其他	部门核算	借		
6602	管理费用		借		
660201	工资	部门核算	借		
660202	福利费	部门核算	借		
660203	办公费	部门核算	借		
660204	差旅费	部门核算	借		
660205	招待费	部门核算	借		
660206	折旧费	部门核算	借		
660299	其他	部门核算	借		
6603	财务费用		借		
660301	利息支出		借		
660302	利息收入		借		
660303	汇兑损益		借		

将"库存现金 1001"科目指定为现金总账科目;将"银行存款 1002"科目指定为银行总账科目;将"库存现金 1001、工行存款 100201、中行存款 100202"科目指定为现金流量科目。

11. 凭证类别

凭证类别,如表 3-7 所示。

表 3-7 凭证类别

凭证类别	限制类型	限制科目
收款凭证	借方必有	1001,100201,100202
付款凭证	贷方必有	1001,100201,100202
转账凭证	凭证必无	1001,100201,100202

12. 结算方式

结算方式,如表 3-8 所示。

表 3-8 结算方式

结算方式编码	结算方式名称	是否票据管理
01	现金支票	否
02	转账支票	否
03	现金	否
04	银行汇票	否
05	商业汇票	否
06	银行本票	否
99	其他	否

13. 项目目录

本单位项目核算大类项目为"开发项目",分为自行开发和委托开发,如表 3-9 所示。

表 3-9 项目目录

项目大类:开发项目

所属分类码	项目分类	项目编号	项目名称
1	自行开发	01	飞乐 1 号
2	委托开发	02	1 号保护卡

14. 计量单位

计量单位,如表 3-10 所示。

表 3-10 计量单位

计量单位组编码	计量单位组名称	计量单位组类别	计量单位编码	计量单位名称
01	计量单位	无换算率	01	个
			02	台
			03	只
			04	千米

15. 存货分类

存货分类，如表 3-11 所示。

表 3-11 存货分类

分类编码	分类名称
1	原材料
101	主机
10101	CPU
10102	硬盘
10103	保护卡
102	显示器
103	键盘
104	鼠标
2	产品
201	台式机
3	配件
301	配套硬件
30101	打印机
30102	服务器
302	配套软件
5	应税劳务

16. 存货档案

存货档案，如表 3-12 所示。

表 3-12 存货档案

存货编码	存货名称	类别	主计量单位名称	属性
001	i7 处理器	10101	个	内销、外购、生产耗用
002	1T 硬盘	10102	个	内销、外购、生产耗用
003	19 英寸显示器	102	台	内销、外购、生产耗用
004	有线键盘	103	个	内销、外购、生产耗用
005	有线鼠标	104	只	内销、外购、生产耗用
006	飞乐 1 号	201	台	内销、自制
007	喷墨打印机	30101	台	内销、外购、生产耗用
008	浪潮服务器	30102	台	内销、外购、生产耗用
009	1 号保护卡	10103	个	内销、外购、生产耗用
500	运费	5	千米	外购、外销、应税劳务

500 运费的计价方法为个别计价法，税率为 10%；其他的按照库房计价，税率为 16%。

17. 仓库档案

仓库档案,如表 3-13 所示。

表 3-13 仓库档案

仓库编码	仓库名称	计价方式
1	原料库	移动平均法
2	产品库	全月平均法
3	配件库	全月平均法

存货核算方式按照仓库核算。

18. 收发类别

收发类别,如表 3-14 所示。

表 3-14 收发类别

收发类别编码	收发类别名称	收发标志
1	正常入库	收
101	采购入库	收
102	产品入库	收
103	调拨入库	收
2	非正常入库	收
201	盘盈入库	收
202	其他入库	收
3	正常出库	发
301	销售出库	发
302	领料出库	发
303	调拨出库	发
4	非正常出库	发
401	盘亏出库	发
402	其他出库	发

19. 采购类型

采购类型,如表 3-15 所示。

表 3-15 采购类型

采购类型编码	采购类型名称	入库类别	是否默认值
1	普通采购	采购入库	是

20. 销售类型

销售类型,如表 3-16 所示。

表 3-16 销售类型

销售类型编码	销售类型名称	出库类别	是否默认值
1	经销	销售出库	是
2	代销	销售出库	否

21. 开户银行

开户银行，如表 3-17 所示。

表 3-17 开户银行

编码	银行账号	账户名称	开户银行	所属银行编码	所属银行名称
01	888888888888	武汉飞乐电脑公司	工行武汉分行	01	中国工商银行
02	999999999999	武汉飞乐电脑公司	中行武汉分行	00002	中国银行

22. 费用项目

费用项目分类：分类编码 1，分类名称为代垫费用。

费用项目：费用项目编码 01，费用项目名称为设备服务费。

23. 单据编号

单据编号按照实际需要进行设置，也可不设置。

(三) 子系统参数

1. 总账子系统参数

总账控制参数，如表 3-18 所示。

表 3-18 总账控制参数

选项卡	参数设置
凭证	不勾选"制单序时控制" 可以使用应收、应付、存货受控科目 不勾选"现金流量科目必录现金流量项目"选项 自动填补凭证断号 银行科目结算方式必录 凭证编号方式采用系统编号 其他使用默认设置
账簿	按照默认设置
凭证打印	按照默认设置
预算控制	按照默认设置
权限	出纳凭证必须经由出纳签字；允许修改、作废他人填制的凭证 可查询他人凭证
会计日历	会计日历为 1 月 1 日—12 月 31 日；数量小数位、单价小数位、设置为两位；本位币精度两位
其他	外币核算采用固定汇率；部门、个人、项目按编码方式排序

2. 存货核算子系统参数

1) 存货科目设置

原料库：生产用原材料(140301)；产品库：库存商品(1405)；配件库：库存商品(1405)。

2) 对方科目设置

采购入库：材料采购(1401)；产品入库：生产成本/直接材料(500101)；盘盈入库：

待处理流动资产损溢(190101)；销售出库：主营业务成本(6401)；领料出库：生产成本/直接材料(500101)。

3. 应收款管理子系统参数

1) 坏账处理

坏账处理方式：应收余额百分比法；应收款核销方式：按单据；其他参数为系统默认。

2) 基本科目设置

应收科目：1122；预收科目：2203；销售收入科目：6001；税金科目：22210102；其他可暂时不设置。

3) 控制科目设置

所有客户的控制科目均相同；应收科目：1122；预收科目：2203。

4) 结算方式科目设置

现金支票对应科目：100201；转账支票(人民币)对应科目：100201；转账支票(美元)对应科目：100202；其他结算方式：100201。

5) 坏账准备设置

提取比率：0.5%；坏账准备期初余额：10 000；坏账准备科目：1231；对方科目：660299。

6) 账期内账龄区间及逾期账龄区间的总天数项目设置

01:30 天；02:60 天；03:90 天；04:120 天。

报警级别设置，如表3-19所示。

表3-19 报警级别设置

序号	起止比率	总比率(%)	级别名称
01	0～10%	10	A
02	10%～30%	30	B
03	30%～50%	50	C
04	50%～100%	100	D
05	100%以上		E

4. 应付款管理子系统参数

1) 应付款核销方式

按单据，其他参数为系统默认。

2) 基本科目设置

应付科目2202，预付科目1123，采购科目1401，税金科目22210101，其他可暂时不设置。

3) 结算方式科目设置

现金支票对应科目：100201；转账支票(人民币)对应科目：100201；转账支票(美元)对应科目：100202；其他结算方式：100201。

账期内账龄区间与逾期账龄区间设置同应收款管理。

5. 销售管理子系统参数

报价不含税,新增销售发票参照发货单。

(四) 期初数据

1. 总账期初数据

1) 总账会计科目期初余额

2019 年 1 月份会计科目期初余额,如表 3-20 所示。

表 3-20 2019 年 1 月份会计科目期初余额

科目名称	方向	币别	期初余额
库存现金(1001)	借		7 000
银行存款(1002)	借		1 185 000
工行存款(100201)	借		500 000
中行存款(100202)	借		685 000
	借	美元	100 000
应收账款(1122)	借		157 600
坏账准备(1231)	贷		10 000
原材料(1403)	借		1 004 000
生产用原材料(140301)	借		1 004 000
库存商品(1405)	借		2 720 000
固定资产(1601)	借		1 200 000
累计折旧(1602)	贷		152 982
应付账款(2202)	贷		276 850
实收资本(4001)	贷		5 000 000
本年利润(4103)	贷		833 768

2) 辅助账期初余额

应收账款(1122)期初余额,如表 3-21 所示。

表 3-21 应收账款期初余额

日期	凭证号	客户	业务员	摘要	方向	金额	票号	票据日期
2018-11-25	转-100	武汉 WC	刘七	销售商品	借	99 600	P100	2018-11-25
2018-12-10	转-27	北京 BA	刘七	销售商品	借	58 000	P027	2018-12-10

应付账款(2202)期初余额,如表 3-22 所示。

表 3-22 应付账款期初余额

日期	凭证号	供应商	业务员	摘要	方向	金额	票号	票据日期
2018-10-20	转-60	武汉 WA	赵六	购买原材料	贷	276 850	P060	2018-10-20

2. 采购管理期初数据

本实训中的单价、报价均为无税价格。

2018 年 12 月 25 日。收到武汉 WA 公司提供的 1T 硬盘 100 个，暂估单价为 800 元，商品已验收入原料仓库，至今尚未收到发票。

3. 销售管理期初数据

2018 年 12 月 28 日，销售部向北京 BA 公司出售飞乐 1 号 10 台，报价为 6 500 元，由产品库发货。该发货单尚未开票。

4. 库存和存货核算期初数据

2018 年 12 月底，对各个仓库进行了盘点，结果如表 3-23 所示。

表 3-23　库存盘点表

仓库名称	物料名称	单位	数量	单价	金额
原料库	i7 处理器	个	700	1 200	840 000
	1T 硬盘	个	200	820	164 000
产品库	飞乐 1 号	台	400	5 000	200 000
配件库	喷墨打印机	台	400	1 800	720 000

5. 应收款管理期初数据

应收款以应收单形式录入，应收账款期初数据，如表 3-24 所示。

表 3-24　应收账款期初数据

日期	客户	方向	金额	业务员
2018-11-25	武汉 WC 公司	借	99 600	刘七
2018-12-10	北京 BA 公司	借	58 000	刘七
	合计	借	157 600	

6. 应付款管理期初数据

应付账款以应付单形式录入，应付账款期初数据，如表 3-25 所示。

表 3-25　应付账款期初数据

日期	供应商	方向	金额	业务员
2018-10-20	武汉 WA 公司	贷	276 850	赵六

四、实验操作指导

(一) 子系统启用

选择【用友 U8 V10.1】→【企业应用平台】，用账套主管身份登录，如图 3-1 所示。单击【登录】按钮，进入【企业应用平台】窗口，如图 3-2 所示。

进入后选择左下部的【基础设置】，再单击左上部的【基本信息】，然后再选择【系统启用】，打开【系统启用】窗口，如图 3-3 所示。在需要启用的子系统名称左边的方框里单击打上【√】。

图 3-1 登录企业应用平台

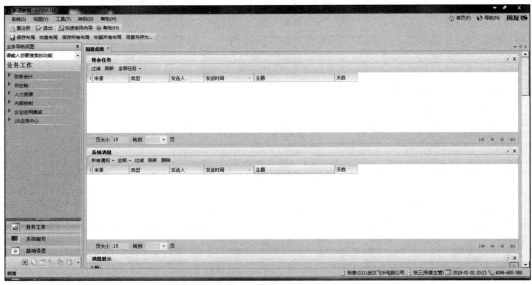

图 3-2 【企业应用平台】窗口

图 3-3 【系统启用】窗口

(二) 设置基础档案

1. 部门档案设置

登录进入 U8 企业应用平台后,选择【基础设置】→【基础档案】→【机构人员】→【部门档案】,弹出【部门档案】窗口,单击【增加】按钮,输入实验资料的部门信息并保存,如图 3-4 所示。

图 3-4 部门档案增加窗口

输入完成后的部门档案如图 3-5 所示。

图 3-5 输入完成后的部门档案

2. 人员类别设置

在 U8 企业应用平台，选择【基础设置】→【基础档案】→【机构人员】→【人员类别】，弹出【人员类别】窗口，先删除系统预置的人员类别，然后单击【增加】按钮，录入档案编码、档案名称等信息，如图 3-6 所示。

图 3-6　增加人员类别

设置完成后的人员类别如图 3-7 所示。

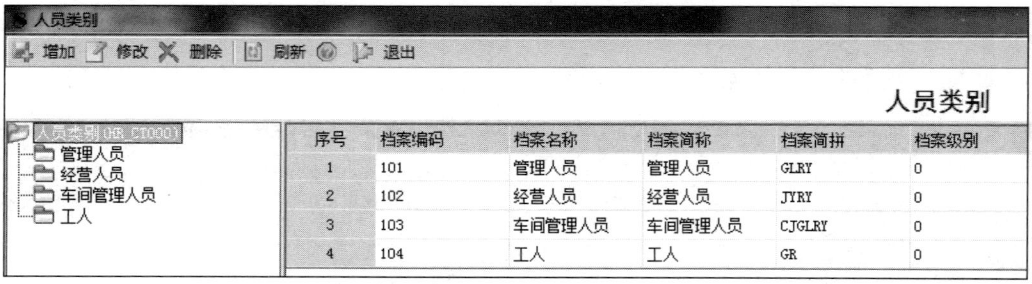

图 3-7　设置完成后的人员类别

3. 人员档案设置

在 U8 企业应用平台，选择【基础设置】→【基础档案】→【机构人员】→【人员档案】，单击【增加】按钮，录入人员的相关信息，如图 3-8 所示。

4. 地区分类设置

在 U8 企业应用平台，选择【基础设置】→【基础档案】→【客商信息】→【地区分类】，单击【增加】按钮，录入地区的相关信息，如图 3-9 所示。

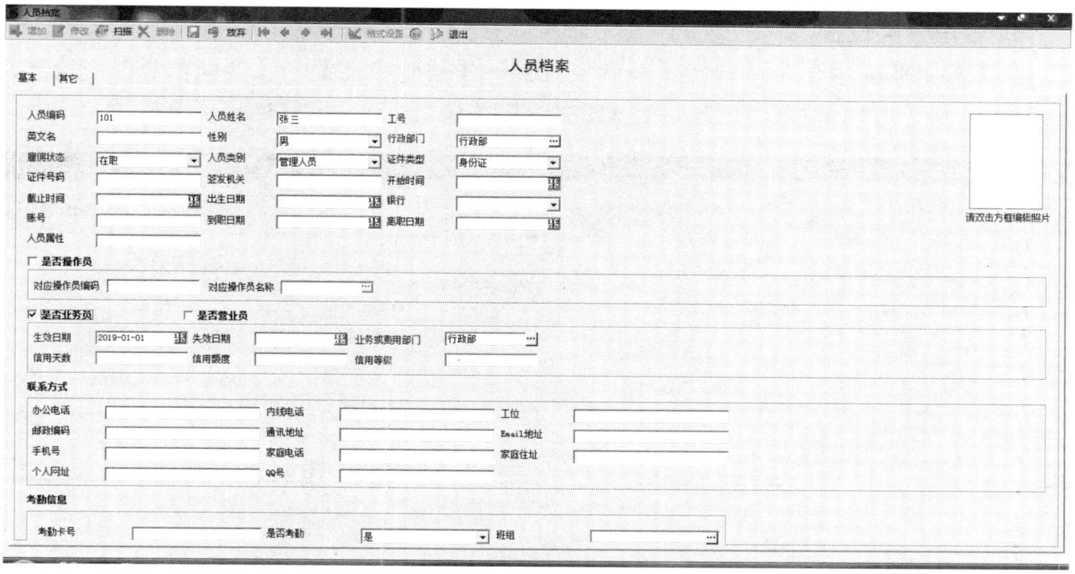

图 3-8 增加人员档案

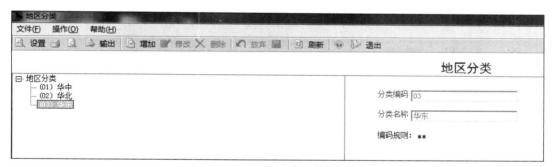

图 3-9 增加地区分类

5. 供应商分类设置

在 U8 企业应用平台，选择【基础设置】→【基础档案】→【客商信息】→【供应商分类】，单击【增加】按钮，录入供应商分类的相关信息，如图 3-10 所示。

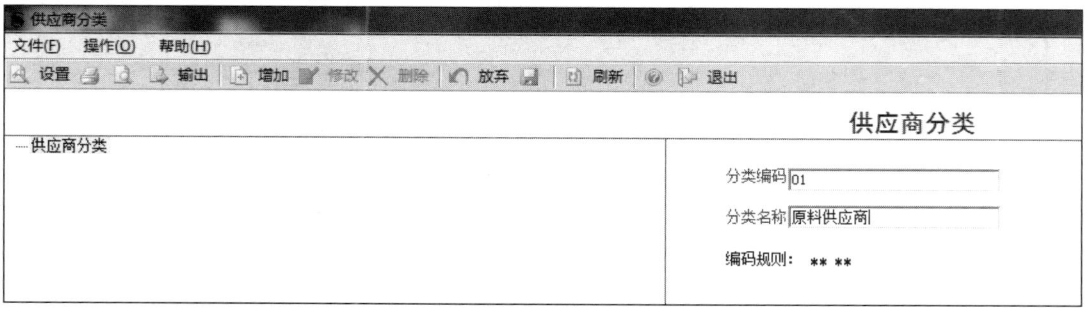

图 3-10 增加供应商分类

6. 客户分类设置

在 U8 企业应用平台，选择【基础设置】→【基础档案】→【客商信息】→【客户分类】，单击【增加】按钮，录入客户分类的相关信息，如图 3-11 所示。

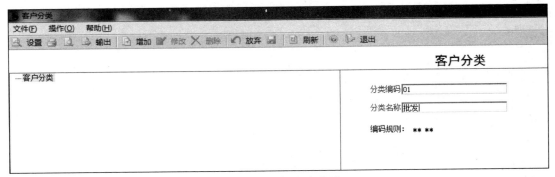

图 3-11　增加客户分类

7. 供应商档案设置

在 U8 企业应用平台，选择【基础设置】→【基础档案】→【客商信息】→【供应商档案】，单击【增加】按钮，录入供应商的相关信息，如图 3-12 所示。

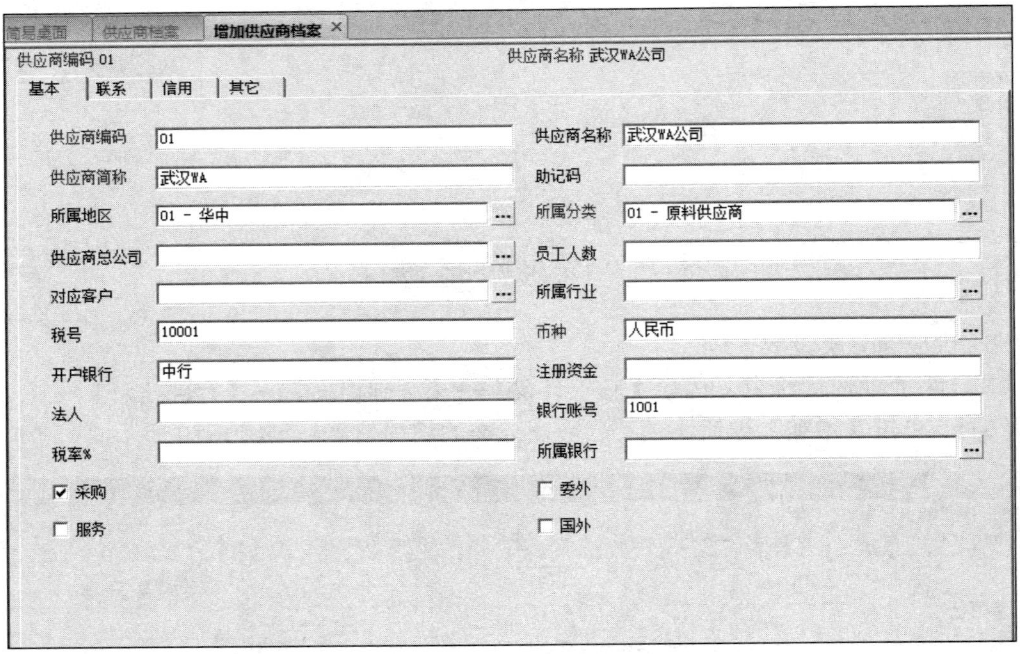

图 3-12　录入供应商的相关信息

单击【联系】选项卡，输入联系信息，如图 3-13 所示。

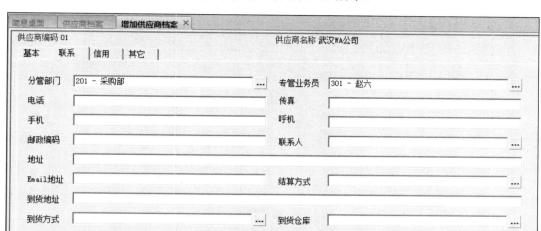

图 3-13　供应商联系信息

单击【保存】按钮后输入其他供应商资料。输入完成后的供应商档案，如图 3-14 所示。

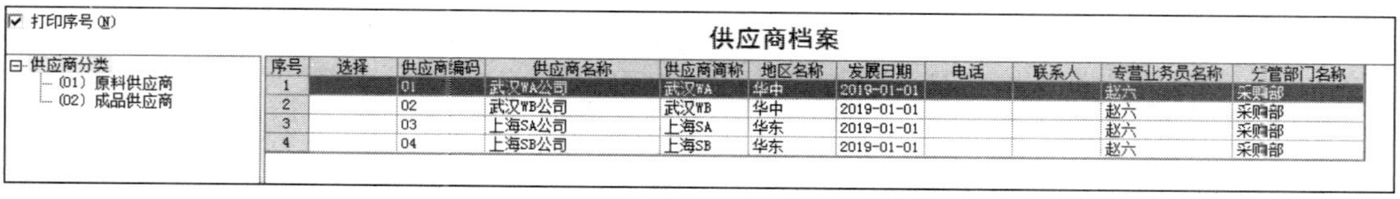

图 3-14　输入完成后的供应商档案

8. 客户档案设置

在 U8 企业应用平台，选择【基础设置】→【基础档案】→【客商信息】→【客户档案】，单击【增加】按钮，录入客户的相关信息，如图 3-15 所示。

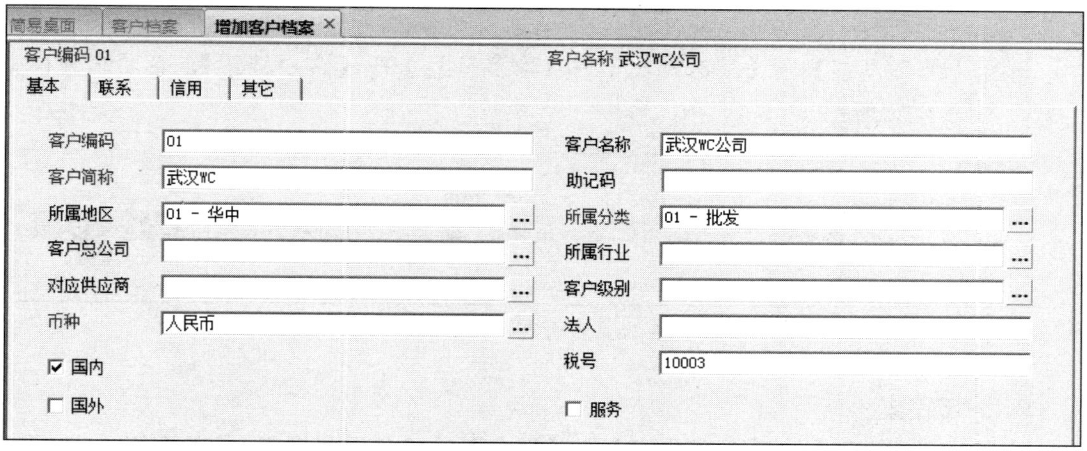

图 3-15　客户基本档案

单击工具栏上的【银行】按钮，输入客户银行信息，如图 3-16 所示。

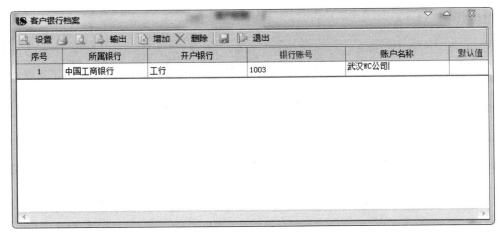

图 3-16 客户银行信息

在【联系】选项卡中输入联系信息，如图 3-17 所示。

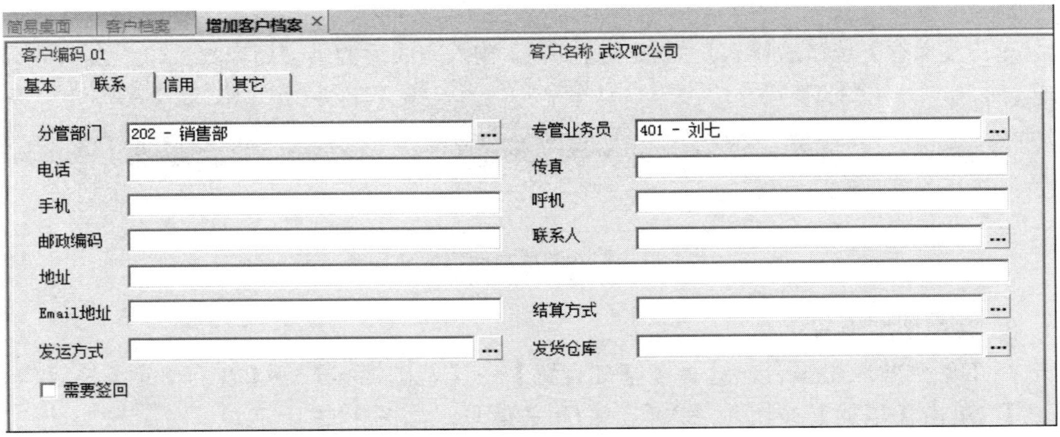

图 3-17 客户联系信息

选择【基础设置】→【基础档案】→【客商信息】→【客户档案】，查看客户档案信息，如图 3-18 所示。

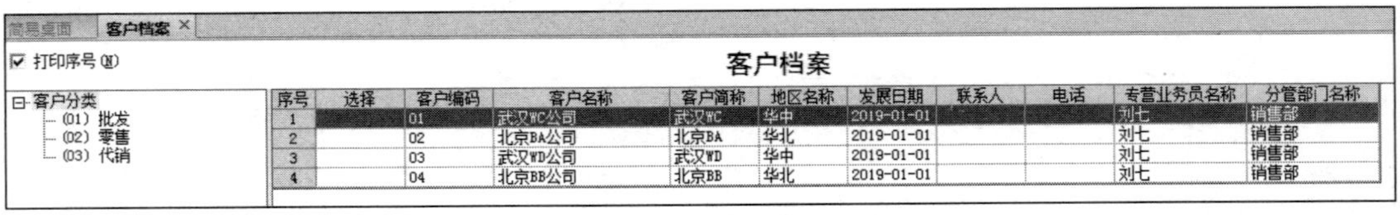

图 3-18 查看客户档案信息

9. 外币设置

选择【基础设置】→【基础档案】→【财务】→【外币设置】，录入币符"USD"，币名"美元"，单击【增加】按钮，再选择增加的币种"美元"，选择【固定汇率】，记账汇率列输入期初汇率，如图 3-19 所示。

图 3-19 外币设置

10. 会计科目设置

1) 增加科目

选择【基础设置】→【基础档案】→【财务】→【会计科目】，打开【会计科目】窗口，如图 3-20 所示。

图 3-20 【会计科目】窗口

单击【增加】按钮，增加会计科目，如图 3-21 所示。

2) 修改科目

选择【基础设置】→【基础档案】→【财务】→【会计科目】，双击要进行修改的会计科目，如图 3-22 所示，修改应收账款科目的辅助核算，单击【修改】按钮，修改后单击【确定】按钮保存。

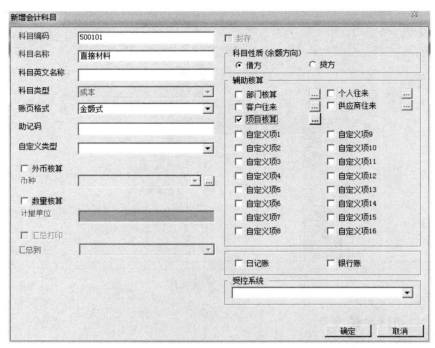

图 3-21　增加会计科目

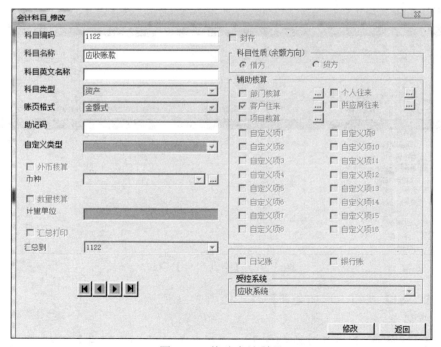

图 3-22　修改会计科目

3) 指定科目

选择【基础设置】→【基础档案】→【财务】→【会计科目】,再选择【编辑】→

【指定科目】，指定"库存现金"科目为现金总账科目，"银行存款"科目为银行总账科目，如图3-23所示。

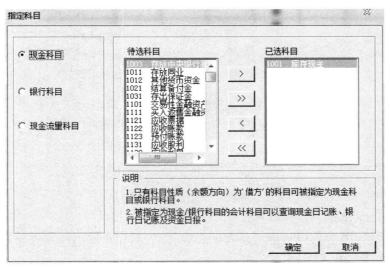

图3-23　指定科目

11. 凭证类别设置

选择【基础设置】→【基础档案】→【财务】→【凭证类别】，再选择收款凭证、付款凭证、转账凭证预置模式，进入凭证类别设置后，先单击【修改】按钮，再选择限制类型和限制科目，如图3-24所示。

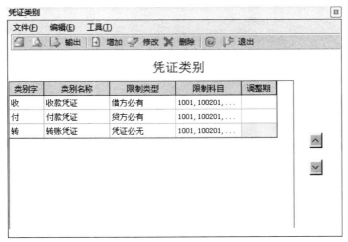

图3-24　凭证类别设置

12. 结算方式设置

选择【基础设置】→【基础档案】→【收付结算】→【结算方式】，单击【增加】按钮，输入结算方式，如图3-25所示。

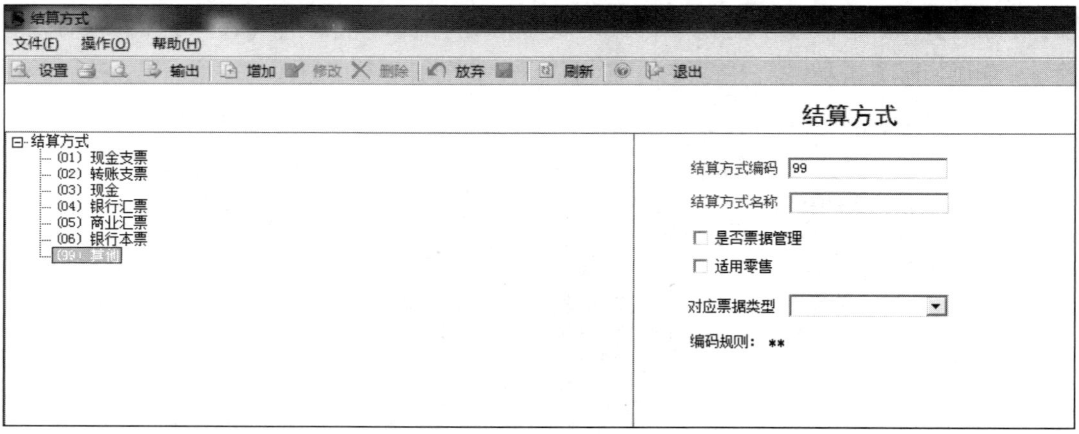

图 3-25　结算方式设置

13. 项目目录设置

本单位项目核算大类项目为"开发项目"，分为自行开发项目和委托开发项目。

1) 设置项目大类

选择【基础设置】→【基础档案】→【财务】→【项目目录】，进入项目档案窗口，单击【增加】按钮，输入新项目大类名称【开发项目】，如图 3-26 所示。

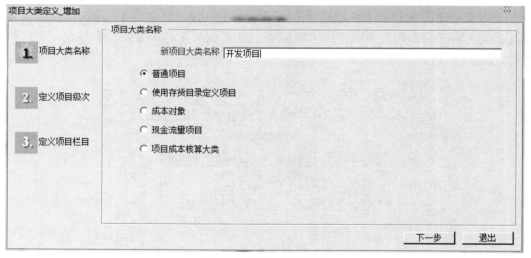

图 3-26　增加项目大类

单击【下一步】按钮，按默认值完成项目大类的设置。

2) 定义项目分类

在项目大类中选择【开发项目】，打开【项目分类定义】选项卡，单击右下角的【增加】按钮，输入项目信息，单击【确定】按钮，如图 3-27 所示。

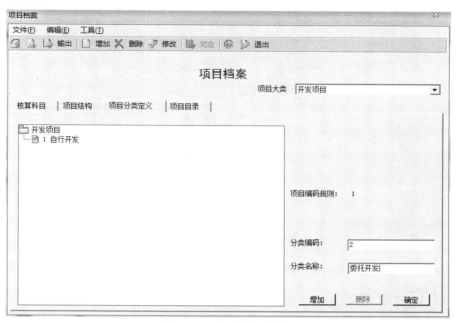

图 3-27 定义项目分类

3) 定义项目目录

选择项目大类【开发项目】，打开【项目目录】选项卡，单击右下角的【维护】按钮，进入"项目目录维护"窗口。单击【增加】按钮，输入项目信息，如图 3-28 所示。

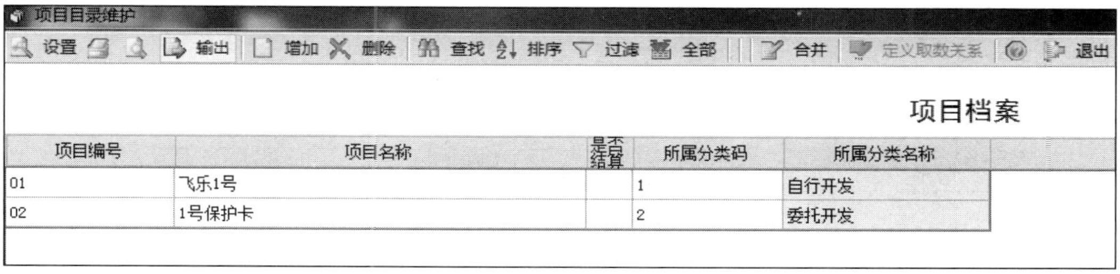

图 3-28 定义项目目录

若【是否结算】标识为【Y】，则该项目将不能再使用。

4) 指定核算项目

在【项目档案】窗口中，先选择项目大类为【开发项目】，然后打开【核算科目】选项卡，将待选科目选入，这些科目是在科目定义时设定了项目核算的，单击【确定】按钮完成，如图 3-29 所示。

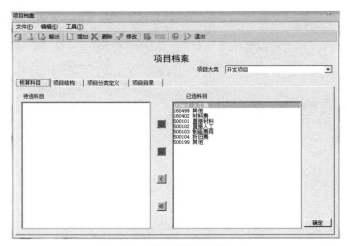

图 3-29　指定核算项目

14. 计量单位设置

1) 设置计量单位组

登录 U8 企业应用平台，选择【基础设置】→【基础档案】→【存货】→【计量单位】，然后单击【分组】按钮(即增加分组)，进入计量单位窗口后单击【增加】按钮，输入计量单位组信息，单击【保存】按钮，完成计量单位组的创建。可继续增加设置计量单位组，设置完成后如图 3-30 所示。

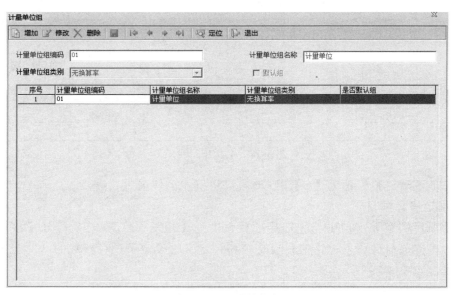

图 3-30　计量单位组

无换算率计量单位组：在该组下的所有计量单位都以单独形式存在，各种单位之间不需要输入换算率，系统默认为主计量单位。

固定换算率计量单位组：包括多个计量单位，即一个主计量单位、多个辅计量单位。

浮动换算率计量单位组：只能包括两个计量单位，即一个主计量单位、一个辅计量单位。

完成后单击【退出】按钮。

2) 设置计量单位

选择【基础设置】→【基础档案】→【存货】→【计量单位】，先从左边选择计量单位组，然后单击工具栏中的【单位】按钮，进入计量单位设置后单击【增加】按钮，输入计量单位信息，如图3-31所示。

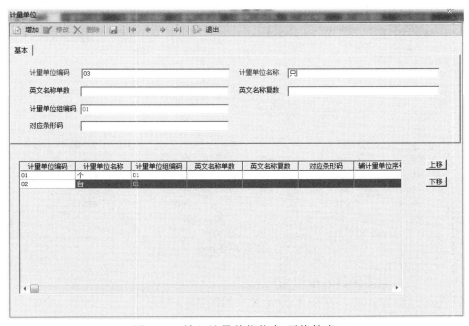

图3-31　输入计量单位信息(无换算率)

15. 存货分类设置

选择【基础设置】→【基础档案】→【存货】→【存货分类】，单击【增加】按钮，在窗口右边栏中，输入存货分类编码与存货分类名称，设置完成，如图3-32所示。

图3-32　设置存货分类

16. **存货档案设置**

选择【基础设置】→【基础档案】→【存货】→【存货档案】，单击工具栏中的【增加】按钮，输入存货档案，如图3-33所示。

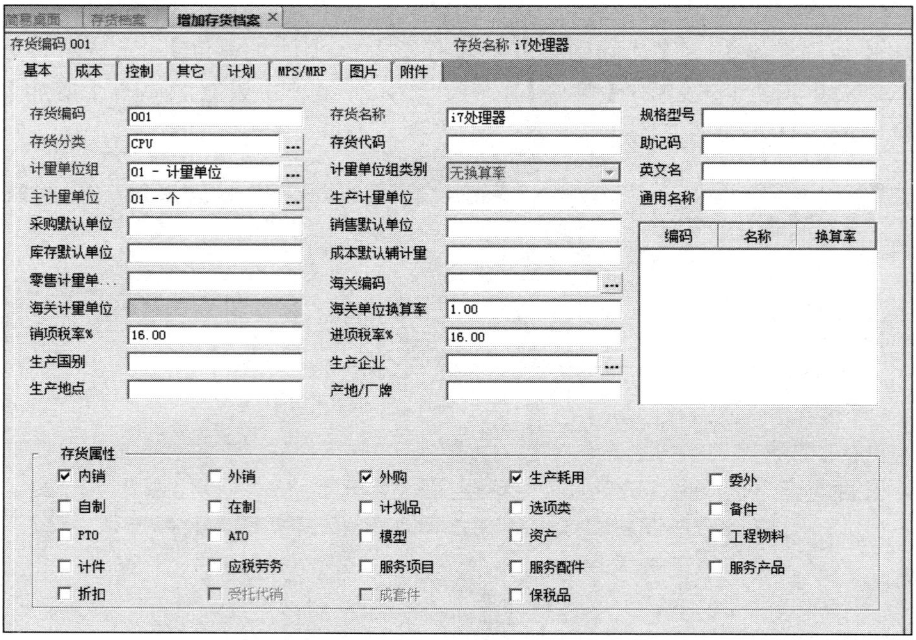

图3-33 输入存货档案(基本)

输入完毕，单击【保存】按钮完成。

需要设置计价方式的，在成本页完成，如图3-34所示。

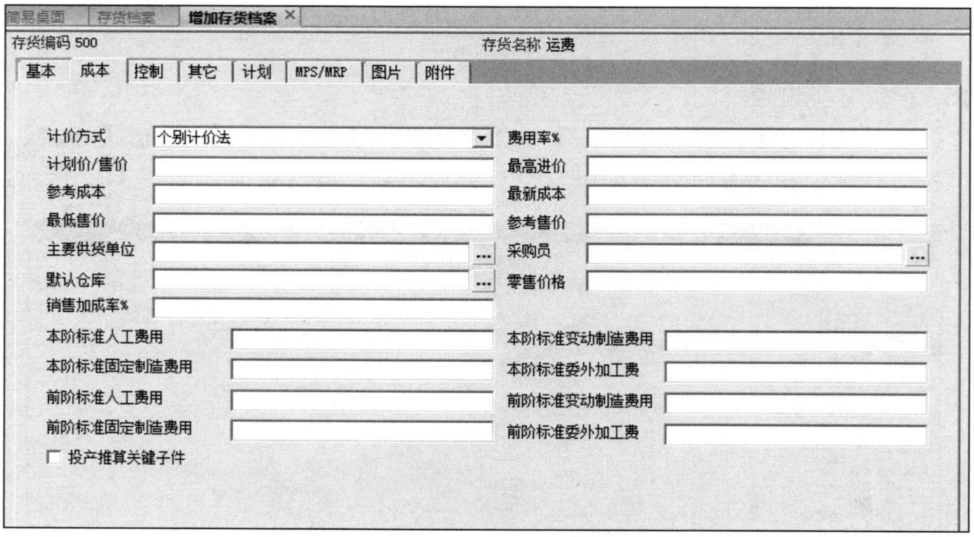

图3-34 输入存货档案(成本)

在【存货档案-存货分类】窗口中选择存货档案左边的【存货分类】，能够显示录入的存货档案信息。设置完成后的存货档案，如图3-35所示。

图 3-35 设置完成后的存货档案

17. 仓库档案设置

1) 增加仓库档案

选择【基础设置】→【基础档案】→【业务】→【仓库档案】，单击【增加】按钮，弹出【增加仓库档案】窗口，然后根据实验资料录入仓库编码、仓库名称、计价方式等信息，如图3-36所示。

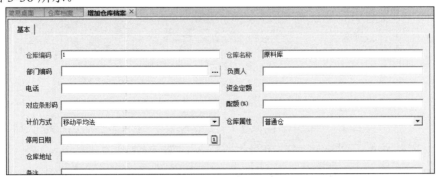

图 3-36 增加仓库档案

单击【保存】按钮，系统保存当前录入的仓库信息，并新增一张空白卡片，以录入新的仓库资料。设置完成的仓库档案，如图3-37所示。

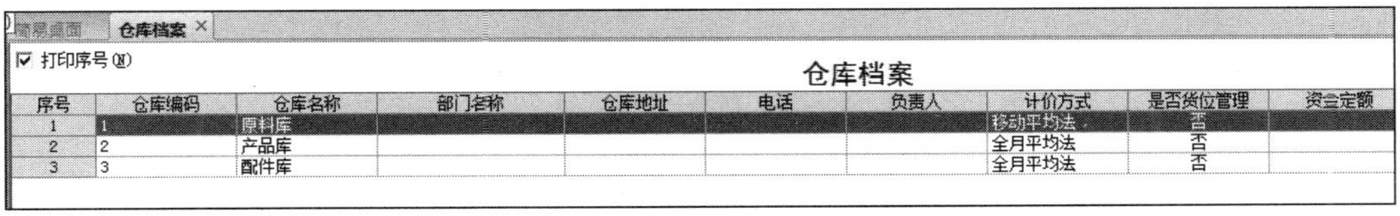

图 3-37 设置完成的仓库档案

2) 存货核算方式设置

用友U8存货计价方式：一是在存货档案中设置，根据每一种物料的要求设置计价方法；二是在仓库档案中按照仓库进行设置，也就是说这个仓库中的所有物料都采用这种计价方法。

存货核算方式的设置：选择【基础设置】→【业务参数】→【供应链】→【存货核算】，选择【存货方式】，可以选择按仓库核算、按部门核算、按存货核算。这里设置为【按仓库核算】，如图 3-38 所示。

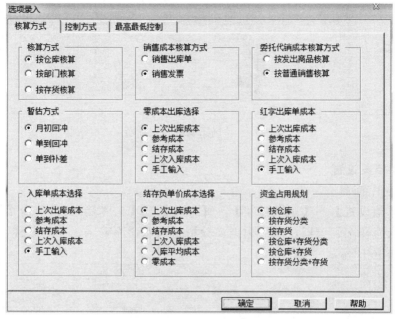

图 3-38　存货核算方式设置

18. 收发类别设置

选择【基础设置】→【基础档案】→【业务】→【收发类别】，进入后单击【增加】按钮，根据实验资料录入收发类别的相关信息，如图 3-39 所示。

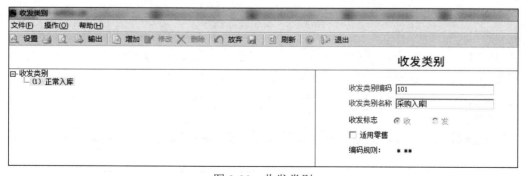

图 3-39　收发类别

19. 采购类型设置

选择【基础设置】→【基础档案】→【业务】→【采购类型】，单击【增加】按钮，根据实验资料录入采购类型的相关信息，如图 3-40 所示。

图 3-40 采购类型

20. 销售类型设置

选择【基础设置】→【基础档案】→【业务】→【销售类型】,进入后单击【增加】按钮,根据实验资料录入销售类型的相关信息,如图 3-41 所示。

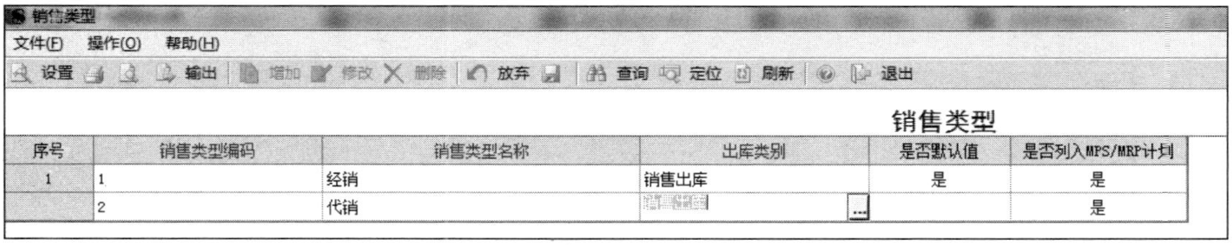

图 3-41 销售类型

21. 开户银行设置

选择【基础设置】→【基础档案】→【收付结算】→【本单位开户银行】,进入【本单位开户银行】窗口。单击【增加】按钮,根据实验资料录入开户银行信息,如图 3-42 所示。

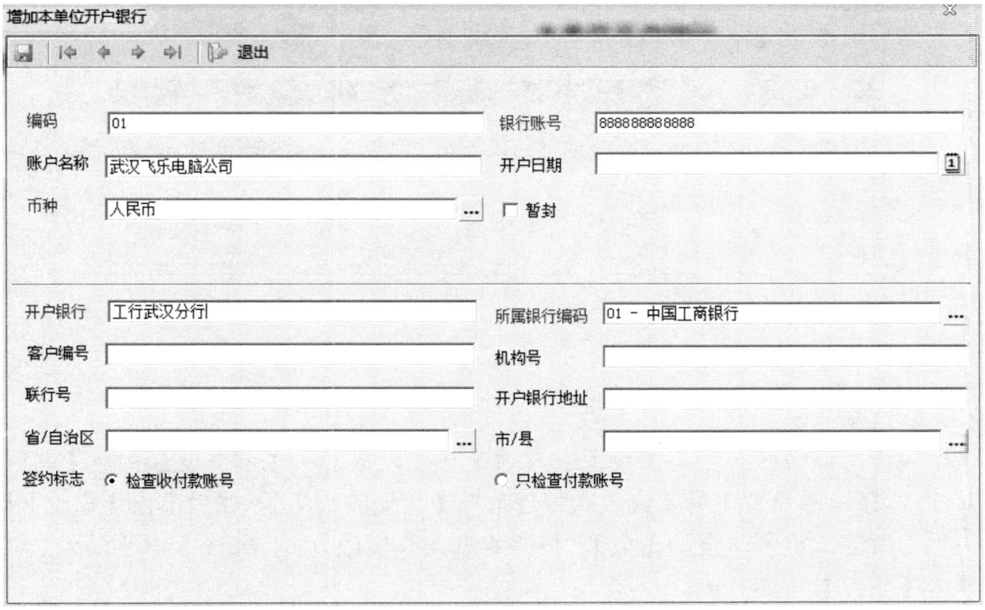

图 3-42 增加本单位开户行

设置完成后，如图 3-43 所示。

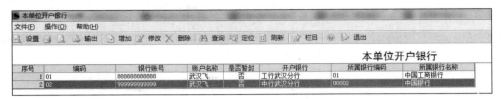

图 3-43　本单位开户银行

22. 费用项目设置

选择【基础设置】→【基础档案】→【业务】→【费用项目】，进入【费用项目分类】窗口，单击【增加】按钮，增加项目分类 1，如图 3-44 所示。

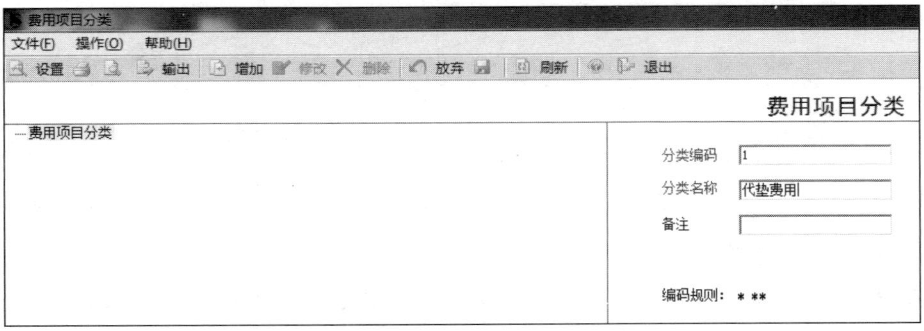

图 3-44　【费用项目分类】窗口

选择【基础设置】→【基础档案】→【业务】→【费用项目分类】，进入【费用项目分类】窗口，单击【增加】按钮，输入费用项目，如图 3-45 所示。

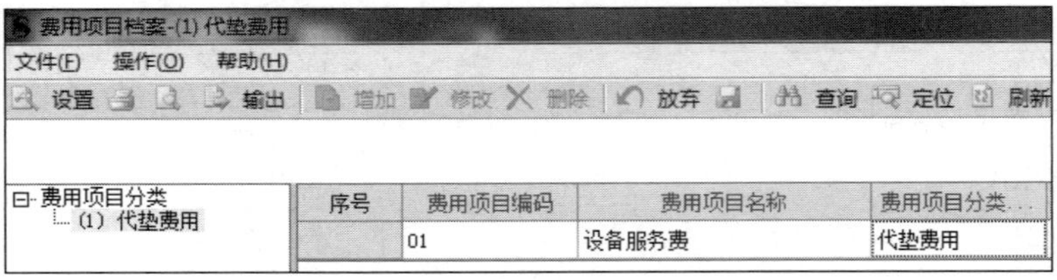

图 3-45　输入费用项目

单击【保存】按钮完成。

23. 单据编号设置

单据编号可以按照实际需要设置。选择【基础设置】→【单据设置】→【单据编号设置】，再选择编号设置中的【应收款管理】→【其他应收单】，然后单击【修改】按钮，选择【手工改动，重号时自动重取】，将流水依据长度改为 3，如图 3-46 所示。

单击【保存】按钮完成。

付款单、收款单、采购请购单、采购订单、采购入库单、采购到货单、采购专用发票、销售发货单、销售报价单、销售订单、销售发票、代垫费用单、委托发货单、委托结算单、销售出库单、产成品入库单、材料出库单、调拨单、盘点单等其他单据的单据编号设定方法与此相同，可逐一设定；也可按照系统默认不做修改。

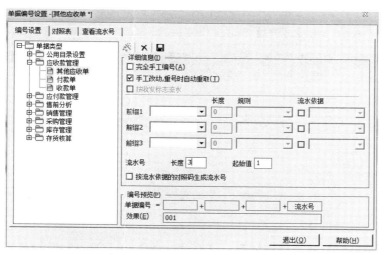

图 3-46　单据编号设置

（三）设置子系统参数

1. 总账子系统参数设置

在 U8 企业应用平台，选择【业务工作】→【财务会计】→【总账】→【设置】→【选项】，按照实验资料进行总账参数的设置，如图 3-47 所示。

图 3-47　总账参数的设置

2. 存货核算子系统参数设置

1) 设置存货科目

选择【业务工作】→【供应链】→【存货核算】→【初始设置】→【科目设置】→【存货科目】,进入后单击【增加】按钮,根据实验资料录入信息,如图3-48所示。

仓库编码	仓库名称	存货分类编码	存货分类名称	存货编码	存货名称	存货科目编码	存货科目名称
1	原料库					140301	生产用原材料
2	产品库					1405	库存商品
3	配件库					1405	库存商品

图3-48 设置存货科目

2) 设置对方科目

选择【业务工作】→【供应链】→【存货核算】→【初始设置】→【科目设置】→【对方科目】,进入后单击【增加】按钮,根据实验资料录入信息,如图3-49所示。

收发类别编码	收发类别名称	存货分类编码	存货分类名称	存货编码	存货名称	部门编码	部门名称			对方科目编码	对方科目名称
101	采购入库									1401	材料采购
102	产品入库									500101	直接材料
201	盘盈入库									190101	待处理流动资产损溢
301	销售出库									6401	主营业务成本
302	领料出库									500101	直接材料

图3-49 设置对方科目

3. 应收款管理子系统参数设置

1) 设置账套参数

选择【业务工作】→【财务会计】→【应收款管理】→【设置】→【选项】,弹出【账套参数设置】窗口,单击【编辑】按钮。按实验资料设置坏账处理方式为【应收余额百分比法】,如图3-50所示。

2) 设置基本科目

选择【业务工作】→【财务会计】→【应收款管理】→【设置】→【初始设置】,选择【基本科目设置】,然后单击【增加】按钮,按实验资料逐一设置,如图3-51所示。

3) 设置控制科目

选择【业务工作】→【财务会计】→【应收款管理】→【设置】→【初始设置】,选择【控制科目设置】,按实验资料设置科目,如图3-52所示。

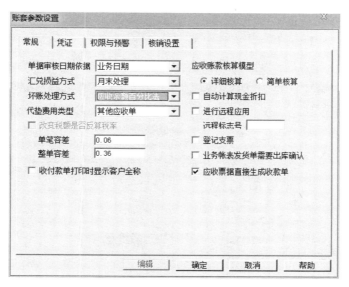

图 3-50 设置账套参数

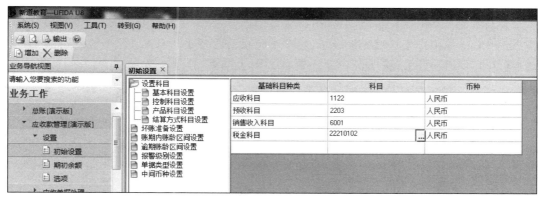

图 3-51 设置基本科目

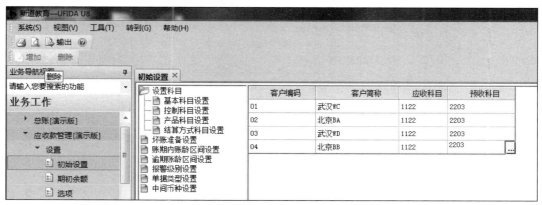

图 3-52 设置控制科目

4）设置结算方式科目

选择【业务工作】→【财务会计】→【应收款管理】→【设置】→【初始设置】，选择【结算方式科目设置】，单击【增加】按钮，按实验资料设置科目，如图3-53所示。

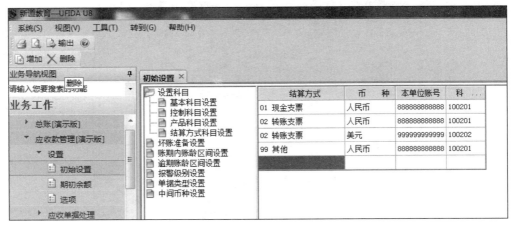

图3-53　结算方式科目设置

5）设置坏账准备

选择【业务工作】→【财务会计】→【应收款管理】→【设置】→【初始设置】，选择【坏账准备设置】，按实验资料设置，如图3-54所示。

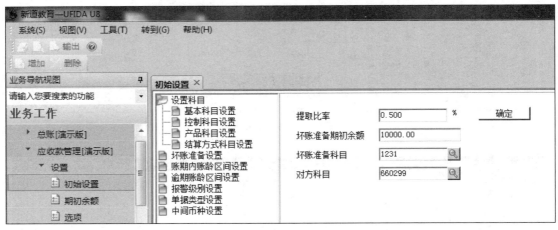

图3-54　坏账准备设置

6）设置账期内账龄区间

选择【业务工作】→【财务会计】→【应收款管理】→【设置】→【初始设置】，选择【账期内账龄区间设置】，按实验资料设置。

7）设置逾期账龄区间

选择【业务工作】→【财务会计】→【应收款管理】→【设置】→【初始设置】，选择【逾期账龄区间设置】，按实验资料设置，如图3-55所示。

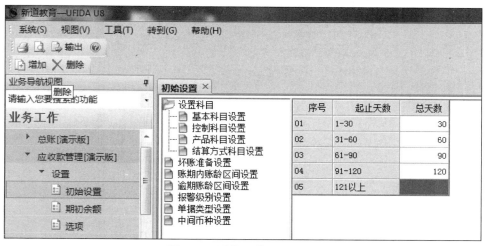

图 3-55　逾期账龄区间设置

8) 设置报警级别

选择【业务工作】→【财务会计】→【应收款管理】→【设置】→【初始设置】，选择【报警级别设置】，按实验资料设置，如图 3-56 所示。

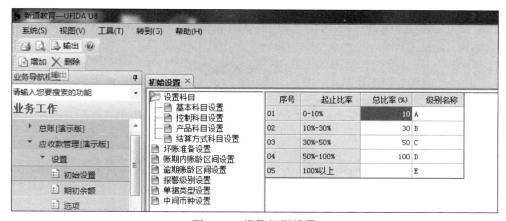

图 3-56　报警级别设置

4. 应付款管理子系统参数设置

1) 设置账套参数

选择【业务工作】→【财务会计】→【应付款管理】→【设置】→【选项】，弹出【账套参数设置】窗口，单击【编辑】按钮，按实验资料设置参数，如图 3-57 所示。

2) 设置基本科目

选择【业务工作】→【财务会计】→【应收款管理】→【设置】→【选项】，选择【基本科目设置】，单击【增加】按钮，按实验资料设置科目，如图 3-58 所示。

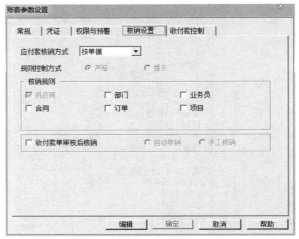

图 3-57　账套参数设置

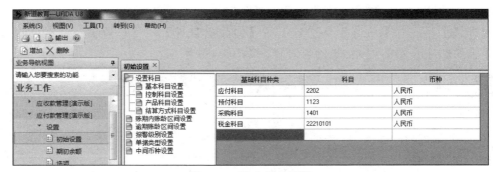

图 3-58　基本科目设置

3) 设置结算方式科目

选择【业务工作】→【财务会计】→【应收款管理】→【设置】→【初始设置】，选择【结算方式科目设置】，单击【增加】按钮，按实验资料设置科目，如图 3-59 所示。

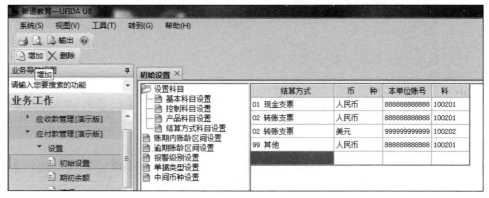

图 3-59　结算方式科目设置

4)设置账期内账龄区间

选择【业务工作】→【财务会计】→【应收款管理】→【设置】→【初始设置】,选择【账期内账龄区间设置】,按实验资料设置,如图3-60所示。

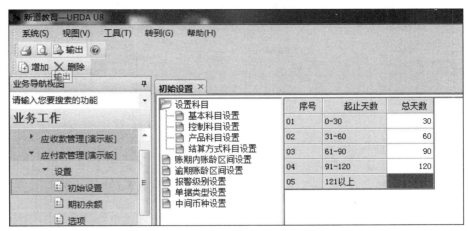

图3-60 账期内账龄区间设置

5)设置逾期账龄区间

选择【业务工作】→【财务会计】→【应收款管理】→【设置】→【初始设置】,选择【逾期账龄区间设置】,按实验资料设置,如图3-61所示。

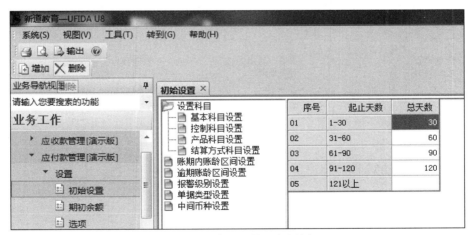

图3-61 逾期账龄区间设置

5. 销售管理子系统参数

销售管理子系统取消报价含税。

选择【业务工作】→【供应链】→【销售管理】→【设置】→【销售选项】,选择【业务控制】选项卡,不选择【报价含税】,如图3-62所示。

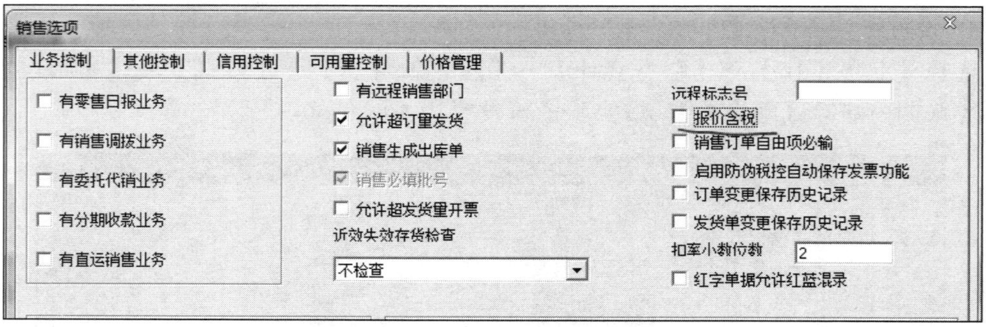

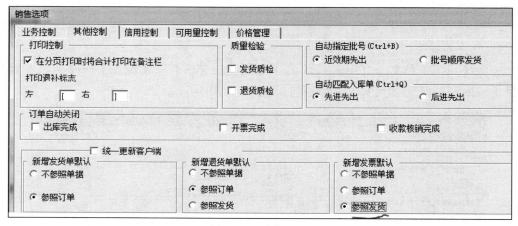

图 3-62　取消报价含税

6. 新增发票参照发货单

选择【业务工作】→【供应链】→【销售管理】→【设置】→【销售选项】，选择【其他控制】选项卡，将新增发票默认改为【参照发货】(默认设置是参照订单)，如图 3-63 所示。

图 3-63　销售选项

(四) 录入期初数据

1. 总账期初数据录入

1) 总账会计科目期初余额录入

选择【业务工作】→【财务会计】→【总账】→【设置】→【期初余额】，进入【期初余额录入】窗口，如图 3-64 所示。

2) 辅助账期初余额录入

(1) 应收账款期初余额录入。

在应收账款的输入单元进行双击，弹出应收账款的输入窗口，如图 3-65 所示。

单击【往来明细】按钮，进入【期初往来明细】窗口，单击【增行】按钮，输入期初往来明细，如图 3-66 所示。

期初余额

科目名称	方向	币别/计量	期初余额
库存现金	借		7,000.00
银行存款	借		1,185,000.00
工行存款	借		500,000.00
中行存款	借		685,000.00
	借	美元	100,000.00
存放中央银行款项	借		
存放同业	借		
其他货币资金	借		
结算备付金	借		
存出保证金	借		

图 3-64　科目期初余额录入

辅助期初余额

科目名称　1122 应收账款

客户	业务员	方向	金额

图 3-65　应收账款的输入窗口

期初往来明细

科目名称　1122 应收账款

日期	凭证号	客户	业务员	摘要	方向	金额	票号	票据日期	年度
2018-11-25	转-100	武汉WC	刘七	销售商品	借	99,600.00	P100	2018-11-25	2019
2018-12-10	转-27	北京BA	刘七	销售商品	借	58,000.00	P027	2018-12-10	2019

图 3-66　期初往来明细输入

明细输入完成后，单击【汇总】按钮，系统将按照单位进行汇总后，把汇总数据填入辅助期初余额，单击【退出】按钮后返回【辅助期初余额】窗口。

(2) 应付账款期初余额录入。

应付账款期初余额的录入方法与应收账款期初余额录入类似。

3) 试算平衡

科目初始数据全部输入后，单击【试算】按钮进行试算平衡。

2. 采购管理期初数据录入

选择【业务工作】→【供应链】→【采购管理】→【采购入库】→【采购入库单】，进入【期初采购入库单】窗口，单击【增加】按钮，按实验资料输入，本实验资料属于货到发票未到情况，如图 3-67 所示。

图 3-67　期初采购入库单

输入完毕，单击工具栏中的【保存】按钮，然后退出。

选择【业务工作】→【供应链】→【采购管理】→【设置】→【采购期初记账】，单击【记账】按钮完成期初记账工作。记账后再选择本功能，则可以取消期初记账。

3. 销售管理期初数据录入

选择【业务工作】→【供应链】→【销售管理】→【设置】→【期初录入】→【期初发货单】，进入【期初发货单】窗口，单击工具栏中的【增加】按钮，按实验资料输入，如图 3-68 所示。

图 3-68　期初发货单

单击工具栏中的【保存】按钮，再单击【审核】按钮完成审核工作，然后退出。

4. 库存和存货期初数据录入

1) 录入存货期初数据

选择【业务工作】→【供应链】→【存货核算】→【初始设置】→【期初数据】→【期初余额】，选择【原料库】，单击【增加】按钮，按实验资料输入，如图 3-69 所示。

存货编码	存货名称	规格型号	计量单位	数量	单价	金额	计划价	计划金额	存货科...	存货科目
001	i7处理器		个	700.00	1,200.00	840,000.00			140301	生产用...
002	1T硬盘		个	200.00	820.00	164,000.00			140301	生产用...
合计：				900.00		1,004,000.00				

图 3-69　期初余额(原料库)

选择产品库，期初余额输入如图3-70所示。

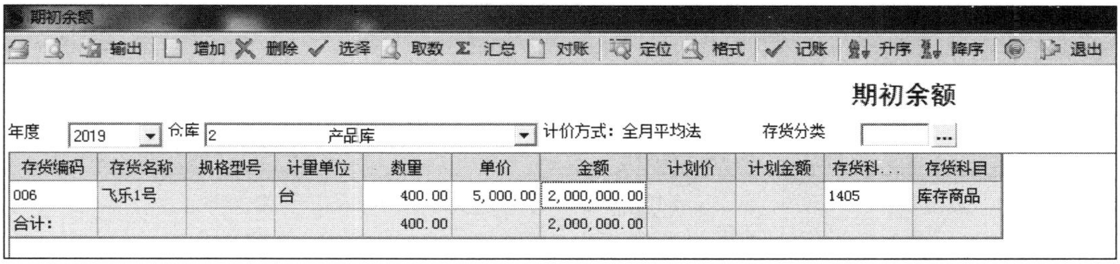

图3-70 期初余额(产品库)

选择配件库，期初余额输入如图3-71所示。

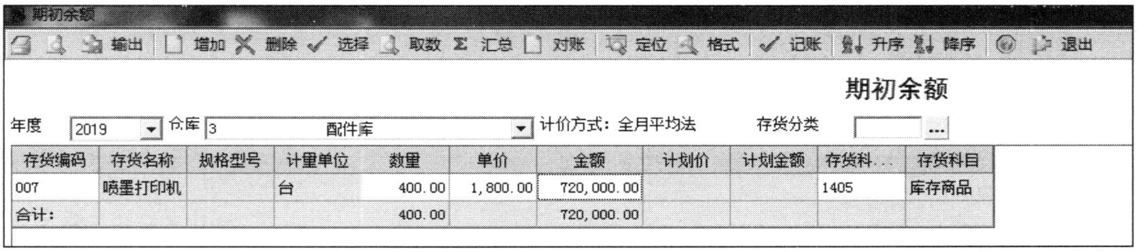

图3-71 期初余额(配件库)

2) 录入库存期初数据

选择【业务工作】→【供应链】→【库存管理】→【初始设置】→【期初结存】，进入期初数据录入界面，先选择【原料库】，单击【修改】按钮。可以按实验资料输入，还可以直接单击【取数】按钮从存货期初数据中选取，如图3-72所示。

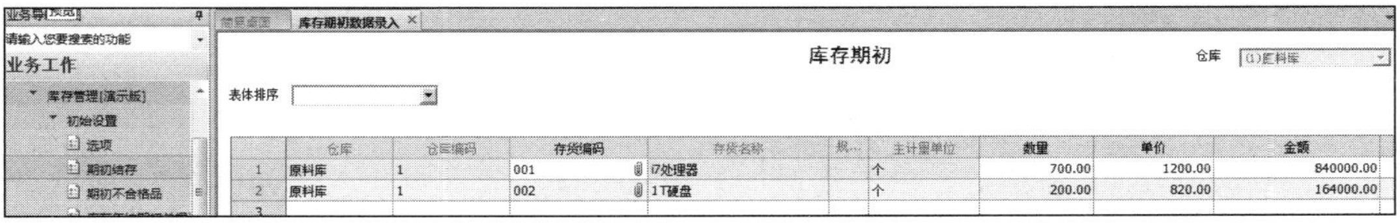

图3-72 库存期初数据(原料库)

单击【保存】按钮后，再选择产品库输入期初数据，如图3-73所示。

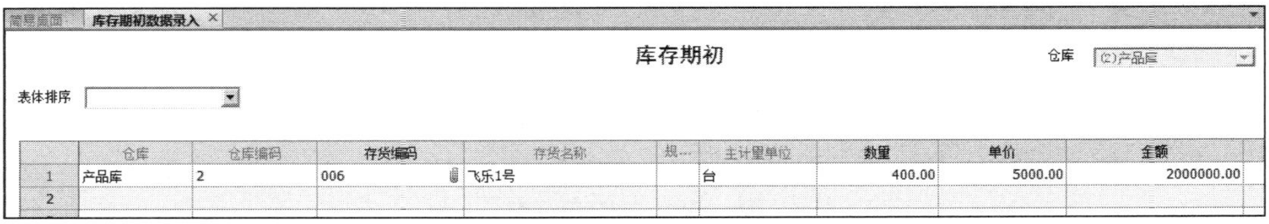

图3-73 库存期初数据(产品库)

单击【保存】按钮后，再选择配件库输入期初数据，如图 3-74 所示。

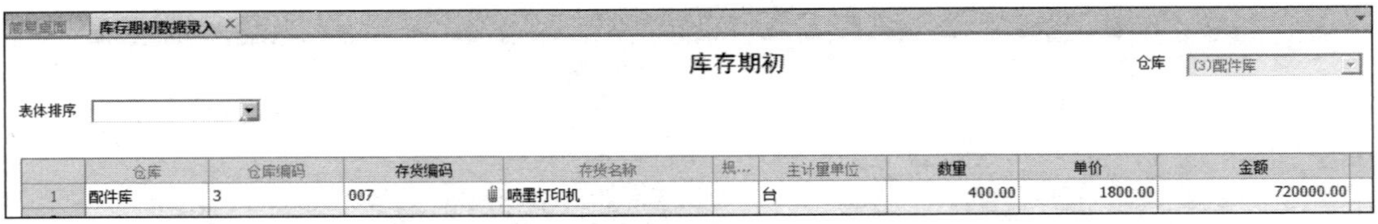

图 3-74 库存期初数据(配件库)

保存后，单击工具栏中的【批审】按钮，分别对各仓库的期初数据进行审核。

5. 应收款管理期初数据

选择【业务工作】→【财务会计】→【应付款管理】→【设置】→【期初余额】，进入【期初余额—查询】条件设置，这里按照默认设置，单击【确定】按钮进入【期初余额明细表】窗口，单击【增加】按钮，打开【单据类别】对话框，选择"单据名称"为应收单，如图 3-75 所示。

图 3-75 选择单据

进入【应收单】窗口后，单击【增加】按钮，按实验资料输入，如图 3-76 所示。

图 3-76 应收单增加

输入完成，单击【保存】按钮，然后单击【增加】按钮继续输入，全部单据输入完毕后，返回【期初余额明细表】窗口。单击【刷新】按钮，可以查看输入的期初单据，如图 3-77 所示。

图 3-77 【期初余额明细表】窗口

单击工具栏中的【对账】按钮,实现与总账相关数据的对账,显示对账结果。若对账差额为零,则说明对账正确。

6. 应付款管理期初数据

选择【业务工作】→【财务会计】→【应付款管理】→【设置】→【期初余额】,进入【期初余额—查询】条件设置,按照默认条件,单击【确定】按钮,进入【期初余额明细表】窗口,单击【增加】按钮,显示出单据类别,选择应付单,单击【确定】按钮进入【应付单】窗口,再单击【增加】按钮,按照实验资料输入,如图 3-78 所示。

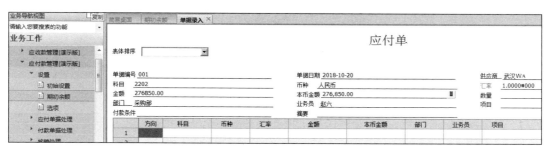

图 3-78 【应付单】窗口

输入完成,单击【保存】按钮,然后返回。

在【期初余额】窗口下,单击工具栏中的【对账】按钮,实现与总账相关数据的对账。对账结果若差额为零,则说明对账正确。

第四章

采购与付款过程

第一节 采购与付款过程概述

采购与付款过程是企业物资供应部门取得企业生产经营活动所需要的各种物资，并支付货款的过程。

一、采购与付款的目标与内容

（一）采购与付款业务过程的目标

(1) 明确对物资质量、数量、到货时间等方面的要求，确保采购需求合理有效。

(2) 选择合适的供应商，协商合理的价格，及时签订采购合同和订单，对到货商品进行检验，确保采购需求能有效执行。

(3) 有效控制采购到的商品，防止其丢失、被盗或损坏。

(4) 对已验收的商品，及时、正确地付款，维护良好的企业信誉和稳定的物资供应。

(5) 核算采购与付款过程中发生的成本、费用，分析薄弱环节，改善采购和支付过程的效率和效益。

（二）采购与付款业务过程的内容

采购与付款过程主要由以下环节组成：提出采购请求，授权采购，采购商品，验收商品，存放和保管已验收的商品，为商品付款，退回商品等。它的主要工作内容包括如下几个方面。

(1) 及时、准确地完成采购订货管理，反映和监督采购订单的制订、审核和执行情况。

(2) 完成采购的日常业务处理，包括采购入库、采购退货、发票处理、采购结算等日常处理工作。

(3) 完成应付账款的核算与管理，包括进行应付账款业务的日常核算，全面反映企业赊购形成的债务状况，从而及时还款，降低信用成本；及时反映和监督采购业务中资金的支出和应付情况，确定合理的中、长期还款计划；及时记录并反映供应商的情况，在保证准时、足量得到供货的同时降低采购成本。

(4) 实现其他有关业务的管理。进行供应商管理、价格及供货信息管理、物料对应管理、质量检验管理等工作。

(5) 完成采购分析、采购统计工作。打印输出各种需要的台账、报表，将各种信息按照需求传递到其他业务过程。

二、典型业务过程

(一) 普通采购业务

普通采购业务适合于大多数企业的日常采购业务，提供对采购请购、采购订货、采购到货、采购入库、采购发票、采购成本核算、采购付款全过程管理。

1. 采购请购

请购一般需要确定一种或几种物料，并按照规定的格式填写，是企业内部各部门向采购部门提出采购申请，或者采购部门汇总企业内部采购需求列出采购清单，递交至公司的采购部以获得这些物料的整个过程。请购所填的单据称为请购单。请购常常是源于买方的基层单位，其中也可以包含该物料或者设备的到货期限。

2. 采购订货

订货是指企业与供应商签订采购合同或采购协议，确认要货需求。供应商根据采购订单组织货源，企业依据采购订单进行验收。

3. 采购到货

采购到货是采购订货与采购入库之间的环节，一般由采购业务员根据供货方通知或者送货清单确认对方所送货物的名称、数量、规格、价格等信息，以到货单的形式传递到仓库作为保管员收货的重要依据。

4. 采购入库

入库处理主要是指采购入库处理，一般是指将供应商提供的物料经检验(也可以是免检)确认合格后，存放到指定仓库进行管理的业务。当采购管理系统与库存管理系统集成使用时，入库业务在库存管理系统中进行处理；当采购管理系统不与库存管理系统集成使用时，入库业务在采购管理系统中进行处理。在采购业务处理流程中，入库处理是十分重要和必须进行的。

采购入库单是仓库管理(保管)员根据采购到货的实际数量进行填列的签收证明。采购入库单既可以直接填制，也可以复制采购订单或者采购到货单生成。

5. 采购发票

采购发票是供应商开给购货单位的，是付款、记账、纳税的依据，包括采购专用发票和采购普通发票。其中，专用发票是指增值税专用发票，是一般纳税人销售货物或者提供应税劳务所开具的发票，发票上记载了销售货物的售价、税率及税额等，购货方以增值税专用发票上记载的购入货物已支付的税额作为扣税和记账的依据。普通发票是指除了专用发票之外的发票或其他收购凭证。

采购发票既可以直接填制，也可以从采购订单、采购入库单或者其他的采购发票复制生成。

6. 采购成本核算(采购结算)

采购结算也称采购报账，在手工业务处理中，采购业务员需要拿着经主管领导审批过的采购发票和经仓库管理(保管)员确认的采购入库单到财务部门，由财务人员确认采购成本。在业财一体化系统中，采购结算是针对采购入库，根据发票确认其采购成本。采购结算的结果是生成采购结算单，它是记载采购入库与采购发票对应关系的结算对照表。

采购结算从操作处理上分为自动结算、手工结算两种方式。自动结算是由计算机系统自动将相同供货单位、存货相同且数量相等的采购入库单和采购发票进行结算。

在实际工作中，有时费用发票在货物发票已经结算后才收到，为了将该笔费用计入对应存货的采购成本，需要采用费用发票单独结算的方式。

7. 采购付款

采购应付款是企业负债的一个重要组成部分，是在企业正常经营活动中，由于采购商品或接受劳务，应向供货单位或提供劳务单位所支付的款项。应付账款是因为赊购业务产生的，因此入账时间的确认是与物资采购的时间一致的。企业除了对应付账款进行核算外，还要加强对自身偿债能力的管理、应付票据的管理、预付款及其他业务往来交易记录管理。

(二) 采购入库业务

按货物和发票到达的先后，将采购入库业务划分为单货同行、货到票未到(暂估入库)、票到货未到(在途存货)三种类型，不同的业务类型相应的处理方式有所不同。

1. 单货同行业务

当采购管理、库存管理、存货核算、应付款管理、总账集成使用时，单货同行的采购业务处理流程，如图 4-1 所示。

2. 货到票未到(暂估入库)业务

暂估是指本月存货已经入库，但采购发票尚未收到，不能确定存货的入库成本，月底时为了正确核算企业的库存成本，需要将这部分存货暂估入账，形成暂估凭证。对暂估业务，系统提供了以下几种不同的处理方法。

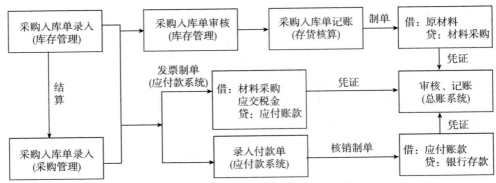

图 4-1 单货同行的采购业务处理流程

1) 月初回冲

进入下月后,存货核算系统自动生成与暂估入库单完全相同的"红字回冲单",同时登录相应的存货明细账,冲回存货明细账中上月的暂估入库,对"红字回冲单"制单,冲回上月的暂估凭证。

收到采购发票后,录入采购发票,对采购入库单和采购发票做采购结算。结算完毕后,进入存货核算系统,执行"暂估处理"功能,进行暂估处理后,系统根据发票自动生成一张"蓝字回冲单",其上的金额为发票上的报销金额。同时登记存货明细账,使库存增加。对"蓝字回冲单"制单,生成采购入库凭证。

2) 单到回冲

下月初不做处理,采购发票收到后,在采购管理中录入并进行采购结算;再到存货核算中进行"暂估处理",系统自动生成红字回冲单、蓝字回冲单,同时据以登记存货明细账。红字回冲单的入库金额为上月暂估金额,蓝字回冲单的入库金额为发票上的报销金额。在存货核算的生成凭证中生成凭证,传递到总账。暂估业务处理流程,如图4-2所示。

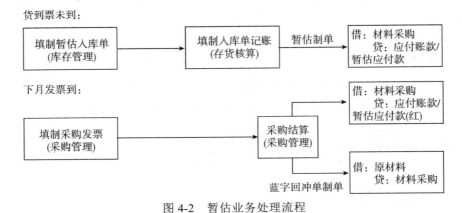

图 4-2 暂估业务处理流程

3. **票到货未到(在途存货)业务**

如果先收到了供货单位的发票,而没有收到供货单位的货物,可以对发票进行压单处理,待货物到达后,再一并输入计算机做报账结算处理。但如果需要实时统计在途货物的情况，就必须将发票输入计算机，待货物到达后，再填制入库单并做采购结算。

(三) 现付业务

所谓现付业务，是当采购业务发生时，立即付款，由供货单位开具发票。现付业务处理流程，如图 4-3 所示。

图 4-3　现付业务处理流程

(四) 采购退货业务

由于材料质量不合格、企业转产等原因，企业可能发生退货业务，退货业务处理流程，如图 4-4 所示。

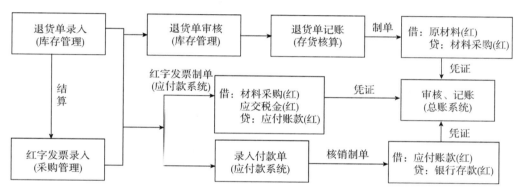

图 4-4　退货业务处理流程

三、与其他业务过程的关联

采购与付款过程是企业生产经营过程的重要组成部分。它从销售过程和生产过程得到对各种材料物资的需求情况，结合库存数据，在预算管理过程的控制下，形成有效的采购需求；为库存管理和存货核算提供入库成本、数量等信息；对现金管理过程提出付款请求；向账务核算和分析过程提供采购成本、费用等数据。

第二节　采购与付款功能模块

一、采购管理子系统的功能模块

采购管理子系统的功能模块，如图 4-5 所示。

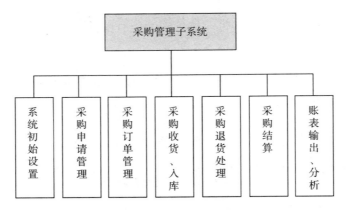

图 4-5　采购管理子系统的功能模块

（1）系统初始设置。系统初始设置是日常业务处理的前提，是一项比较繁重且复杂的工作。采购管理子系统的初始设置主要包括参数设置、基础信息设置、业务流程设置、期初数据输入，以及启动系统等。

（2）采购申请管理。该模块用于采购人员对经上级审核确认后的购货申请进行的业务处理和管理，包括：采购请购单的录入、审核和打印；采购业务已经确认并得到实施的单据的关闭；录入的错误单据的作废处理；请购单数据的引入及请购单的批量处理和管理等。

（3）采购订单管理。采购订单是购销双方共同签署并以此确认采购活动的标志，它是物料在采购业务中流动的起点，是采购管理系统的核心。采购订单管理包括采购订单的生成和维护、订单数据的引出及订单的批量处理和订单管理等功能。

（4）采购收货、入库。采购部门在物料到达企业后首先要填制到货单，登记验收人和入库的物料等情况，便于物料的跟踪与查询。根据此单进行收货质检，检验合格的物料才能入库，入库时要填写采购入库单。采购收货和入库处理就是处理物料收到和验收入库，并管理有关单据。

（5）采购退货处理。当由于质量不合格或价格错误等因素或与采购订单或合同的相关条款不相符等原因需要把物料退回供货单位时，要进行退货处理，并管理有关单据。

（6）采购结算。采购结算是根据采购发票和费用发票确认采购成本的过程，包括在采购管理中处理采购发票和费用发票，以及在存货核算中计算采购成本两个过程。因此采购管理子系统的采购结算主要是采购发票和费用发票的管理，发票处理主要完成发票的生成、审核、维护、附件的管理，以及发票的批量处理。

（7）账表输出与分析。采购管理提供的账表包括业务报表和分析报表两大类，采购业务报表是系统针对用户及实现的业务的处理，即将所取得的业务成果进行筛选、分析及处理，以综合反映企业采购业务的信息。采购分析报表是对采购流程中各项主要业务的处理结果和运作情况进行的分析，如采购订单 ABC 分析、采购价格分析和供应商供货 ABC 分析等。除了这些固定报表外，为了满足企业特殊业务反映的需求，一般系统还提供报表工具和查询分析工具，可以用来制作和查询企业需要的报表。账表输出功能提供了这些报表的查询和打印。

二、应付款子系统的功能模块

应付款子系统的功能模块，如图 4-6 所示。

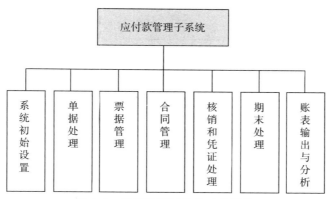

图 4-6 应付款子系统的功能模块

(1) 系统初始设置。应付款管理子系统的初始设置主要包括参数设置、基础信息设置、业务流程设置、期初数据输入和启动系统等。

(2) 单据处理。本模块主要维护采购发票、其他应付单、付款单和退款单，如新增、修改、审核及删除等。

(3) 票据管理。应付票据用来核算公司因采购商品和接受劳务等而付出的商业汇票，包括银行承兑汇票和商业承兑汇票。本模块主要维护应付票据，如新增、修改、删除及付款和退票等。

(4) 合同管理。本模块管理合同的建立、执行和关闭的过程。

(5) 核销和凭证处理。核销处理确定付款单与原始发票、应付单之间的对应关系，即指明每一次付款是支付哪几笔采购业务的款项。凭证处理则是根据业务单据生成记账凭证的操作。

(6) 期末处理。本模块主要包括期末调汇、期末对账和期末结账。对于有外币业务的企业，在会计期末如有汇率变化，通常要进行期末调汇的业务处理。当本期所有操作完成之后，如所有单据进行了审核及核销处理，相关单据已生成了凭证，同时与总账等系统的数据资料已核对完毕，即可进行期末结账工作。期末结账处理完毕，系统进入下一个会计期间。

(7) 账表输出与分析。本模块主要提供各种报表的查询。为了满足企业特殊业务反映的需求，一般系统还提供报表工具和查询分析工具，可以用来制作和查询企业需要的报表。账表输出功能提供了这些报表的查询和打印。

三、与相关子系统的接口

在业财一体化系统中,赊购业务处理涉及多个子系统,主要包括采购管理、仓存管理、存货核算、应付款管理、现金管理、总账、应收款管理、主生产计划、物料需求计划、质量管理。各子系统实现数据共享,协作完成流程中各业务和财务处理工作。

采购与应付款管理子系统与相关子系统的接口,如图 4-7 所示。

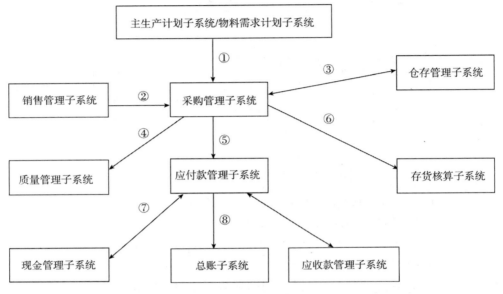

图 4-7 采购与应付款管理子系统与相关子系统的接口

(1) 采购订单是主生产计划子系统和物料需求计划子系统计算预计入库量的主要单据之一,而且这两个子系统的计划订单可以投放生成采购请购单。

(2) 采购管理子系统的采购订单可以根据销售管理子系统中的销售订单生成,从而处理以销订购的业务,采购发票也可以根据销售发票生成从而处理直运销售(采购)的业务。

(3) 采购管理子系统从仓库管理子系统获取当前库存信息,减少盲目采购。其外购入库单是仓库管理子系统中的一种重要库存交易单据,会更新相应仓库的即时库存。

(4) 采购管理子系统产生外购入库检验申请单,通过外购入库检验申请单的执行和采购不良品处理单,控制外购入库质量。

(5) 采购管理子系统中的采购发票可以直接传递到应付款管理子系统作为确认应付账款的依据,费用发票在保存时会传递到应付款管理子系统形成其他应付单。

(6) 采购管理子系统中的外购入库单是进行入库核算的原始依据之一,入库核算之后的入库成本将反填到外购入库单的单价中,核算完成的外购入库单将根据凭证模板生成相应的凭证。

(7) 现金管理子系统与应付款管理子系统的应付票据互相传递,应付款管理子系统中的付款申请单可以传递到现金管理子系统,现金管理子系统的付款单可以传递到应付款管理子系统。

(8) 采购管理子系统的采购发票作为确认应付的原始凭证之一，可按照凭证模板生成相应的应付凭证。

(9) 应付款管理子系统中的销售发票和其他应收单与应付款管理子系统中的采购发票和其他应付单进行应收抵应付的核算。

第三节　采购与付款应用实训

一、实验目的

(1) 掌握业财一体化软件采购管理的相关内容。
(2) 掌握企业日常采购业务和应付款的处理方法。
(3) 理解采购与应付款管理与其他系统之间的数据传递关系。

二、实验内容

(1) 普通采购业务处理。
(2) 采购现结业务处理。
(3) 暂估入库业务处理。
(4) 采购运费业务处理。
(5) 采购退货业务处理。
(6) 付款业务处理。

三、实验资料

(一) 普通采购业务

(1) 1月1日，业务员赵六向武汉 WB 公司进行有线键盘的询价，价格为 80 元/个，经评估后确认价格合理，随即向领导提出请购要求，请购数量为 400 个；领导同意向武汉 WB 公司订购有线键盘 400 只，单价为 80 元，要求到货日期为 1 月 3 日。

(2) 1月3日，收到所订购的有线键盘 400 个，填制到货单。

将所收到的货物验收入原料库，填制采购入库单。

当天收到该笔货物的专用发票一张，业务部门将采购发票交给财务部门，财务部确定此业务所涉及的应付账款及采购成本。

(3) 1月4日，财务部门开出工行转账支票一张，支票号 GH100，支付采购货款。

(二) 采购现结业务

1月8日，向武汉WB公司购买有线鼠标300只，单价为60元，直接验收入原料库；同时收到专用发票一张，立即以工行转账支票支付其货款，支票号GH101；财务部确定采购成本，进行付款处理。

(三) 暂估入库业务

1. 暂估入库报销

1月13日，收到武汉WA公司提供的上月已验收入库的100个1T硬盘的专用发票一张，发票单价为780元。进行暂估报销处理，确定采购成本及应付账款。

2. 暂估入库处理

1月27日，收到上海SB公司提供的喷墨打印机40台，入配件库。由于到了月底发票仍未收到，进行暂估记账处理，每台的暂估价为1 400元。

(四) 采购运费业务

1月14日，向武汉WB公司购买1T硬盘200个，单价为810元，验收入原料库；同时还购买有线鼠标50只，单价为60元，验收入原料库；当天收到专用发票一张。

另外，在采购的过程中，还发生了一笔运输费500元，税率为10%，收到相应的运费发票一张，费用按照金额分配。确定采购成本及应付账款，货款未付。

(五) 采购退货业务

1. 结算前退货

1月15日，收到武汉WB公司提供的19英寸显示器，数量45台，单价为1 100元，验收入原料库。

1月16日，仓库反映有5台19英寸显示器有质量问题，退回给供应商，办理相关出库手续。

收到武汉WB公司开具的40台19英寸显示器的专用发票一张，单价为1 100元。编制应付账款凭证和入库凭证。

2. 结算后退货

1月18日，前期从武汉WB公司购入的有线键盘质量有问题，从原料库退回10个给供货方，单价为80元，同时收到红字专用发票一张。对采购入库单和红字专用采购发票进行业务处理。

(六) 付款业务

1月27日，财务部开出转账支票一张支付武汉WA公司前欠部分货款。支票号GH166，金额15 000元。

四、实验操作指导

（一）普通采购业务

1. 填制并审核请购单

选择【业务工作】→【供应链】→【采购管理】→【请购】→【请购单】，进入【采购请购单】窗口，单击【增加】按钮，按实验资料输入，如图 4-8 所示。

图 4-8 【采购请购单】窗口

输入完毕，单击【保存】按钮完成，然后单击【审核】按钮对请购单进行审核。

2. 填制并审核采购订单

选择【业务工作】→【供应链】→【采购管理】→【采购订货】→【采购订单】，进入【采购订单】窗口，单击【增加】按钮，进入输入状态，输入供应商等信息，如图 4-9 所示。

图 4-9 【采购订单】窗口

在前面已经录入了采购请购单，因此可以通过关联方式从已经录入的采购请购单中转入数据。

选择【生单】→【请购单】，设置查询条件，如图 4-10 所示。

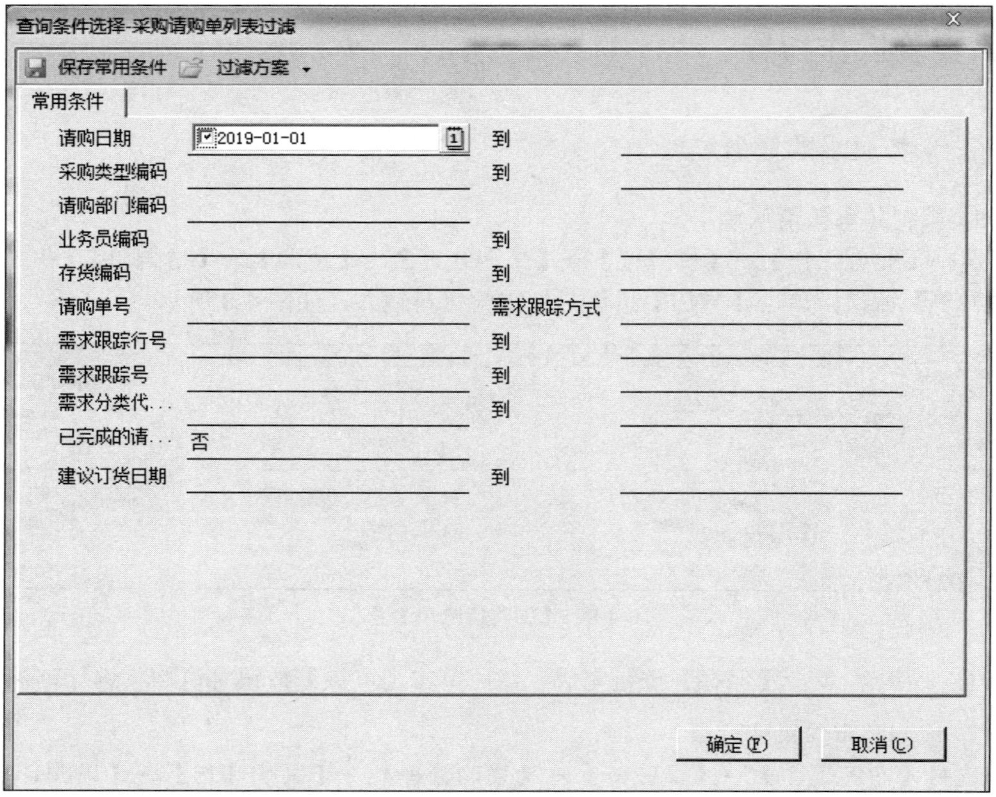

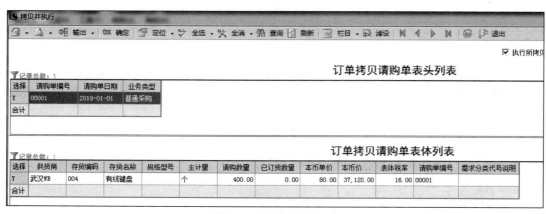

图4-10 查询条件

可以根据需要设置条件,单击【确定】按钮。在【订单拷贝请购单表头列表】窗口的【选择】列上,对需要拷贝的记录进行双击,选择后会在【订单拷贝请购单表体列表】中显示相关信息,如图4-11所示。

图4-11 拷贝并执行(1)

单击【确定】按钮返回,并将选择的采购请购单数据复制到采购订单中。补充相关信息,也可以修改相关数据,采购订单内容如图4-12所示。

图 4-12　采购订单内容

单击【保存】按钮，然后单击【审核】按钮完成。

3. 填制并审核到货单

选择【业务工作】→【供应链】→【采购管理】→【采购到货】→【到货单】，进入【到货单】，单击【增加】按钮，选择【生单】→【采购订单】，可以选择供应商为条件，单位选择【武汉 WB 公司】，进入采购订单选择状态，如图 4-13 所示。

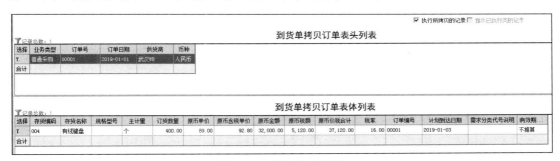

图 4-13　拷贝并执行(2)

选择后，单击工具栏中的【确定】按钮，采购订单的数据就复制到到货单中，可以修改相关信息，到货单如图 4-14 所示。

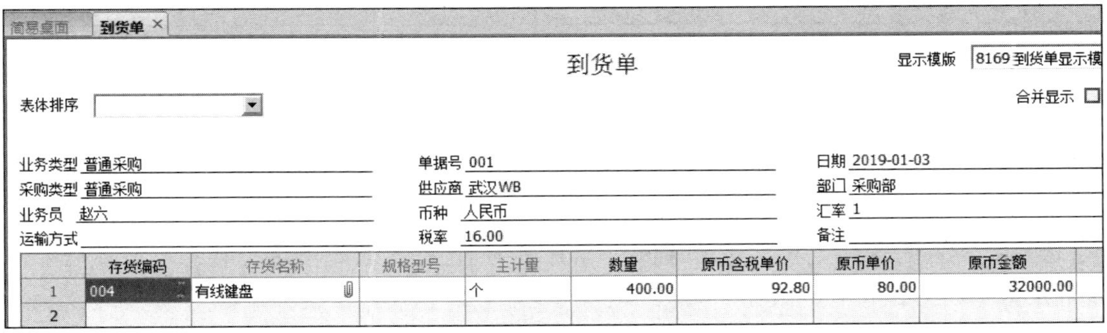

图 4-14　到货单

单击【保存】按钮，然后进行审核。

4. 填制并审核采购入库单

选择【业务工作】→【供应链】→【库存管理】→【入库业务】→【采购入库单】，进入【采购入库单】，选择【生单】→【采购到货单(蓝字)】(注意：不能先单击【增加】按钮，单击【增加】按钮表示手工输入)，可以选择供应商为条件，单位选择【武汉WB公司】，进入采购到货单选择状态，如图4-15所示。

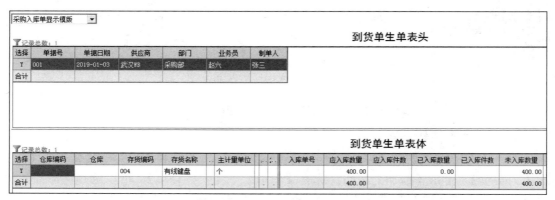

图 4-15　到货单选择状态

选择后单击【确定】按钮返回，补充库房等信息，如图4-16所示。
单击【保存】按钮，然后进行审核。

图 4-16　采购入库单

5. 填制并审核采购发票

选择【业务工作】→【供应链】→【采购管理】→【采购发票】→【专用采购发票】，进入【专用发票】后单击【增加】按钮，进入输入状态。选择【生单】→【入库单】，可以选择供应商为条件，单位选择【武汉WB公司】，进入入库单选择状态，选择后单击【确定】按钮返回，补充发票日期等信息，如图4-17所示。

6. 执行采购结算

选择【业务工作】→【供应链】→【采购管理】→【采购结算】→【手工结算】，进入【手工结算】窗口，如图4-18所示。

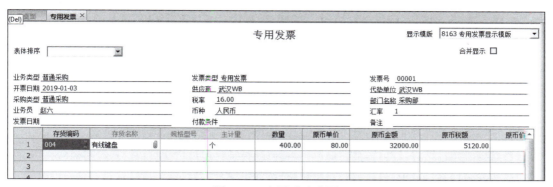

图 4-17　专用采购发票

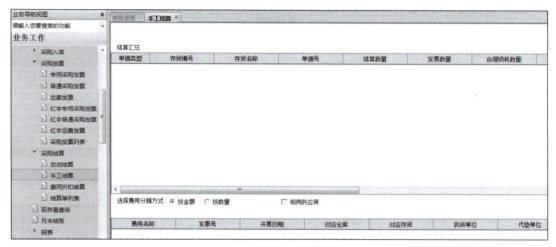

图 4-18　【手工结算】窗口

单击工具栏中的【选单】按钮，进入结算选单。再单击工具栏中的【查询】按钮，进入条件设置，设置合适的条件筛选手工结算的发票和入库单，这里设置供应商为【武汉 WB 公司】，系统进行筛选，并显示在结算选单中，如图 4-19 所示。

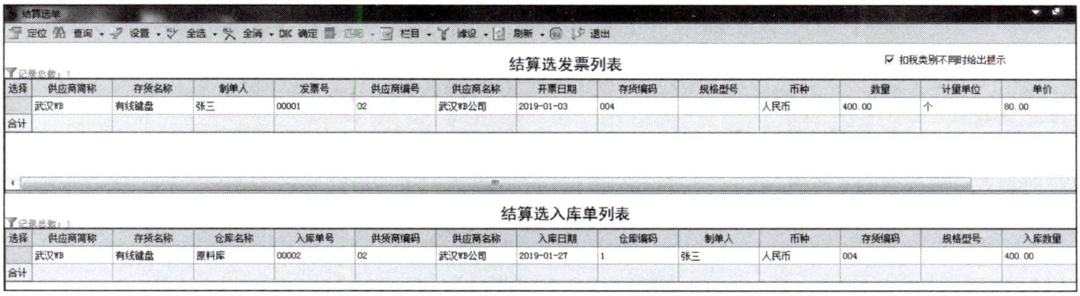

图 4-19　结算选单

在【结算选发票列表】和【结算选入库单列表】中分别进行选择，具体在选择栏对应的行进行双击。也可以先选择一个，然后选择【匹配】按钮进行自动匹配。

选择完成后，单击【确定】按钮，返回到【手工结算】窗口，这时会显示已经结算的单据，如图 4-20 所示。

单据类型	存货编号	存货名称	单据号	结算数量	发票数量	暂估单价	暂估金额	发票	发票金额
采购发票		有线键盘	00001		400.00		0.00	80.00	32000.00
采购入库单	004		00002	400.00		80.00	32000.00		
		合计		400.00	400.00		32000.00		32000.00

图 4-20　显示已经结算的单据

单击工具栏中的【结算】按钮，系统显示【完成结算】，然后退出结算工作。

结算完成后，在【手工结算】窗口中将看不到已结算的入库单和发票。

结算结果可以在【供应链】→【采购管理】→【采购结算】→【结算单列表】中查询，如图 4-21 所示。

选择	结算单号	结算日期	供应商	入库单号	发票号	存货编号	存货名称	规格型号	主计量	结算数量	结算单价	结算金额	暂估单价	暂估金额	制单人
	0000000000000001	2019-01-27	武汉WB	00002	00001	004	有线键盘		个	400.00	80.00	32,000.00	80.00	32,000.00	张三
合计										400.00		32,000.00		32,000.00	

图 4-21　查询结算结果

如果选择【供应链】→【采购管理】→【采购结算】→【自动结算】，系统会自动结算，单击【确定】按钮后，本实验资料系统显示【结算模式[入库单和发票]，状态：全部成功，共处理[1]条记录】提示信息。

7．生成应付凭证

1) 应付单据审核

应付单据审核就是财务部门对发票进行审核，以确定发票为合法发票、相关信息真实，以便进行相关的应付账款确认或直接进行付款。

选择【业务工作】→【财务会计】→【应付款管理】→【应付单据处理】→【应付单据审核】，进入【应付单查询条件】窗口，供应商选择【武汉 WB 公司】，单击【确定】按钮，进入【应付单据列表】窗口，如图 4-22 所示。

选择	审核人	单据日期	单据类型	单据号	供应商名称	部门	业务员	制单人	币种	汇率	原币金额	本币金额
		2019-01-03	采购专	00001	武汉WB公司	采购部	赵六	张三	人民币	1.00000000	37,120.00	37,120.00
合计											37,120.00	37,120.00

图 4-22　【应付单据列表】窗口

选择单据，方法是在【选择】栏目下双击需要选择的单据，然后单击工具栏中的【审核】按钮，系统会显示审核成功提示信息。

2) 生成凭证

通过制单处理生成凭证,并将凭证传递至总账,后续再审核和记账。系统对不同的单据类型或不同的业务处理提供制单的功能;除此之外,系统提供了一个统一制单的平台,可以在此快速、成批地生成凭证,并可依据规则进行合并制单等处理。

选择【业务工作】→【财务会计】→【应付款管理】→【制单处理】,打开【制单查询】窗口,选择【发票制单】,选择供应商【武汉 WB 公司】,如图 4-23 所示。

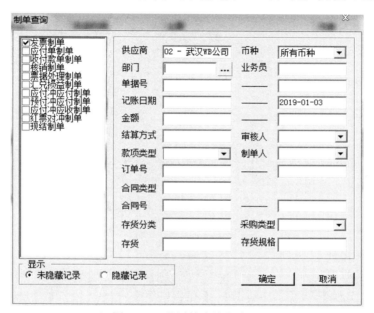

图 4-23 【制单查询】窗口

单击【确定】按钮,进入采购发票制单,凭证类别选择【转账凭证】,填入制单日期,单击【全选】按钮(选择要进行制单的单据,这里是发票),或在【选择标志】一栏双击,系统会在双击的栏目中给出一个序号,表明要将该单据制单,如图 4-24 所示。

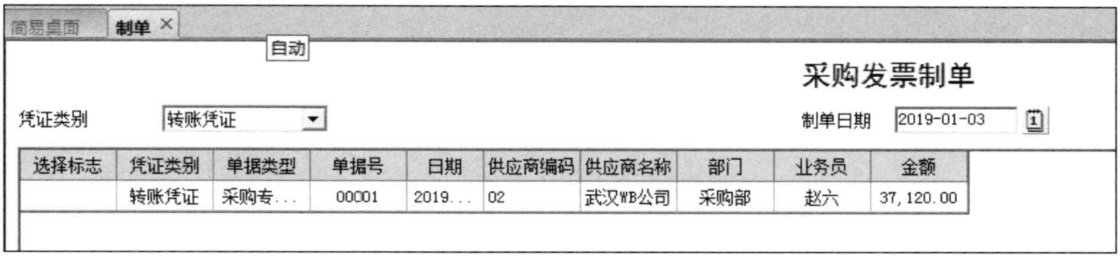

图 4-24 采购发票制单

单击【制单】按钮(制单日期只能大于等于单据日期),稍后,会显示拟生成的凭证,如图 4-25 所示。

凭证生成后,可以对凭证进行调整,补充相关信息,如先选择【应付账款】科目,双击【票号】后面的位置(会显示笔尖图形的标识),补充输入发票号等。单击【保存】

按钮完成凭证生成。

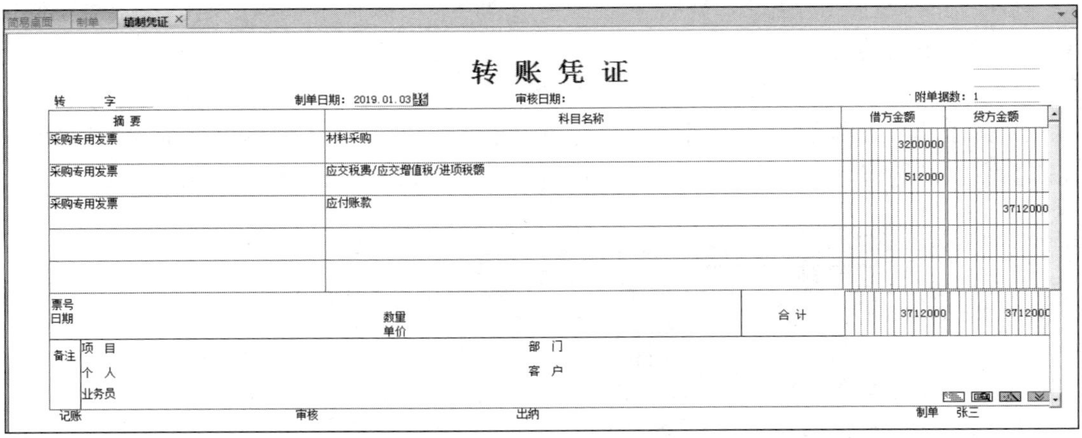

图 4-25　凭证

生成的凭证可以选择【业务工作】→【财务会计】→【应付款管理】→【单据查询】→【凭证查询】进行查看。

还可以选择【业务工作】→【财务会计】→【总账】→【凭证】→【查询凭证】进行查看。

8. 生成入库凭证

1) 期初库存单据记账

选择【业务工作】→【供应链】→【存货核算】→【初始设置】→【期初数据】→【期初余额】，进入后先选择仓库，如图 4-26 所示。

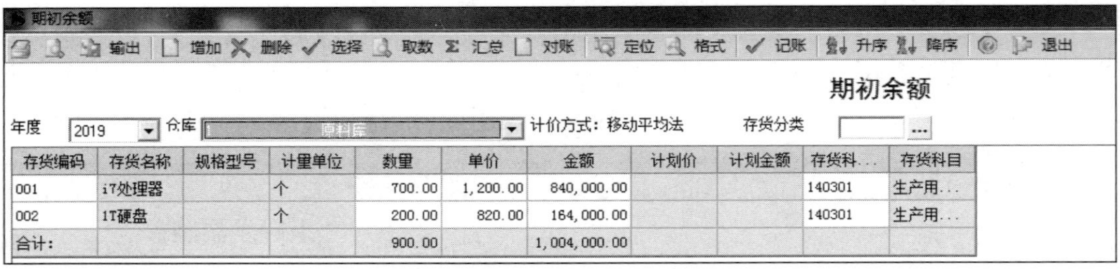

存货编码	存货名称	规格型号	计量单位	数量	单价	金额	计划价	计划金额	存货科...	存货科目
001	i7处理器		个	700.00	1,200.00	840,000.00			140301	生产用...
002	1T硬盘		个	200.00	820.00	164,000.00			140301	生产用...
合计:				900.00		1,004,000.00				

图 4-26　期初记账

单击【记账】按钮，完成期初记账工作。如果已经记账，则工具栏不会显示【记账】按钮。记账后在记账功能位置显示为【恢复】，单击【恢复】按钮则返回到未记账状态。

2) 采购入库单记账

选择【业务工作】→【供应链】→【存货核算】→【业务核算】→【正常单据记账】，进入条件设置，可以按照仓库选择，或者选择单据类型(采购入库单)，进入正常单据记账列表后，如图 4-27 所示。

选择后，单击【记账】按钮完成记账工作。

正常单据记账列表									
单据号	存货编码	存货名称	规格型号	存货代码	单据类型	仓库名称	收发类别	数量	单价
00002	004	有线键盘			采购入库单	原料库	采购入库	400.00	80.00
								400.00	

图 4-27　正常单据记账列表

3) 生成凭证

选择【业务工作】→【供应链】→【存货核算】→【财务核算】→【生成凭证】，进入后单击工具栏上的【选择】按钮，在查询条件中选择【(01)采购入库单(报销记账)】，进入【未生成凭证单据一览表】窗口，如图 4-28 所示。

单据类型	单据号	仓库	收发类别	记账人	部门	部门编码	业务单号	业务类型	计价方式	备注	摘要	供应商	客户
采购入库单	00002	原料库	采购入库	张三	采购部	201		普通采购	移动平均法		采购入库单	武汉WB公司	

图 4-28　【未生成凭证单据一览表】窗口

在【选择】栏选择要处理的记录，单击【确定】按钮，系统返回【生成凭证】窗口。选择凭证类别为【转　转账凭证】，如图 4-29 所示。

选择	单据类型	单据号	摘要	科目类型	科目编码	科目名称	借方金额	贷方金额	借方数量	贷方数量	科目方向	存货编码	存货名称
1	采购入库单	00002	采购入...	存货	140301	生产用原材料	32,000.00		400.00		1	004	有线键盘
				对方	1401	材料采购		32,000.00		400.00	2	004	有线键盘
合计							32,000.00	32,000.00					

图 4-29　【生成凭证】窗口

先补充科目信息(贷方科目为 1401 材料采购)，单击工具栏上的【生成】按钮，进入【填制凭证】窗口，单击【保存】按钮，凭证左上角出现【已生成】标志，表示凭证已经传递到总账，如图 4-30 所示。

已生成		转　账　凭　证		
转　字 0002	制单日期：2019.01.03	审核日期：		附单据数：1
摘　要		科目名称	借方金额	贷方金额
采购入库单		原材料/生产用原材料	3200000	
采购入库单		材料采购		3200000
票号	数量　400.00个		合计	3200000　3200000
日期	单价　　80.00			
备注　项　目		部　门		
个　人		客　户		
业务员				
记账	审核	出纳	制单　张三	

图 4-30　转账凭证

9. 生成付款凭证

选择【业务工作】→【财务会计】→【应付款管理】→【付款单据处理】→【付款单据录入】，进入【付款单】窗口，单击工具栏中的【增加】按钮，供应商选择【武汉WB公司】，结算方式选择【转账支票】，金额为 37 120，如图 4-31 所示。

图 4-31 【付款单】窗口

单击【保存】按钮，然后单击【审核】(也可以选择【业务工作】→【财务会计】→【应付款管理】→【付款单据处理】→【付款单据审核】进行审核)按钮，系统提示【是否立即制单？】，单击【是】按钮，进入【填制凭证】窗口。选择凭证类型为【付款凭证】，补充输入发票号和支票号等信息(如果需要)，生成的付款凭证，如图 4-32 所示。

图 4-32 生成的付款凭证

单击【保存】按钮，在凭证左上角显示【已生成】标志，这时凭证已经传递到总账系统中。

(二) 采购现结业务

1. 填制采购入库单并审核

选择【业务工作】→【供应链】→【库存管理】→【入库业务】→【采购入库单】，单击【增加】按钮，输入实验资料信息，如图 4-33 所示。

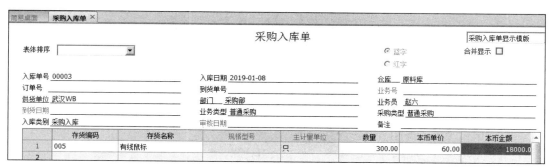

图 4-33 采购入库单

单击【保存】按钮,再单击【审核】按钮,退出。

2. 录入采购专用发票并进行现结处理和采购结算

选择【业务工作】→【供应链】→【采购管理】→【采购发票】→【专用采购发票】,单击【增加】按钮,选择【生单】→【入库单】,单据来源类型为【采购入库单】,进入【发票拷贝入库单列表】窗口,选择要传入数据的入库单,如图 4-34 所示。

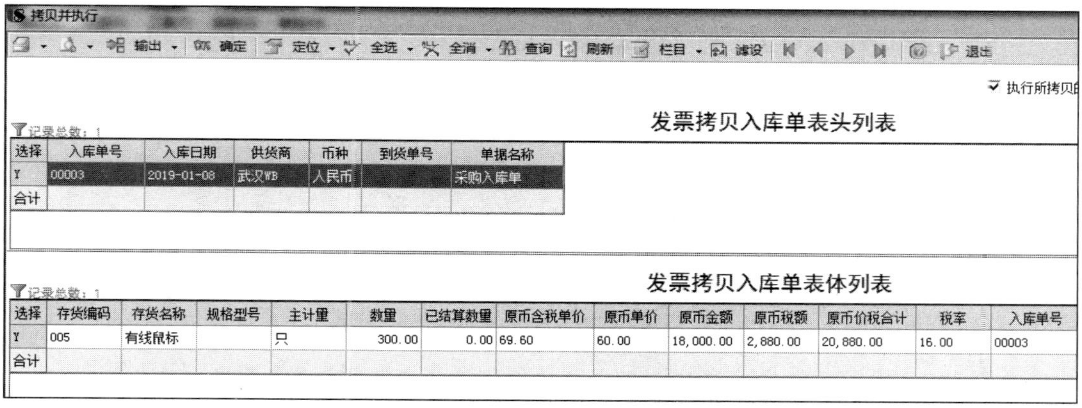

图 4-34 【发票拷贝入库单列表】窗口

单击【确定】按钮转入数据,采购发票如图 4-35 所示。

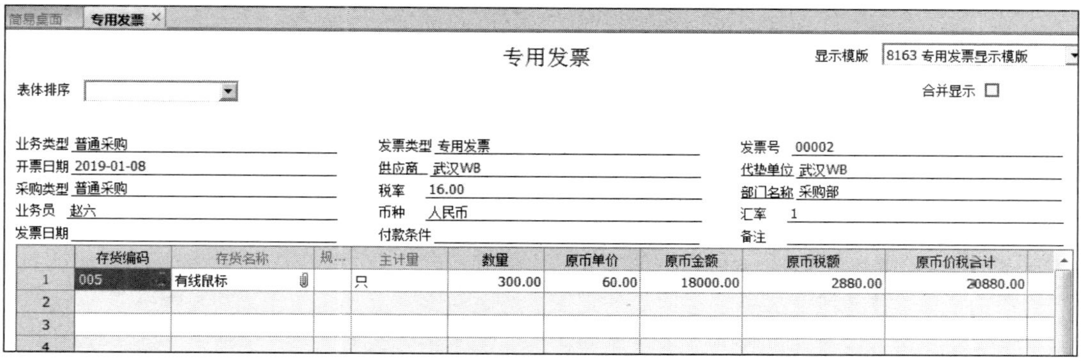

图 4-35 采购发票

保存发票。单击工具栏上的【现付】按钮，输入付款金额，如图 4-36 所示。

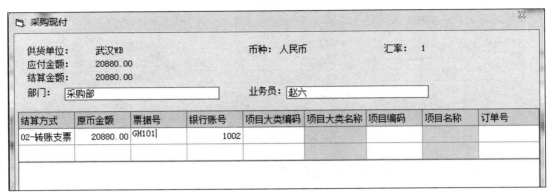

图 4-36 采购现付

单击【结算】按钮，系统自动进行结算，在发票上显示【已结算】的标记，如图 4-37 所示。

图 4-37 已结算发票

3. 审核应付单据进行现结制单

选择【业务工作】→【财务会计】→【应付款管理】→【应付款处理】→【应付款单据审核】，进入应付单条件设置，供应商选择【武汉 WB 公司】，勾选【包含已现结发票】，单击【确定】按钮进入【应付单据列表】窗口，如图 4-38 所示。

选择	审核人	单据日期	单据类型	单据号	供应商名称	部门	业务员	制单人	币种	汇率	原币金额	本币金额
		2019-01-08	采购专...	00002	武汉WB公司	采购部	赵六	张三	人民币	1.00000000	20,880.00	20,880.00
合计											20,880.00	20,880.00

图 4-38 【应付单据列表】窗口

双击【单据】按钮可以查看具体发票并进行核对。

选择要审核的单据，单击【审核】按钮，系统会显示审核成功提示信息，返回。

选择【业务工作】→【财务会计】→【应付款管理】→【制单处理】，在制单查询中，选择【现结制单】，单击【确定】按钮，进入【现结制单】窗口，选择凭证类型为【付款凭证】，再选择要制单的行，如图4-39所示。

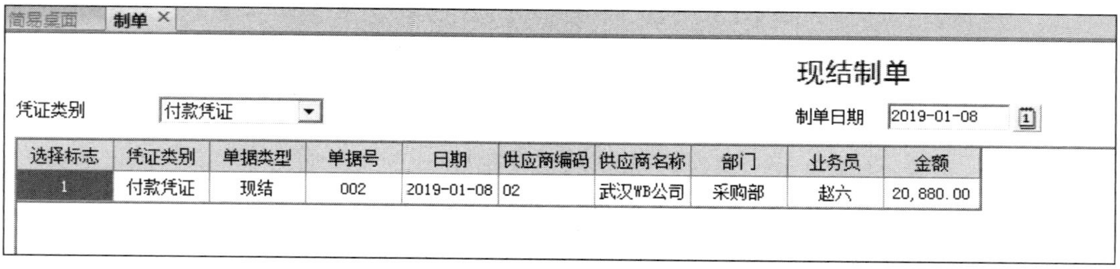

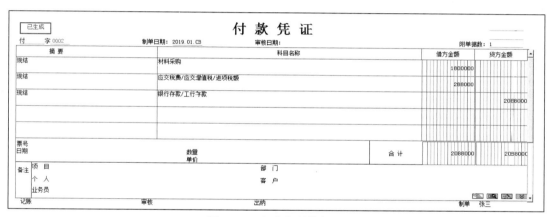

图 4-39 【现结制单】窗口

单击【制单】按钮，系统显示生成的凭证，单击【保存】按钮，凭证自动生成，在填制凭证窗口上显示【已生成】标记，表示凭证已经生成完成并传递到总账系统中，如图4-40所示。

图 4-40 生成的付款凭证

4. 生成入库凭证

选择【业务工作】→【供应链】→【存货核算】→【业务核算】→【正常单据记账】，进入条件设置，可以按照仓库选择，或者选择单据类型(采购入库单)，进入【正常单据记账列表】窗口，如图4-41所示。

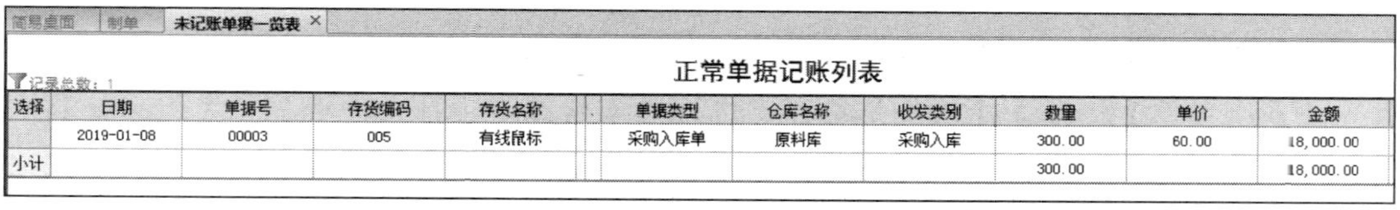

图 4-41 【正常单据记账列表】窗口

先选择，然后单击【记账】按钮，显示【记账成功】表示完成记账。

选择【业务工作】→【供应链】→【存货核算】→【财务核算】→【生成凭证】，进入后单击工具栏上的【选择】按钮，在查询条件中选择【(01)采购入库单(报销凭证)】，单击【确定】按钮，进入【未生成凭证单据一览表】窗口。

在【选择】栏选择要制单的记录，单击【确定】按钮，系统返回【生成凭证】窗口，选择凭证类别为【转账凭证】，补充相关科目，如图 4-42 所示。

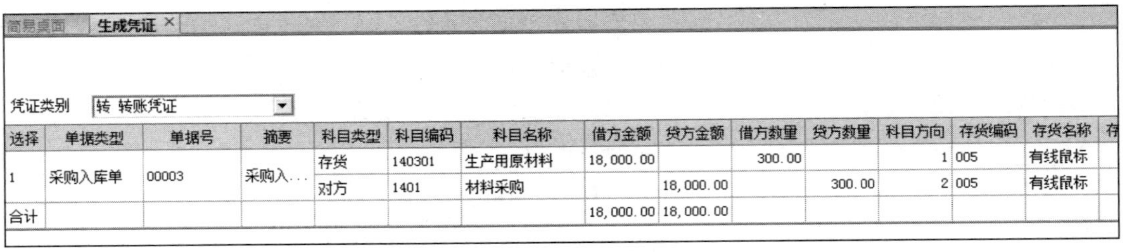

简易桌面　生成凭证

凭证类别　转 转账凭证

选择	单据类型	单据号	摘要	科目类型	科目编码	科目名称	借方金额	贷方金额	借方数量	贷方数量	科目方向	存货编码	存货名称	存
1	采购入库单	00003	采购入...	存货	140301	生产用原材料	18,000.00		300.00		1	005	有线鼠标	
				对方	1401	材料采购		18,000.00		300.00	2	005	有线鼠标	
合计							18,000.00	18,000.00						

图 4-42　【生成凭证】窗口

单击【生成】按钮，进入填制凭证窗口，单击【保存】按钮，凭证左上角出现【已生成】标志，表示凭证已经传递到总账，如图 4-43 所示。

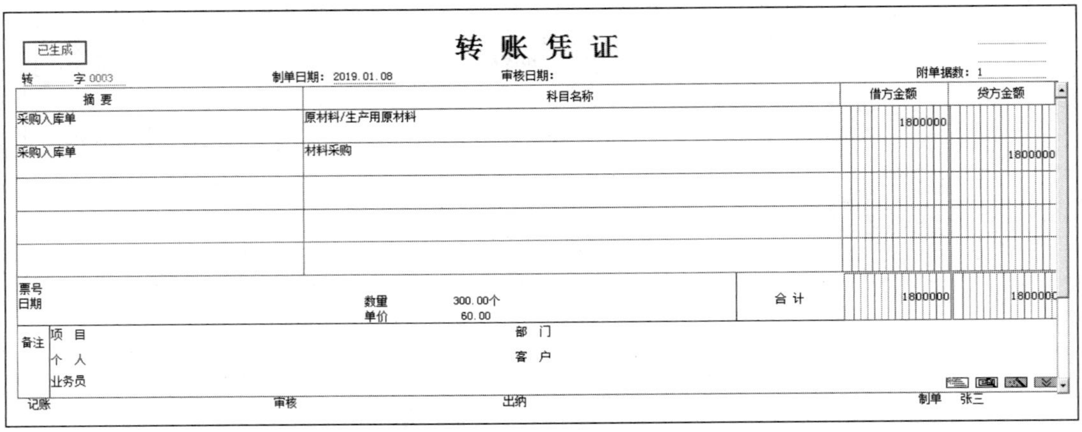

图 4-43　生成的转账凭证

(三) 暂估入库业务

1. 暂估入库报销

1) 录入采购发票

选择【业务工作】→【供应链】→【采购管理】→【采购发票】→【专用采购发票】，进入【专用发票】后单击【增加】按钮，进入输入状态。选择【生单】→【入库单】，进入查询条件设置，供应商选择【武汉 WA 公司】，然后进入【拷贝并执行】窗口，本业务是 2018 年 12 月 25 日的暂估业务，然后进行选择，如图 4-44 所示。

单击【确定】按钮返回，输入发票日期，将单价从 800 元改为 780 元，如图 4-45 所示。

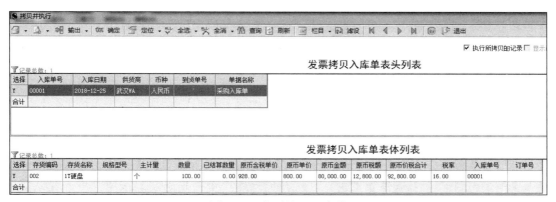

图 4-44 发票拷贝入库单

图 4-45 专用采购发票

单击【保存】按钮完成。

2) 手工结算

选择【业务工作】→【供应链】→【采购管理】→【采购结算】→【手工结算】，进入【手工结算】窗口，单击【选单】按钮，进入【结算选单】窗口，单击【查询】按钮进行条件设置，可选择供应商【武汉 WA 公司】，如图 4-46 所示。

图 4-46 【结算选单】窗口

在发票与入库单之间进行匹配选择，单击【确定】按钮，返回【手工结算】窗口，如图 4-47 所示。

单击【结算】按钮，完成结算工作。

单据类型	存货编号	存货名称	单据号	结算数量	发票数量			分摊	分	暂估单价	暂估金额	发票单价	发票金额
采购发票		1T硬盘	00003		100.00					0.00	0.00	780.00	78000.00
采购入库单	002		00001	100.00						800.00	80000.00		
		合计		100.00	100.00			0.00	0.00		80000.00		78000.00

图 4-47 【手工结算】窗口

3) 结算成本处理并生成凭证

选择【业务工作】→【供应链】→【存货核算】→【业务核算】→【结算成本处理】，进入【暂估处理查询】条件设置窗口，选择原料库，单击【确定】按钮，进入【结算成本处理】窗口，如图 4-48 所示。

选择	结算单号	仓库编号	仓库名称	入库单号	入库日期	存货编号	存货名称	计量单位	数量	暂估单价	暂估金额	结算数量	结算单价	结算金额
	000000000...	1	原料库	00001	2018-12-25	002	1T硬盘	个	100.00	800.00	80,000.00	100.00	780.00	78,000.00
	合计								100.00		80,000.00	100.00		78,000.00

图 4-48 结算成本处理

选择需要暂估结算的单据，单击工具栏上的【暂估】按钮，系统会提示暂估处理完成。

选择【业务工作】→【供应链】→【存货核算】→【财务核算】→【生成凭证】，进入【生成凭证】窗口，在工具栏上单击【选择】按钮，进入查询条件设置，选择【红字回冲单】【蓝字回冲单(报销)】，单击【确定】按钮，进入【选择单据】窗口，如图 4-49 所示。

选择	记账日期	单据日期	单据类型	单据号	仓库	收发类别	记账人		业务类型	计价方式	备注	摘要	供应商
	2019-01-01	2018-12-25	红字回冲单	00001	原料库	采购入库	张三		普通采购	移动平均法		红字回冲单	武汉WA公司
	2019-01-27	2018-12-25	蓝字回冲单	00001	原料库	采购入库	张三		普通采购	移动平均法		蓝字回冲单	武汉WA公司

图 4-49 选择单据

单击【全选】按钮，再单击【确定】按钮，进入【生成凭证】窗口。选择凭证类别为【转 转账凭证】，补充应付暂估的科目【1401 材料采购】，如图 4-50 所示。

选择	单据类型	单据号	摘要	科目类型	科目编码	科目名称	借方金额	贷方金额	借方数量	贷方数量	科目方向	存货编码	存货名称
1	红字回冲单	00001	红字回...	存货	140301	生产用原材料	-80,00...		-100.00		1	002	1T硬盘
				应付暂估	1401			-80,00...		-100.00	2	002	1T硬盘
	蓝字回冲单		蓝字回...	存货	140301	生产用原材料	78,000.00		100.00		1	002	1T硬盘
				对方	1401	材料采购		78,000.00		100.00	2	002	1T硬盘
合计							-2,000.00	-2,000.00					

图 4-50 【生成凭证】窗口

单击【生成】按钮,进入填制凭证窗口。单击【保存】按钮,分别保存红字回冲单生成的凭证(如图 4-51 所示)和蓝字回冲单生成的凭证(如图 4-52 所示)。

图 4-51　红字回冲单生成的凭证

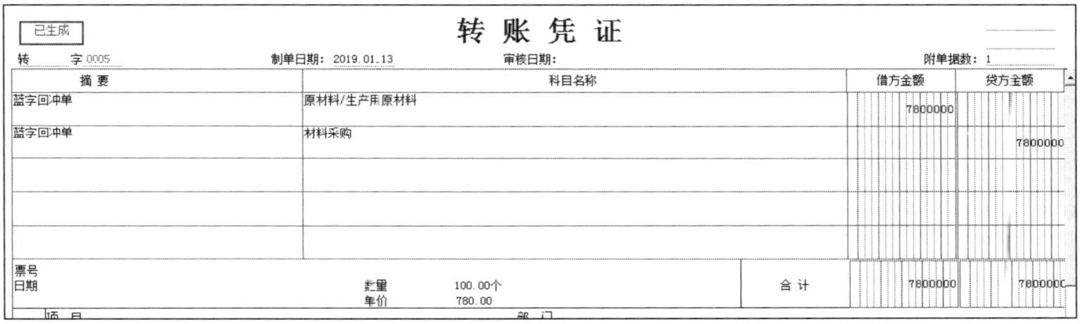

图 4-52　蓝字回冲单生成的凭证

4) 审核发票并制单处理

选择【业务工作】→【财务会计】→【应付款管理】→【应付单据处理】→【应付单据审核】,条件设置供应商为【武汉 WA 公司】,如图 4-53 所示。

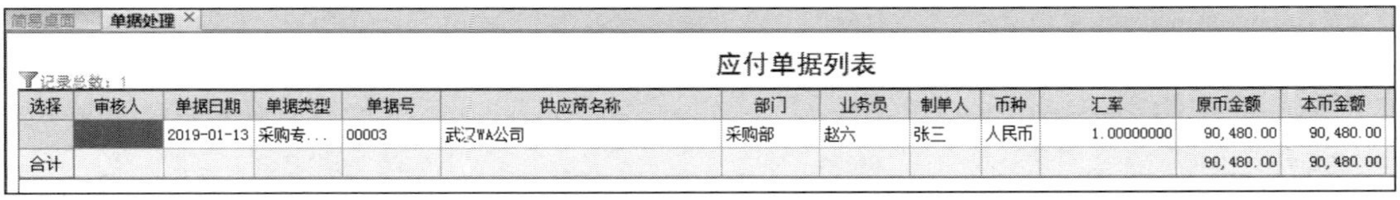

图 4-53　【应付单据列表】窗口

选择后,单击【审核】按钮,系统会提示审核成功。

选择【业务工作】→【财务会计】→【应付款管理】→【制单处理】,在制单查询中选择【发票制单】,进入【制单】窗口后,将凭证类别改为【转 转账凭证】,如图 4-54 所示。

选择后,单击【制单】按钮,进入【填制凭证】窗口,生成的凭证分录如图 4-55 所示。

补充输入票号等信息,单击【保存】按钮完成凭证生成。

图 4-54 采购发票制单

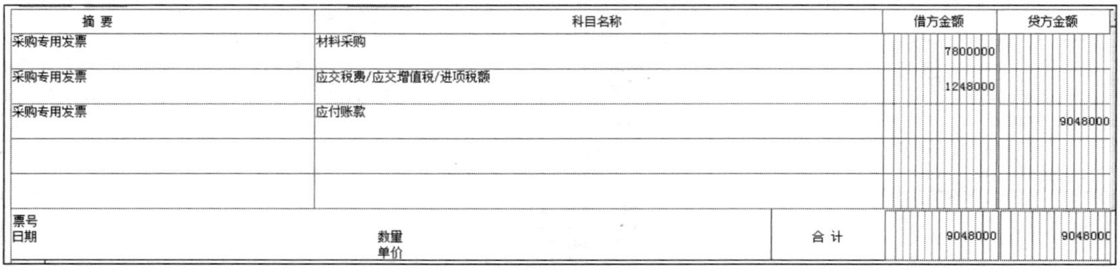

图 4-55 生成的凭证分录

可以选择【供应链】→【采购管理】→【报表】→【采购账簿】→【采购结算余额表】查询有关情况。

2. 暂估入库处理

1) 填制并审核采购入库单

选择【业务工作】→【供应链】→【库存管理】→【入库业务】→【采购入库单】，单击【增加】按钮，输入实验资料信息，采购单价不用填写，如图4-56所示。

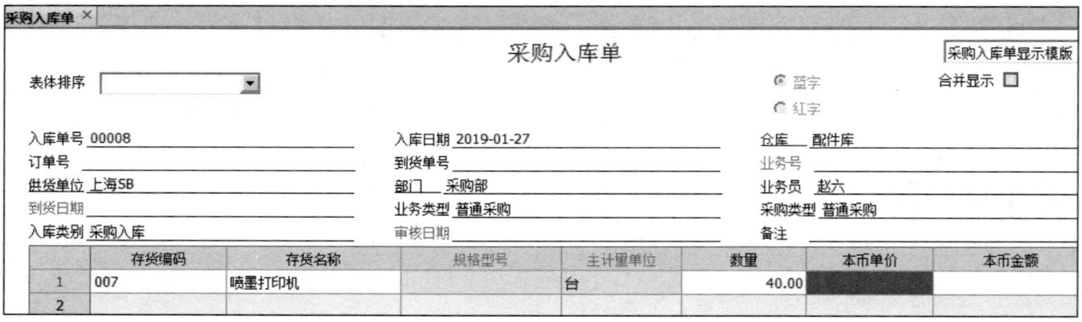

图 4-56 采购入库单

单击【保存】按钮，再单击【审核】按钮，退出。

2) 月末录入暂估入库成本并生成凭证

选择【业务工作】→【供应链】→【存货核算】→【业务核算】→【暂估成本录入】，进入查询条件设置，【包括已有暂估余额的单据】选择【是】，其他保持默认设置，单击【确定】按钮，进入【暂估成本录入】窗口，输入暂估价，如图4-57所示。

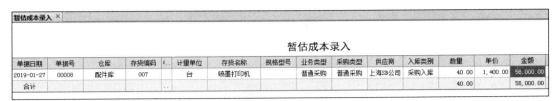

图 4-57　暂估成本录入

单击【保存】按钮，提示保存成功，表明已经录入完成。

选择【业务工作】→【供应链】→【存货核算】→【业务核算】→【正常单据记账】，进入查询条件设置，不用更改条件，进入【正常单据记账列表】窗口，如图 4-58 所示。

图 4-58　【正常单据记账列表】窗口

选择要记账的单据，单击【记账】按钮，提示记账成功，退出。

选择【业务工作】→【供应链】→【存货核算】→【财务核算】→【生成凭证】，进入【生成凭证】窗口。

单击工具栏上的【选择】按钮，在查询条件中选择【采购入库单(暂估记账)】，单击【确定】按钮，打开【未生成凭证单据一览表】窗口，如图 4-59 所示。

图 4-59　【未生成凭证单据一览表】窗口

选择要生成凭证的单据(采购入库单)，单击【确定】按钮，返回【生成凭证】窗口，将凭证类别改为【转 转账凭证】，补充应付暂估科目【材料采购(1401)】，如图 4-60 所示。

图 4-60　【生成凭证】窗口

单击【生成】按钮，进入【填制凭证】窗口，生成的凭证分录如图 4-61 所示。

单击【保存】按钮完成。

图 4-61　生成的凭证分录

(四) 采购运费业务

1. 填制并审核采购入库单

选择【业务工作】→【供应链】→【库存管理】→【入库业务】→【采购入库单】，打开【采购入库单】窗口，单击【增加】按钮，输入实验资料信息，如图 4-62 所示。

图 4-62　【采购入库单】窗口

单击【保存】按钮，再单击【审核】按钮，退出。

2. 录入采购发票

选择【业务工作】→【供应链】→【采购管理】→【采购发票】→【专用采购发票】，单击【增加】按钮，选择【生单】→【入库单】，单位为【武汉 WB 公司】，数据来源类型为【采购入库单】，进入发票拷贝入库单列表中，选择要传入数据的入库单，如图 4-63 所示。

图 4-63　发票拷贝入库单列表

单击【确定】按钮，数据自动传到专用发票中，如图 4-64 所示。

图 4-64　专用发票

单击【保存】按钮，退出。

3. 填制运费发票并进行采购结算

选择【业务工作】→【供应链】→【采购管理】→【采购发票】→【运费发票】，单击【增加】按钮，输入运费的相关信息，如图 4-65 所示。

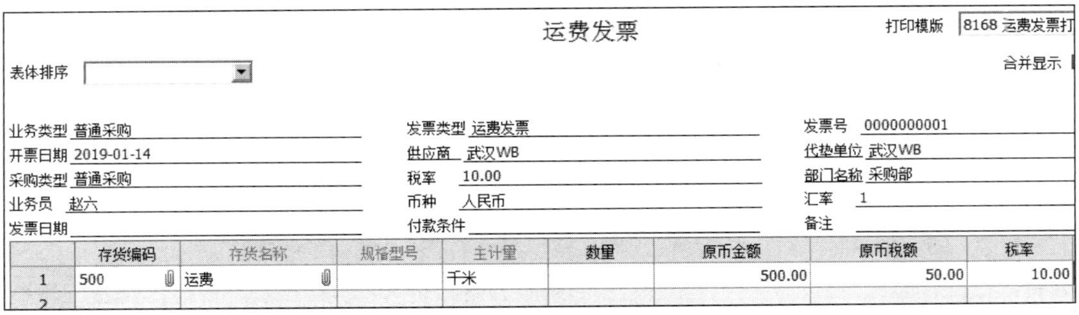

图 4-65　运费发票

单击【保存】按钮完成。

选择【业务工作】→【供应链】→【采购管理】→【采购结算】→【手工结算】，进入【手工结算】窗口，单击【选单】按钮进入结算选单窗口，单击工具栏上的【查询】按钮，在条件设置中选择【武汉 WB 公司】，完成条件设置后未结算的单据就显示出来，选择要结算的发票和对应的入库单，如图 4-66 所示。

先全部选择，单击【确定】按钮，系统提示【所选单据和扣税类别不同，是否继续？】，单击【是】按钮完成。

在【手工结算】窗口，费用分摊方式选择【按金额】，如图 4-67 所示。

单击【分摊】按钮，系统提示【选择按金额分摊，是否开始计算？】，单击【是】按钮进行计算。计算完成后，结算汇总表上会分摊结果，如图 4-68 所示，分摊费用栏就是分摊的运费。

结算选发票列表

记录总数：3

选择	供应商简称	存货名称	制单人	发票号	供应商编号	供应商名称	开票日期	存货编码	规格型号	币种	数量
	武汉WB	1T硬盘	张三	00004	02	武汉WB公司	2019-01-14	002		人民币	200.00
	武汉WB	有线鼠标	张三	00004	02	武汉WB公司	2019-01-14	005		人民币	50.00
	武汉WB	运费	张三	0000000001	02	武汉WB公司	2019-01-14	500		人民币	
合计											

结算选入库单列表

记录总数：2

选择	供应商简称	存货名称	仓库名称	入库单号	供货商编码	供应商名称	入库日期	仓库编码	制单人	币种	存货编码
	武汉WB	1T硬盘	原料库	00004	02	武汉WB公司	2019-01-14	1	张三	人民币	002
	武汉WB	有线鼠标	原料库	00004	02	武汉WB公司	2019-01-14	1	张三	人民币	005
合计											

图 4-66　结算选单

手工结算

结算汇总

单据类型	存货编号	存货名称	单据号	结算数量	发票数量	合...	...	非...	分摊费用	分摊折扣	暂估单价	暂估金额	发票单价	发票金额
采购发票	002	1T硬盘	00004		200.00							0.00	810.00	162000.00
采购入库单			00004	200.00							810.00	162000.00		
		合计		200.00	200.00	0.00	..	0.00	0.00	0.00		162000.00		162000.00
采购发票	005	有线鼠标	00004		50.00							0.00	60.00	3000.00
采购入库单			00004	50.00							60.00	3000.00		
		合计		50.00	50.00	0.00	..	0.00	0.00	0.00		3000.00		3000.00

选择费用分摊方式：◉ 按金额　○ 按数量　□ 相同供应商

费用名称	发票号	开票日期	对应仓库	对应存货	供货单位	代垫单位	...	计...	.	单价	金额
运费	0000000001	2019-01-14			武汉WB	武汉WB		公里			450.00
合计	---	---	---	---	---		-..	---	.	---	450.00

图 4-67　【手工结算】窗口

结算汇总

单据类型	存货编号	存货名称	单据号	结算数量	发票数量	合...	...	非...	分摊费用
采购发票	002	1T硬盘	00004		200.00				0.00
采购入库单			00004	200.00					441.82
		合计		200.00	200.00	0.00	..	0.00	441.82
采购发票	005	有线鼠标	00004		50.00				0.00
采购入库单			00004	50.00					8.18
		合计						.00	8.18

采购管理

费用分摊(按金额)完毕，请检查。

确定

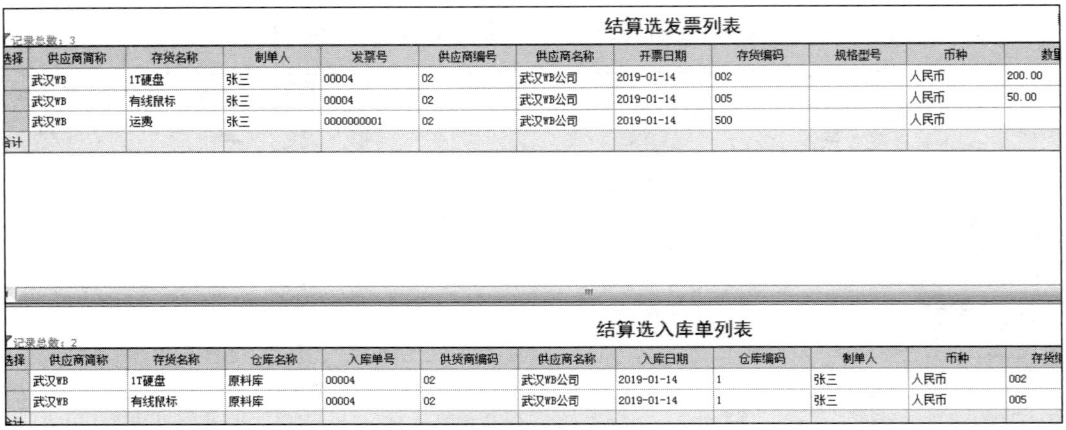

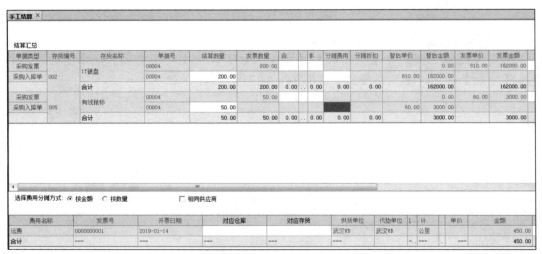

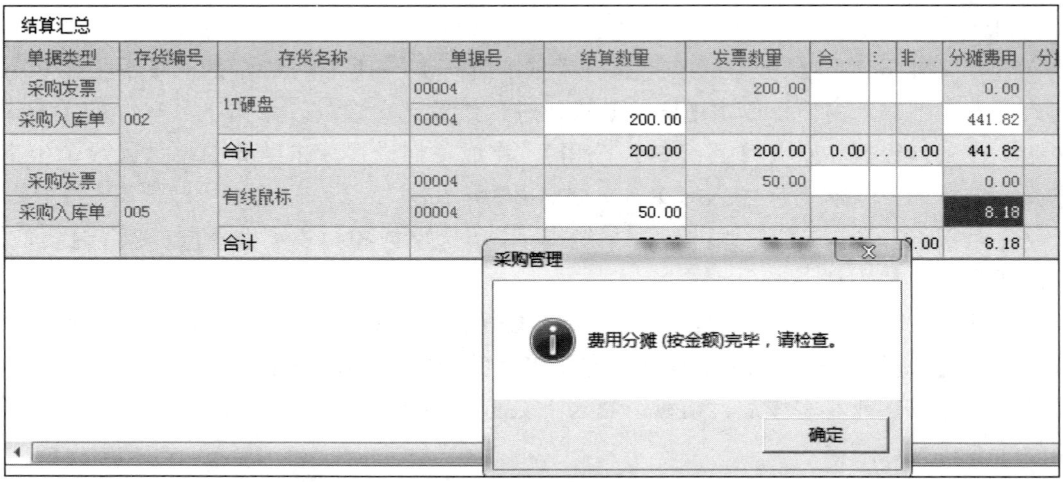

图 4-68　分摊运费的结果

4. 审核发票并合并制单

选择【业务工作】→【财务会计】→【应付款管理】→【应付单据处理】→【应付单据审核】，进入应付单条件设置窗口，供应商选择【武汉 WB 公司】，完成设置后选择【确定】按钮，进入【应付单据列表】窗口，如图4-69所示。

选择	审核人	单据日期	单据类型	单据号	供应商名称	部门	业务员	制单人	币种	汇率	原币金额	本币金额
		2019-01-14	采购专用发票	00004	武汉WB公司	采购部	赵六	张三	人民币	1.00000000	191,400.00	191,400.00
		2019-01-14	运费发票	0000000001	武汉WB公司	采购部	赵六	张三	人民币	1.00000000	500.00	500.00
合计											191,900.00	191,900.00

图 4-69 【应付单据列表】窗口

选择要审核的采购专用发票和运费发票，单击【审核】按钮，系统会显示审核成功提示信息，然后返回。

选择【业务工作】→【财务会计】→【应付款管理】→【制单处理】，进入制单查询条件设置窗口，选择【发票制单】，单击【确定】按钮，进入【采购发票制单】窗口，凭证类别选择【转账凭证】，如图4-70所示。

采购发票制单

凭证类别 转账凭证   制单日期 2019-01-14

选择标志	凭证类别	单据类型	单据号	日期	供应商编码	供应商名称	部门	业务员	金额
1	转账凭证	采购专...	00004	2019-...	02	武汉WB公司	采购部	赵六	191,400.00
2	转账凭证	运费发票	0000000001	2019-...	02	武汉WB公司	采购部	赵六	500.00

图 4-70 采购发票制单

选择要生成凭证的采购专用发票和运费发票，单击【合并】按钮(合并制作一张凭证)，然后单击【制单】按钮，进入【填制凭证】窗口，生成的凭证分录如图4-71所示。

摘要	科目名称	借方金额	贷方金额
运费发票	材料采购	16545000	
运费发票	应交税费/应交增值税/进项税额	2645000	
运费发票	应付账款		19190000
票号 日期	数量 单价	合计 19190000	19190000

图 4-71 生成的凭证分录

补充发票号等信息后单击【保存】按钮完成凭证生成。

5. 生成入库凭证

选择【业务工作】→【供应链】→【存货核算】→【业务核算】→【正常单据记账】，

进入查询条件设置，可以按照仓库(原材料)选择，或者选择单据类型(采购入库单)，进入【正常单据记账列表】窗口，如图4-72所示。

选择	日期	单据号	存货编码	存货名称	单据类型	仓库名称	收发类别	数量	单价	金额
	2019-01-14	00004	002	1T硬盘	采购入库单	原料库	采购入库	200.00	812.21	162,441.82
	2019-01-14	00004	005	有线鼠标	采购入库单	原料库	采购入库	50.00	60.16	3,008.18
小计								250.00		165,450.00

图4-72　【正常单据记账列表】窗口

选择要记账的行(可以单击【全选】)，再单击【记账】按钮，显示【记账成功】表示完成记账。

选择【业务工作】→【供应链】→【存货核算】→【财务核算】→【生成凭证】，进入后单击工具栏上的【选择】按钮，在查询条件中选择【(01)采购入库单(报销记账)】，单击【确定】按钮，进入【未生成凭证单据一览表】窗口，如图4-73所示。

单据日期	单据类型	单据号	仓库	收发类别	记账人	部门	部门编号	业务单号	业务类型	计价方式	备注	摘要	供应商	客户
2019-01-14	采购入库单	00004	原料库	采购入库	张三	采购部	201		普通采购	移动平均法		采购入库单	武汉WB公司	

图4-73　【未生成凭证单据一览表】窗口

在【选择】栏选择要记账的记录，单击【确定】按钮，系统返回【生成凭证】窗口，选择凭证类别为【转 转账凭证】，补充科目信息，如图4-74所示。

凭证类别　转 转账凭证

选择	单据类型	单据号	摘要	科目类型	科目编码	科目名称	借方金额	贷方金额	借方数量	贷方数量	科目方向	存货编码	存货名称
				存货	140301	生产用原材料	162,441.82		200.00		1	002	1T硬盘
1	采购入库单	00004	采购入...	对方	1401	材料采购		162,441.82		200.00	2	002	1T硬盘
				存货	140301	生产用原材料	3,008.18		50.00		1	005	有线鼠标
				对方	1401	材料采购		3,008.18		50.00	2	005	有线鼠标
合计							165,450.00	165,450.00					

图4-74　【生成凭证】窗口

单击【合成】按钮，进入【填制凭证】窗口，系统生成凭证分录如图4-75所示。

摘要	科目名称	借方金额	贷方金额
采购入库单	原材料/生产用原材料	16545000	
采购入库单	材料采购		16545000

图4-75　凭证分录

单击【保存】按钮，凭证左上角出现【已生成】标志。

(五) 采购退货业务

1. 结算前退货

1) 填制并审核采购入库单

选择【业务工作】→【供应链】→【库存管理】→【入库业务】→【采购入库单】，单击【增加】按钮。输入实验资料信息，如图 4-76 所示。

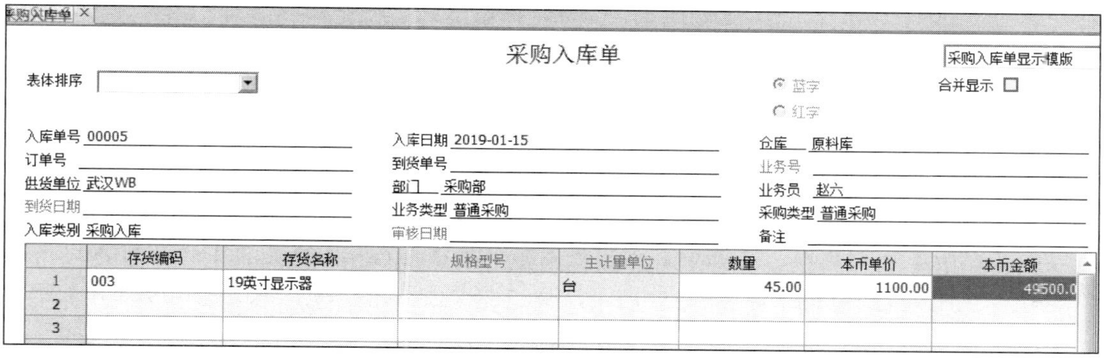

图 4-76 采购入库单

单击【保存】按钮，再单击【审核】按钮，退出。

2) 填制红字采购入库单

选择【业务工作】→【供应链】→【库存管理】→【入库业务】→【采购入库单】，单击【增加】按钮，选择入库单右上角的【红字】。输入实验资料信息，退货数量填写-5，单价填写1 100，如图 4-77 所示。

图 4-77 采购入库单

单击【保存】按钮，再进行审核，然后退出。

3) 根据采购入库单生成采购专用发票

选择【业务工作】→【供应链】→【采购管理】→【采购发票】→【专用采购发票】，单击【增加】按钮，选择【生单】→【入库单】，单据来源类型为【采购入库单】，进入【发票拷贝入库单列表】窗口，选择要传入数据的蓝字入库单。

单击【确定】按钮，数据自动传到专用发票中。

将发票中的数量改为40，如图 4-78 所示。

专用发票

显示模版 8163 专用发票显示模版

表体排序

合并显示 □

业务类型 普通采购　发票类型 专用发票　发票号 00005

开票日期 2019-01-16　供应商 武汉WB　代垫单位 武汉WB

采购类型 普通采购　税率 16.00　部门名称 采购部

业务员 赵六　币种 人民币　汇率 1

发票日期　付款条件　备注

	存货编码	存货名称	主计量	数量	原币单价	原币金额	原币税额	原币价税合计
1	003	19英寸显示器	台	40.00	1100.00	44000.00	7040.00	51040.00
2								

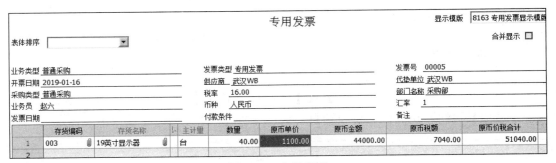

图 4-78　专用发票

单击【保存】按钮完成。

4) 采购结算

选择【业务工作】→【供应链】→【采购管理】→【采购结算】→【手工结算】，进入【手工结算】窗口，单击【选单】按钮进入结算选单，再单击【查询】按钮进入查询条件设置，供应商选择【武汉 WB 公司】，然后选择要结算的单据，如图 4-79 所示。

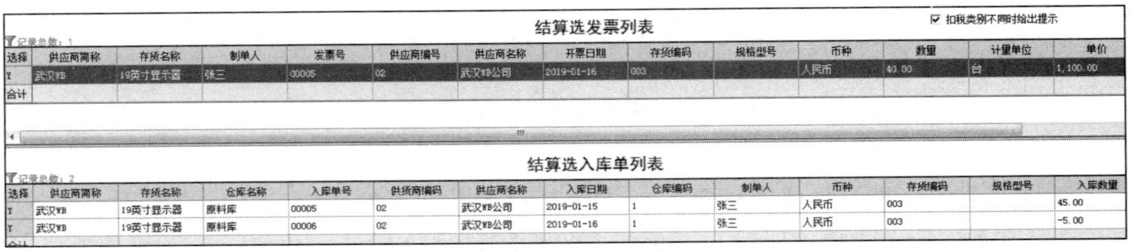

结算选发票列表

☑ 扣税类别不同时给出提示

记录总数：1

选择	供应商简称	存货名称	制单人	发票号	供应商编号	供应商名称	开票日期	存货编码	规格型号	币种	数量	计量单位	单价
Y	武汉WB	19英寸显示器	张三	00005	02	武汉WB公司	2019-01-16	003		人民币	40.00	台	1,100.00
合计													

结算选入库单列表

记录总数：2

选择	供应商简称	存货名称	仓库名称	入库单号	供货商编码	供应商名称	入库日期	仓库编码	制单人	币种	存货编码	规格型号	入库数量
Y	武汉WB	19英寸显示器	原料库	00005	02	武汉WB公司	2019-01-15	1	张三	人民币	003		45.00
Y	武汉WB	19英寸显示器	原料库	00006	02	武汉WB公司	2019-01-16	1	张三	人民币	003		-5.00

图 4-79　结算选单

单击【确定】按钮，返回【手工结算】窗口，如图 4-80 所示。

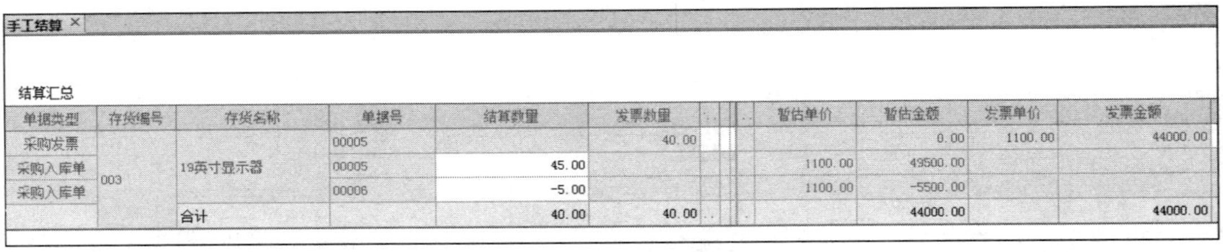

手工结算

结算汇总

单据类型	存货编号	存货名称	单据号	结算数量	发票数量	暂估单价	暂估金额	发票单价	发票金额
采购发票	003	19英寸显示器	00005		40.00		0.00	1100.00	44000.00
采购入库单			00005	45.00		1100.00	49500.00		
采购入库单			00006	-5.00		1100.00	-5500.00		
		合计		40.00	40.00		44000.00		44000.00

图 4-80　【手工结算】窗口

单击【结算】按钮，完成单据之间的钩稽。

5) 生成应付凭证

选择【业务工作】→【财务会计】→【应付款管理】→【应付单据处理】→【应付单据审核】，进入【应付单查询条件】窗口，供应商选择【武汉 WB 公司】，单击【确定】按钮，进入【应付单据列表】窗口，如图 4-81 所示。

单据处理 ×											
记录总数:1					应付单据列表						
选择	审核人	单据日期	单据类型	单据号	供应商名称	部门	业务员	制单人	币种	汇率	原币金额	本币金额
		2019-01-16	采购专...	00005	武汉WB公司	采购部	赵六	张三	人民币	1.00000000	51,040.00	51,040.00
合计											51,040.00	51,040.00

图 4-81　【应付单据列表】窗口

先选择单据，然后单击【审核】按钮，系统显示审核成功。

选择【业务工作】→【财务会计】→【应付款管理】→【制单处理】，打开【制单查询】窗口，选择【发票制单】，供应商选择【武汉 WB 公司】，进入【采购发票制单】窗口，凭证类别选择【转账凭证】，如图 4-82 所示。

图 4-82　【采购发票制单】窗口

选择后，单击【制单】按钮，显示生成的凭证，其凭证分录如图 4-83 所示。

摘　要		科目名称	借方金额	贷方金额
采购专用发票		材料采购	4400000	
采购专用发票		应交税费/应交增值税/进项税额	704000	
采购专用发票		应付账款		5104000
票号 日期	数量 单价		合计 5104000	5104000

图 4-83　凭证分录

补充输入发票号等信息后，单击【保存】按钮，完成凭证生成。

6) 生成入库凭证

选择【业务工作】→【供应链】→【存货核算】→【业务核算】→【正常单据记账】，进入条件设置，可以按照仓库选择，或者选择类型(采购入库单)，进入【正常单据记账列表】窗口，如图 4-84 所示。

未记账单据一览表 ×									
记录总数:2					正常单据记账列表				
选择	日期	单据号	存货编码	存货名称	单据类型	仓库名称	收发类别	数量	单价	金额
	2019-01-15	00005	003	19英寸显示器	采购入库单	原料库	采购入库	45.00	1,100.00	49,500.00
	2019-01-16	00006	003	19英寸显示器	采购入库单	原料库	采购入库	-5.00	1,100.00	-5,500.00
小计								40.00		44,000.00

图 4-84　【正常单据记账列表】窗口

· 105 ·

选择后，再单击【记账】按钮，完成记账工作。

选择【业务工作】→【供应链】→【存货核算】→【财务核算】→【生成凭证】，进入后单击工具栏上的【选择】按钮，进入【未生成凭证单据一览表】窗口，单击【全选】按钮，如图4-85所示。

单据日期	单据类型	单据号	仓库	收发类别	记账人	部门	部门编码	业务单号	业务类型	计价方式	备注	摘要	供应商
2019-01-15	采购入库单	00005	原料库	采购入库	张三	采购部	201		普通采购	移动平均法		采购入库单	武汉WB公司
2019-01-16	采购入库单	00006	原料库	采购入库	张三	采购部	201		普通采购	移动平均法		采购入库单	武汉WB公司

图4-85 【未生成凭证单据一览表】窗口

单击【确定】按钮，系统返回【生成凭证】窗口。选择凭证类别为【转 转账凭证】，补充科目信息，如图4-86所示。

选择	单据类型	单据号	摘要	科目类型	科目编码	科目名称	借方金额	贷方金额	借方数量	贷方数量	科目方向	存货编码	存货名称
1	采购入库单	00005	采购入...	存货	140301	生产用原材料	49,500.00		45.00		1	003	19英寸...
				对方	1401	材料采购		49,500.00		45.00	2	003	19英寸...
		00006		存货	140301	生产用原材料	-5,500.00		-5.00		1	003	19英寸...
				对方	1401	材料采购		-5,500.00		-5.00	2	003	19英寸...
合计							44,000.00	44,000.00					

图4-86 【生成凭证】窗口

单击工具栏上的【合成】按钮，将两张入库单合成一张凭证，凭证分录如图4-87所示。

转 账 凭 证

转 字 制单日期：2019.01.16 审核日期： 附单据数：2

摘要	科目名称	借方金额	贷方金额
采购入库单	原材料/生产用原材料	4400000	
采购入库单	材料采购		4400000
票号			
日期	数量 40.00个 单价 1100.00	合计 4400000	4400000

图4-87 凭证分录

单击【保存】按钮，凭证左上角出现【已生成】标志，表示凭证已经传递到总账系统中。

2. 结算后退货

1) 填制红字采购入库单并审核

选择【业务工作】→【供应链】→【库存管理】→【入库业务】→【采购入库单】，单击【增加】按钮，选择右上角的【红字】，输入实验资料信息，退货数量填写-10，单价填写80，如图4-88所示。

图 4-88　采购入库单

单击【保存】按钮，再进行审核，退出。

2) 填制红字采购专用发票并执行采购结算

选择【业务工作】→【供应链】→【采购管理】→【采购发票】→【红字专用采购发票】，进入后先单击【增加】按钮，选择【生单】→【入库单】，进入查询条件设置窗口，可设置供应商为【武汉 WB 公司】，进入后选择相应的入库单，如图 4-89 所示。

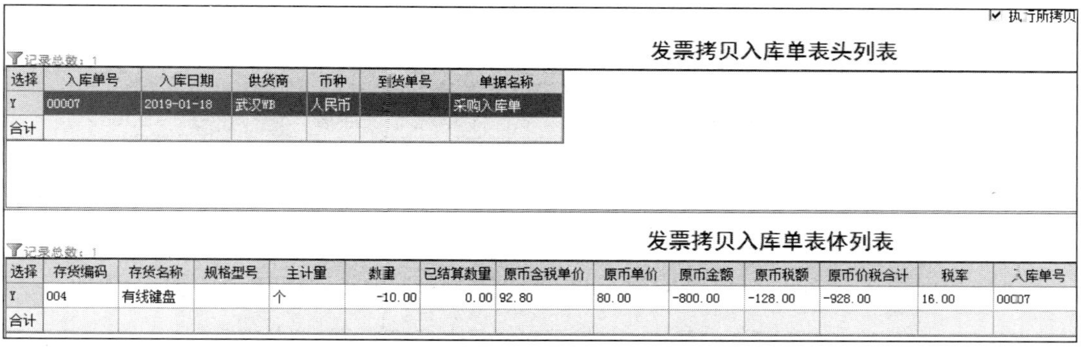

图 4-89　选择入库单

单击【确定】按钮返回发票中，数据已经传递过来，如图 4-90 所示。

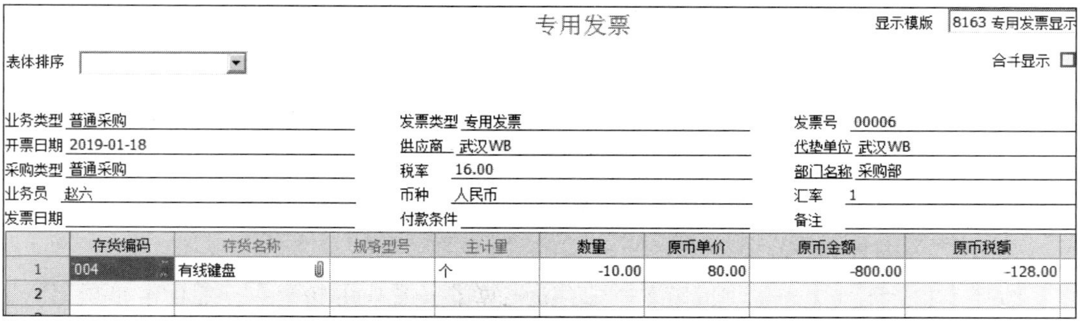

图 4-90　红字发票

单击【保存】按钮，再单击【结算】按钮完成自动结算，结算后发票上显示【已结算】标记。

3) 生成应付冲销凭证

选择【业务工作】→【财务会计】→【应付款管理】→【应付单据处理】→【应付单据审核】，进入应付单条件设置，供应商选择【武汉 WB 公司】，单击【确定】按钮进入【应付单据列表】窗口，如图 4-91 所示。

选择	审核人	单据日期	单据类型	单据号	供应商名称	部门	业务员	制单人	币种	汇率	原币金额	本币金额
		2019-01-18	采购专...	00006	武汉WB公司	采购部	赵六	张三	人民币	1.00000000	-928.00	-928.00
合计											-928.00	-928.00

图 4-91 【应付单据列表】窗口

选择单据后，单击【审核】按钮，系统显示审核成功。

选择【业务工作】→【财务会计】→【应付款管理】→【制单处理】，进入【制单查询】窗口，选择【发票制单】，选择供应商【武汉 WB 公司】，单击【确定】按钮，进入【采购发票制单】窗口，凭证类别选择【转账凭证】，如图 4-92 所示。

采购发票制单

凭证类别	转账凭证						制单日期	2019-01-18	
选择标志	凭证类别	单据类型	单据号	日期	供应商编码	供应商名称	部门	业务员	金额
	转账凭证	采购专...	00006	2019-01-27	02	武汉WB公司	采购部	赵六	-928.00

图 4-92 【采购发票制单】窗口

选择后，单击【制单】功能按钮，显示生成的凭证，其凭证分录如图 4-93 所示。

摘要	科目名称	借方金额	贷方金额
采购专用发票	材料采购	80000	
采购专用发票	应交税费/应交增值税/进项税额	12800	
采购专用发票	应付账款		92800
票号 日期	数量 单价	合计 92800	92800

图 4-93 凭证分录

补充输入发票号等后，单击【保存】按钮完成凭证生成。

4) 生成入库凭证

选择【业务工作】→【供应链】→【存货核算】→【业务核算】→【正常单据记账】，进入条件设置，可以按照仓库选择(原料库)，或者选择单据类型(采购入库单)，打开【正常单据记账列表】窗口，如图 4-94 所示。

正常单据记账列表

选择	日期	单据号	存货编码	存货名称	单据类型	仓库名称	收发类别	数量	单价	金额
	2019-01-18	00007	004	有线键盘	采购入库单	原料库	采购入库	-10.00	80.00	-800.00
小计								-10.00		-800.00

图 4-94 【正常单据记账列表】窗口

选择后，单击【记账】按钮完成记账工作。

选择【业务工作】→【供应链】→【存货核算】→【财务核算】→【生成凭证】，进入后单击工具栏上的【选择】按钮，在查询条件中选择【(01)采购入库单(报销记账)】，单击【确定】按钮，进入【未生成凭证单据一览表】。

选择单据，单击【确定】按钮，进入【未生成凭证单据一览表】。

选择单据，单击【确定】按钮，系统返回【生成凭证】窗口。

选择凭证类别为【转 转账凭证】，补充科目信息，如图 4-95 所示。

凭证类别 转 转账凭证

选择	单据类型	单据号	摘要	科目类型	科目编码	科目名称	借方金额	贷方金额	借方数量	贷方数量	科目方向	存货编码	存货名称
1	采购入库单	00007	采购入...	存货	140301	生产用原材料	-800.00		-10.00		1	004	有线键盘
				对方	1401	材料采购		-800.00		-10.00	2	004	有线键盘
合计							-800.00	-800.00					

图 4-95 生成凭证

单击工具栏上的【生成】按钮，生成的凭证分录如图 4-96 所示。

摘要	科目名称	借方金额	贷方金额
采购入库单	原材料/生产用原材料	80000	
采购入库单	材料采购		80000
票号		合计	
日期	数量 -10.00个	80000	80000
	单价 80.00		

图 4-96 凭证分录

单击【保存】按钮，凭证左上角出现【已生成】标志，表示凭证已经传递到总账系统中。

(六) 付款业务

填制付款单。选择【业务工作】→【财务会计】→【应付款管理】→【付款单据处理】→【付款单据录入】，单击【增加】按钮，输入付款资料信息，如图 4-97 所示。

单击【保存】按钮，再单击【审核】按钮，系统提示是否立即制单，单击【是】按钮，生成并保存凭证，如图 4-98 所示。

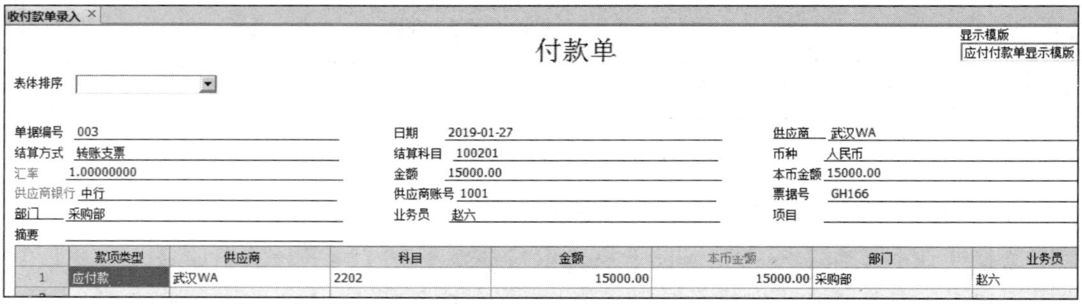
收付款单录入

付款单

显示模版 应付付款单显示模版

表体排序

单据编号 003 日期 2019-01-27 供应商 武汉WA
结算方式 转账支票 结算科目 100201 币种 人民币
汇率 1.00000000 金额 15000.00 本币金额 15000.00
供应商银行 中行 供应商账号 1001 票据号 GH166
部门 采购部 业务员 赵六 项目
摘要

	款项类型	供应商	科目	金额	本币金额	部门	业务员
1	应付款	武汉WA	2202	15000.00	15000.00	采购部	赵六

图 4-97 付款单

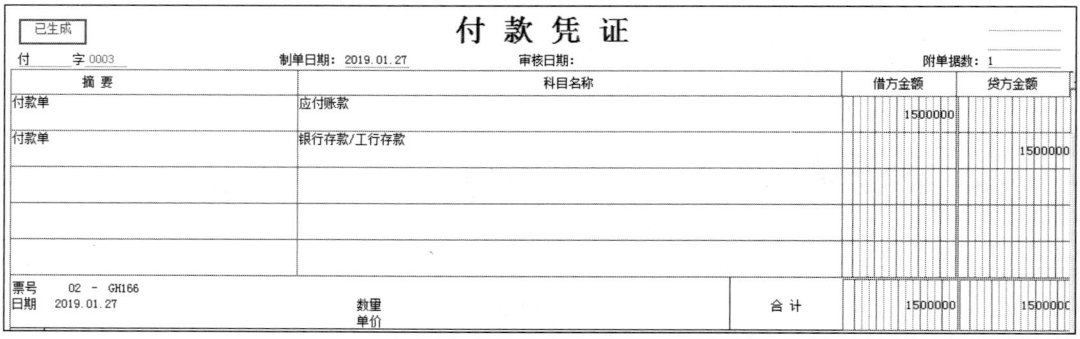
已生成

付 款 凭 证

付 字 0003 制单日期：2019.01.27 审核日期： 附单据数：1

摘 要	科目名称	借方金额	贷方金额
付款单	应付账款	1500000	
付款单	银行存款/工行存款		1500000

票号 02 - GH166
日期 2019.01.27
数量
单价
合 计 1500000 1500000

图 4-98 付款凭证

(七) 查询

1. 采购明细表

选择【业务工作】→【供应链】→【采购管理】→【报表】→【统计表】→【采购明细表】，打开【采购明细表】窗口，按默认条件进行查询，如图 4-99 所示。

采购明细表

日期： 2019-0··· 至 2019-01-27 供应商： 到
业务员： 到 部门： 到

发票日期	发票号	供应商简	部门名称	业务员	存货名称	规格型号	主计量	辅计量	换算率	数量	本币单价	本币金额	本币税额	本币价税合
2019-01-03	00001	武汉WB	采购部	赵六	有线键盘		个			400.00	80.00	32,000.00	5,120.00	37,120.00
2019-01-08	00002	武汉WB	采购部	赵六	有线鼠标		只			300.00	60.00	18,000.00	2,880.00	20,880.00
2019-01-13	00003	武汉WA	采购部	赵六	1T硬盘		个			100.00	780.00	78,000.00	12,480.00	90,480.00
2019-01-14	0000000···	武汉WB	采购部	赵六	运费		千米					450.00	50.00	500.00
2019-01-14	00004	武汉WB	采购部	赵六	1T硬盘		个			200.00	810.00	162,000···	25,920.00	187,920.00
2019-01-14	00004	武汉WB	采购部	赵六	有线鼠标		只			50.00	60.00	3,000.00	480.00	3,480.00
2019-01-16	00005	武汉WB	采购部	赵六	19英寸···		台			40.00	1,100.00	44,000.00	7,040.00	51,040.00
2019-01-18	00006	武汉WB	采购部	赵六	有线键盘		个			-10.00	80.00	-800.00	-128.00	-928.00
总计										1,080.00		336,650···	53,842.00	390,492.00

图 4-99 【采购明细表】窗口

2. 入库明细表

选择【业务工作】→【供应链】→【采购管理】→【报表】→【统计表】→【入库明细表】，按默认条件进行查询，如图 4-100 示。

入库明细表

入库日期	入库单号	仓库名称	供应商简	存货名称	规格型号	主计量	入库数量	本币单价	本币金额
2019-01-08	00003	原料库	武汉WB	有线鼠标		只	300.00	60.00	18,000.00
2019-01-14	00004	原料库	武汉WB	1T硬盘		个	200.00	812.21	162,441…
2019-01-14	00004	原料库	武汉WB	有线鼠标		只	50.00	60.16	3,008.18
2019-01-15	00005	原料库	武汉WB	19英寸显示器		台	45.00	1,100.00	49,500.00
2019-01-16	00006	原料库	武汉WB	19英寸显示器		台	-5.00	1,100.00	-5,500.00
2019-01-18	00007	原料库	武汉WB	有线键盘		个	-10.00	80.00	-800.00
2019-01-27	00002	原料库	武汉WB	有线键盘		个	400.00	80.00	32,000.00
2019-01-27	00008	配件库	上海SB	喷墨打印机		台	40.00	1,400.00	56,000.00
总计							1,020.00		314,650…

图 4-100 【入库明细表】窗口

3. 采购发票列表

选择【业务工作】→【供应链】→【采购管理】→【采购发票】→【采购发票列表】，打开【发票列表】窗口，按默认条件进行查询，如图 4-101 所示。

发票列表

业务类型	发票类型	发票号	开票日期	供应商	币种	存货编码	存货名称	规格型号	主计量	数量	原币无	原币金额	原币税额	原币价税合计
普通采购	专用发票	00001	2019-01-03	武汉WB	人民币	004	有线键盘		个	400.00	80.00	32,000.00	5,120.00	37,120.00
普通采购	专用发票	00002	2019-01-08	武汉WB	人民币	005	有线鼠标		只	300.00	60.00	18,000.00	2,880.00	20,880.00
普通采购	专用发票	00003	2019-01-13	武汉WA	人民币	002	1T硬盘		个	100.00	780.00	78,000.00	12,480.00	90,480.00
普通采购	专用发票	00004	2019-01-14	武汉WB	人民币	002	1T硬盘		个	200.00	810.00	162,000.00	25,920.00	187,920.00
普通采购	专用发票	00004	2019-01-14	武汉WB	人民币	005	有线鼠标		只	50.00	60.00	3,000.00	480.00	3,480.00
普通采购	运费发票	0000000001	2019-01-14	武汉WB	人民币	500	运费		公里			450.00		
普通采购	专用发票	00005	2019-01-16	武汉WB	人民币	003	19英寸…		台	40.00	1,100.00	44,000.00	7,040.00	51,040.00
普通采购	专用发票	00006	2019-01-18	武汉WB	人民币	004	有线键盘		个	-10.00	80.00	-800.00	-128.00	-928.00
										1,080.00		336,650.00	53,842.00	390,492.00

图 4-101 【发票列表】窗口

4. 结算明细表

选择【业务工作】→【供应链】→【采购管理】→【报表】→【统计表】→【结算明细表】，按默认条件进行查询，如图 4-102 所示。

结算明细表

结算日期	结算单号	供应商简	存货名称	规	主计量	结算数量	结算单价	结算金额	费用	发票号	入库单号	入库日期	结算暂估单价	结算暂估金额	仓库名称
20…	0000000…	武汉WA	1T硬盘		个	100.00	780.00	78,000.00		00003	00001	2018-12-25	800.00	80,000.00	原料库
20…	0000000…	武汉WB	1T硬盘		个	200.00	812.21	162,441.00	441.82	00004	00004	2019-01-14	810.00	162,000.00	原料库
20…	0000000…	武汉WB	19英寸…		台	40.00	1,100.00	44,000.00		00005	00005	2019-01-15	1,100.00	44,000.00	原料库
20…	0000000…	武汉WB	有线键盘		个	400.00	80.00	32,000.00		00001	00002	2019-01-27	80.00	32,000.00	原料库
20…	0000000…	武汉WB	有线键盘		个	-10.00	80.00	-800.00		00006	00007	2019-01-18	80.00	-800.00	原料库
20…	0000000…	武汉WB	有线鼠标		只	300.00	60.00	18,000.00		00002	00003	2019-01-08	60.00	18,000.00	原料库
20…	0000000…	武汉WB	有线鼠标		只	50.00	60.16	3,008.18	8.18	00004	00004	2019-01-14	60.00	3,000.00	原料库
总计						1,080.00		336,650…	450.00					338,200…	

图 4-102 【结算明细表】窗口

5. 应付明细账

选择【业务工作】→【财务会计】→【应付款管理】→【账表管理】→【业务报表】

→【业务明细账】，选择要查询的公司进行查询，如图 4-103 所示。

应付明细账											
币种：全部											
期间：1 - 1											
年	月	凭证号	供应商编码	供应商名称	摘要	单据类型	单据号	订单号	币种	本期应付 本币	本期付款 本币	余额 本币	到期日
			01	武汉WA公司	期初余额							276,850.00	
2019	1	转-0006	01	武汉WA公司	采购专	采购专	00003		人民币	90,480.00		367,330.00	2019-01-13
2019	1	付-0003	01	武汉WA公司	付款单	付款单	003		人民币		15,000.00	352,330.00	2019-01-27
		(01)小计：								90,480.00	15,000.00	352,330.00	
2019	1	付-0001	02	武汉WB公司	付款单	付款单	001		人民币		37,120.00	-37,120.00	2019-01-04
2019	1	转-0001	02	武汉WB公司	采购专	采购专	00001	00001	人民币	37,120.00			2019-01-03
2019	1	转-0007	02	武汉WB公司	运费发票	采购专	00004		人民币	191,400.00		191,400.00	2019-01-14
2019	1	转-0007	02	武汉WB公司	运费发票	运费发票	0000000001		人民币	500.00		191,900.00	2019-01-14
2019	1	转-0009	02	武汉WB公司	采购专	采购专	00005		人民币	51,040.00		242,940.00	2019-01-16
2019	1	转-0011	02	武汉WB公司	采购专	采购专	00006		人民币	-928.00		242,012.00	2019-01-18
		(02)小计：								279,132.00	37,120.00	242,012.00	
		合...								369,612.00	52,120.00	594,342.00	

图 4-103 【应付明细账】窗口

6．应付款余额表

选择【业务工作】→【财务会计】→【应付款管理】→【账表管理】→【业务报表】→【业务余额表】，按默认条件进行查询，如图 4-104 所示。

应付余额表					
币种： 期间：2019．1 - 2					
供应商编码	供应商名称	期初 本币	本期应付 本币	本期付款 本币	余额 本币	周转率 本币	周转天数 本币
01	武汉WA公司	276,850.00	90,480.00	15,000.00	352,330.00	0.29	103.45
(小计)01		276,850.00	90,480.00	15,000.00	352,330.00		
02	武汉WB公司	0.00	279,132.00	37,120.00	242,012.00	2.31	12.99
(小计)02		0.00	279,132.00	37,120.00	242,012.00		
总计		276,850.00	369,612.00	52,120.00	594,342.00		

图 4-104 【应付余额表】窗口

7．应付账龄分析

选择【业务工作】→【财务会计】→【应付款管理】→【账表管理】→【统计分析】→【应付账龄分析】，按默认条件进行分析，如图 4-105 所示。

应付账龄分析												
供应商 全部											
供应商		本币余额	账期内		1-30		31-60		61-90		91-120	
编号	名称		本币金额	%	本币金额	%	本币金额	%	本币金额	%	本币金额	%
01	武汉WA公司	367,330.00			90,480.00	24.63					276,850.00	75.37
02	武汉WB公司	279,132.00			279,132.00	100.00						
数量					2						1	
金额		646,462.00			369,612.00	57.17					276,850.00	42.83

图 4-105 【应付账龄分析】窗口

第五章

销售与收款过程

第一节 销售与收款过程概述

销售与收款过程是企业向客户销售和交付商品及服务,并收取货款的业务过程。

一、销售与收款过程的目标与内容

(一)销售与收款过程的目标

(1) 采用多种营销手段吸引客户,扩大销售。
(2) 合理定价,使企业能够在销售收入弥补成本的同时,得到适当的回报。
(3) 根据合同、订单中对质量、数量、交货时间和地点等方面的要求,向客户交付商品和服务。
(4) 准确、及时收款,采用多种收款方式,加速货款收回。
(5) 核算销售与收款过程中发生的收入、成本、费用,分析薄弱环节,改善销售与收款过程的效率和效益。

(二)销售与收款过程的内容

销售与收款过程主要由以下环节组成:营销、接受客户订货、选择和准备交付商品和服务、装运/交付商品和服务、收款、接受客户退货等。它的主要工作内容包括如下几个方面。

(1) 进行市场预测,及时、准确地编制销售计划并反映和监督销售合同的执行情况。
(2) 完成销售的日常业务处理,包括销售报价和订货、销售出库、销售发货、销售退货、发票处理、结算等日常处理工作。
(3) 完成应收账款的核算与管理,包括:完成应收账款业务的日常核算,全面反映企业各项债权的时点状况,便于及时催款;及时反映和监督各项赊销业务的货款收回情况，以尽量减少坏账损失，并对可能的坏账数额进行估计；按照企业既定的计提方法进行计提坏账处理，及时处理确实无法收回的款项及已确认并已转销为坏账损失后又收回的款项；及时记录客户资料，对客户的欠款情况、资信程度等进行动态跟踪管理；及时评价各客户的偿债能力和信用，确定信用政策，准确完成账龄分析。

(4) 实现其他有关业务的管理。进行客户管理、价格管理、订单管理、信用管理、折扣管理和物料对应管理等工作。

(5) 完成有关销售分析统计工作；打印输出各种需要的台账、报表，将各种信息按照需求传递到其他业务过程中。

二、典型业务过程

(一) 普通销售业务处理

根据企业的实际情况，其销售业务类型有所不同，但是大部分企业经常出现的销售业务类型称为普通销售业务，这种业务类型的处理一般要经过销售报价、销售订货、销售发货、销售开票、销售出库、结转销售成本、销售收款结算等相关过程，其中从销售报价到销售出库都可以在销售管理系统完成，结转销售成本则需要在存货核算系统完成，销售收款结算在应收款系统完成。

1. 销售报价

企业一般针对不同客户、不同存货、不同批量而给客户的商品价格和结算方式有所不同，销售报价实际上就是企业向客户提供货品、规格、价格、结算方式等信息，报价的相关信息通过输入系统的销售报价单来表达，销售报价单可以转为有效力的销售合同或销售订单。在销售业务处理流程中，销售报价环节不是必需的。

2. 销售订货

企业根据销售订货情况组织货源，销售订货环节实际上就是跟客户签订销售合同，并对销售订货的执行进行管理、控制和追踪，在销售管理系统中处于核心地位。在系统中销售订货是通过销售订单来体现的。销售订单可以参照销售报价单生成，也可以在系统中直接输入。在销售业务处理流程中，销售订货不是必需的。如果在参数设置中选择"普通业务必有订单"，那么在销售与应收款管理系统中，应以销售订单文件为主数据库文件，业务处理都必须依据销售订单文件中的基本数据输入其他数据，如参照销售订单的基本数据输入销售发货单、销售发票、销售收款单的相关数据。

3. 销售发货

销售发货是对销售订单的执行，是企业将货物发往客户的行为，是销售业务的执行阶段。在系统中销售发货是通过销售发货单来体现的。销售发货单可以参照销售订单生成，也可以在系统中直接输入。在销售业务处理流程中，销售发货是必需的。参照订单发货时，一张订单可以多次发货，多张订单也可以一次发货。如果进行超销售订单数量发货，必须在参数设置中取消"超订量发货控制"。

4. 销售开票

销售开票是在销售过程中，企业给客户开具销售发票的过程，销售发票是在销售开票过程中企业所开具的原始销售单据，包括增值税专用发票、普通发票及其所附清单。它是销售收入确认、销售成本计算、应交销售税金确认和应收账款确认的依据。在销售业务处理流程中，销售开票是必需的。

有些销售是先发货后开票，这种情况下销售发票可以参照销售发货单生成；而先开票后发货的销售，销售发票可以参照销售订单或直接输入。参照发货单开票时，多张发货单可以汇总开票，一张发货单也可拆单生成多张发票。

5. 销售出库

销售出库在系统中是通过销售出库体现，在销售业务处理流程中，销售出库是必需的。如果在初始参数设置时，选择销售出库单由销售管理系统生成，那么只能一次销售全部出库；如果在初始参数设置时，选择销售出库单由库存管理系统生成，可以一次销售分次出库。企业可以根据情况进行参数设置。

（二）委托代销业务

委托代销业务是指企业按代销合同要求将商品交付给受托方，委托受托方对外销售的一种经济行为。委托代销商品销售后，受托方与企业进行结算，并开具正式的销售发票，形成销售收入，商品所有权转移。

如果企业涉及委托代销业务，需要分别在销售管理系统和库存管理系统中进行参数设置。只有设置了委托代销业务参数后，才能处理委托代销业务，账表查询中才能增加相应的委托代销账表，存货核算系统中的参数设置中才会出现委托代销成本核算的相关设置，为了便于委托代销业务类型自动生成凭证，需要在存货核算系统中进行委托代销相关科目设置。

（三）分期收款销售业务

分期收款销售业务是指商品已经售出，但货款分期收回的一种销售方式。一般适合于具有金额大、收款期限长、款项收回风险大等特点的重大商品交易，如房产、汽车、重型设备等。分期收款销售业务的特点是：一次性发货，分次收款，按照每次收款日期分期确认销售收入，同时配比性地结转成本。

如果企业涉及分期收款销售业务，需要在销售管理系统选择分期收款销售业务的设置，并在存货核算系统中进行分期收款销售业务相关科目设置。

（四）直运销售业务

直运业务是指产品无须入库即可完成购销业务，由供应商直接将商品发给企业的客户；结算时，由购销双方分别与企业结算，企业赚取购销间差价。

直运业务包括直运销售业务和直运采购业务，没有实物的出入库，货物流向是直接从供应商到客户，财务结算通过直运销售发票、直运采购发票解决。

如果企业涉及直运销售业务，需要在销售管理系统选择直运业务的设置。直运销售业务分为两种模式：一种是只开发票，不开订单；另一种是先有订单再开发票。分别称为普通直运销售业务(非必有订单)和必有订单直运销售。

(五) 现结销售业务

现结销售业务是指在销售货物的同时向客户收取货币资金的行为。在销售发票、销售调拨单和零售日报等销售结算单据中，可以直接处理现结销售业务并结算。

(六) 销售退货业务

销售退货是指客户因质量、品种、数量不符合规定要求而将已购货物退回。

(七) 应收单据处理

应收单据处理包括应收单据录入、应收单据审核。

应收票据录入是将销售发票和应收单等应收款管理日常核算的原始单据录入应收款管理系统中。销售发票是指销售业务中的各类销售专用发票和普通销售发票，应收单是指销售业务之外的应收单据(如代垫运费单等)。如果同时使用应收款管理系统和销售管理系统，则销售发票和代垫运费单由销售管理系统录入，并自动传递到应收款管理系统中进行下一步处理，应收款管理系统需要录入的单据只有应收单。如果仅有应收款管理系统，则各类发票和应收单均应在应收款管理系统录入。

对于应收单据审核，应收款管理系统提供了手工审核、自动批量审核的功能。在应收款管理系统中，应收单据审核功能不仅可以对在本系统生成的应收单据进行审核，还可以对销售管理系统传递过来的销售发票或应收单进行审核。

(八) 收款单据处理

收款单据处理主要是对销售结算单据进行管理，主要包括收款单、付款单的录入和审核。

收款单据录入，是将已收到的客户款项录入应收款管理系统。

对于收款单据审核，应收款管理系统提供了手工审核、自动批量审核的功能。

三、与其他业务过程的关联

销售与收款过程是企业实现增长和盈利的关键过程之一。它决定了组织的生产计划，进而决定了在采购与付款过程中所需采购的资源；为库存管理和存货核算过程提供出库成本、数量等信息；从现金管理过程获取收款情况；向账务核算和分析过程提供销售收入、费用等数据。

第二节　销售与收款功能模块

一、销售管理子系统的功能模块

销售管理子系统的功能模块，如图 5-1 所示。

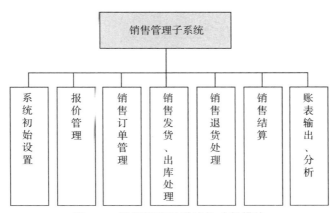

图 5-1　销售管理子系统的功能模块

(1) 系统初始设置。系统初始设置是日常业务处理的前提，是一项比较繁重且重复的工作。销售管理子系统的初始设置主要包括参数设置、基础信息设置、业务流程设置、期初数据输入及启动系统等。

(2) 报价管理。销售报价是销售部门根据企业销售政策、产品成本、目标利润率及以往价格资料等提出产品报价，经上级审核后提供给客户的过程，它为销售订单提供基本价格信息。报价管理包括销售报价单的录入、审核、作废及关闭等功能。

(3) 销售订单管理。销售订单是购销双方共同签署的，以此确认销售活动的标志。销售订单不仅是销售管理系统的重要单据，而且在企业供应链系统中处于核心地位。销售订单管理包括销售订单的生成和维护、订单数据的引出，以及订单的批量处理和附件管理等功能。

(4) 销售发货、出库处理。销售部门根据订单要求填制发货单，由质检人员对发出商品进行检验，由仓库管理人员办理出库并填写销售出库单。销售发货、出库处理包括发货通知，销售出库单的录入、审核、作废及关闭等功能。

(5) 销售退货处理。当由于质量不合格或价格不正确等因素发生退货时，由销售部门填制退货单，由质检人员检验退回商品，由仓库管理人员办理入库，填制红字销售出库单。销售退货处理包括退货通知、红字销售出库单的录入、审核、作废及关闭等功能。

(6) 销售结算。销售结算是根据销售发票确认销售收入、销售成本、应交税金和应收账款的过程，包括在销售管理中处理发票、在存货核算中计算主营业务成本，以及在应收账款确认应收款项几个过程。销售管理子系统的销售结算主要是销售发票和费用发票的录入、审核、拆分、作废及钩稽等处理。

(7) 账表输出、分析。销售与应收款子系统提供的账表包括账簿、业务报表和分析报表几大类。账簿是反映销售与应收业务核算结果的信息,以总账和明细账的形式输出;业务报表是系统对已实现的销售业务进行筛选、分析及处理形成的报表;分析报表是对销售流程中各项主要业务的处理结果和运作情况进行分析形成的报表,是了解企业销售情况的重要手段。通过销售分析,使用者可以根据历史情况进一步做出预测及决策。除固定报表外,为了满足企业特殊业务反映的需求,一般系统还提供报表工具和查询分析工具,可以用来制作和查询企业需要的报表。

二、应收款管理子系统的功能模块

应收款管理子系统的功能模块,如图 5-2 所示。

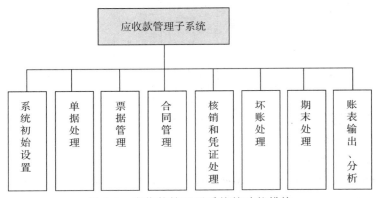

图 5-2 应收款管理子系统的功能模块

(1) 系统初始设置。应收款管理子系统的初始设置主要包括参数设置、基础信息设置、业务流程设置、期初数据输入及启动系统等。

(2) 单据处理。本模块主要维护销售发票、其他应收单、收款单及退款单,如新增、修改、审核及删除等操作。

(3) 票据管理。应收票据用来核算公司因销售商品及提供劳务等而收到的商业汇票,包括银行承兑汇票和商业承兑汇票。本模块主要维护应收票据,可以跟踪管理票据的新增、背书、贴现、收款及转出等操作。

(4) 合同管理。本模块管理合同的建立、执行和关闭的过程。

(5) 核销和凭证处理。核销处理是确定收款单与原始发票、应收单之间对应关系的操作,即指明每一次收款是对应哪几笔销售业务;凭证处理则是根据业务单据生成记账凭证的操作。

(6) 坏账处理。坏账处理是对坏账准备计提、坏账损失的发生及坏账回收进行处理。

(7) 期末处理。本模块主要包括期末调汇、期末对账及期末结账操作。对于有外币业务的企业，在会计期末如有汇率变化，通常要进行期末调汇的业务处理。当本期所有操作完成之后，如所有单据过行了审核及核销处理，相关单据已生成了凭证；同时与总账等系统的数据资料已核对完毕，即可进行期末结账工作。期末结账处理完毕，系统便进入下一个会计期间。

(8) 账表输出、分析。本模块主要是提供各种报表的查询。为了满足企业特殊业务反映的需求，一般系统还提供报表工具和查询分析工具，可以用来制作和查询企业需要的报表。

三、与相关子系统的接口

在业财一体化系统中，赊销业务处理涉及多个子系统，主要包括销售管理、仓存管理、存货核算、应收款管理、现金管理、总账、应付款管理、质量管理。各子系统实现数据共享，协作完成流程中各业务和财务处理工作。

销售与应收款管理子系统与相关子系统的接口，如图 5-3 所示。

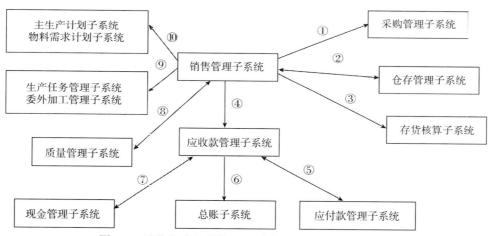

图 5-3 销售与应收款管理子系统与相关子系统的接口

(1) 采购管理子系统可以根据销售订单生成采购订单，从而处理以销定购的业务。

(2) 销售管理子系统从仓库管理子系统获取当前库存信息，进行销售可用量管理。销售系统的销售出库单也是仓库系统中的一种重要库存交易单据，它会更新相应仓库的即时库存。

(3) 销售管理子系统中的销售出库单是进行产成品出库核算的原始依据之一，出库核算之后的出库成本将反填到销售出库单的成本单据中，核算完成的销售出库单将根据凭证模板生成相应的凭证。销售管理子系统的销售发票作为确认收入的原始凭证之一，可按照凭证模板生成相应的销售收入凭证。

(4) 销售管理子系统中的销售发票可以直接传递到应收款管理子系统作为确认应收的依据，应收类型的销售费用发票在保存时传递到应收款管理子系统转换为其他应收单；

应付类型的销售费用发票在保存时传递到应付款管理子系统转换为其他应付单,现销的销售费用发票不传递到应收款管理子系统。

(5) 应付款管理子系统中的采购发票和其他应付单与应收款管理子系统进行应收冲应付的核算。

(6) 应收款管理子系统生成的往来款凭证传递到总账子系统。

(7) 现金管理子系统与应收款管理子系统的应收票据互相传递,现金管理子系统的收款单可以传递到应收款管理子系统。

(8) 销售管理子系统产生发货和退货检验申请单,控制发货和退货商品的质量。

(9) 生产任务单和委外加工生产任务单可以根据销售订单生成,处理以销定产的业务。

(10) 销售订单是计划系统的主要需求来源之一,销售订单可以作为 MPS 和 MRP 的计算输入。

第三节　销售与收款应用实训

一、实验目的

(1) 掌握业财一体化软件中销售管理和应收款系统的相关内容。
(2) 掌握日常销售与收款业务处理方法。
(3) 理解销售管理应收款管理系统与其他系统之间的关系。

二、实验内容

(1) 普通销售业务处理。
(2) 商业折扣业务处理。
(3) 现结业务处理。
(4) 开票业务处理。
(5) 代垫费用的业务处理。
(6) 分期收款发出商品业务处理。
(7) 委托代销业务处理。
(8) 一次销售分次出库业务处理。
(9) 退货业务处理。
(10) 直运销售业务处理。
(11) 预收款处理业务处理。
(12) 收款处理业务处理。

(13) 往来核销业务处理。
(14) 计提坏账准备处理。
(15) 预收冲应收业务处理。

三、实验资料

(一) 普通销售业务

(1) 1月7日，北京 BA 公司欲购买 15 台飞乐 1 号，向销售部了解价格。销售部报价为 6 200 元/台。客户确定购买，填制并审核报价单。

该客户进一步了解情况后，要求订购 20 台，要求发货日为 1 月 10 日。填制并审核销售订单。

(2) 1月10日，销售部门向产品库发出发货通知。

从产品库向北京 BA 公司发出其所订货物，并据此开具专用销售发票一张。

业务部门将销售发票(留存联)交给财务部门，财务部门结转此业务的收入和成本。

(3) 1月11日，财务部收到北京 BA 公司转账支票一张，金额 143 840 元，支票号 BA0111，款项入工行账户。据此填制收款单并制单。

(二) 商业折扣业务

1月14日，销售部向北京 BA 公司出售喷墨打印机 10 台，报价为 2 500 元/台，通知库房发货，货物从配件库发出。

最后商定的成交价为报价的 90%，根据上述发货单开具专用发票一张，编制应收账款凭证。

(三) 现结业务

1月17日，向武汉 WD 公司销售飞乐 1 号 10 台，每台 6 500 元，销售专用发票已开，商品已从产品库出库，款项转账支票已经收到并入工行户，支票号 WD0117。

(四) 开票业务

1. 补开上月发票

原业务(销售管理期初数据)：2018 年 12 月 28 日，销售部向北京 BA 公司出售飞乐 1 号 10 台，报价为 6 500 元/台，由产品库发货，该发货单尚未开票。

1月19日，向北京 BA 公司开具销售专用发票，款项转账支票已经收到并入工行户，支票号 BA0119。

2. 汇总开票

1月20日，销售部向北京 BB 公司出售飞乐 1 号 60 台，报价为 6 300 元/台，货物从产品库发出。

1月20日,销售部向北京BB公司出售喷墨打印机40台,报价为2 200元/台,货物从配件库发出。

根据上述两张出库单开具专用发票一张,并制作凭证。

3. 分次开票

1月21日,销售部向武汉WC公司出售喷墨打印机60台,报价为2 200元/台,货物从配件库发出。

1月22日,应客户要求,对上述所发出的商品开具两张专用销售发票,第一张发票中所列示的数量为40台,第二张发票中所列示的数量为20台。

4. 开票直接发货

1月22日,销售部向武汉WD公司出售喷墨打印机70台,报价为2 400元/台,物品从配件库发出,并据此开具专用销售发票一张。

(五) 代垫费用处理业务

1月22日,销售部在向武汉WD公司销售商品过程中,有一笔设备服务费900元。客户尚未支付该笔款项。

(六) 分期收款发出商品业务

1月23日,销售部向上海长江公司出售飞乐1号130台。由产品库发货,报价为6 500元/台。由于金额较大,客户要求以分期付款形式购买该商品。经协商,客户分3次付款,并据此开具相应销售发票。

第一次开具的专用发票数量为50台,无税单价6 500元。

业务部门将该业务所涉及的出库单及销售发票交给财务部门,财务部据此制作凭证。

(七) 委托代销业务

1月23日,销售部委托北京BB公司代为销售飞乐1号40台,售价为6 500元/台,货物从产品库发出。

1月25日,收到北京BB公司的委托代销清单一张,结算飞乐1号30台,售价为6 500元/台。立即开具销售专用发票给北京BB公司。

业务部门将该业务所涉及的出库单及销售发票交给财务部门,财务部门据此结转收入等业务。

(八) 一次销售分次出库业务

1月24日,向武汉WD公司出售i7处理器100个,由原料库发货,报价为1 600元/个,同时开具专用发票一张。

客户根据发货单从原料仓库先领出i7处理器80个。

1月25日,客户根据发货单再从原料库领出余下的i7处理器20个。

(九) 退货业务

1. 开票前退货

1月25日,销售部出售给武汉 WD 公司飞乐1号15台,单价为6 500元,从产品库发出。

1月26日,销售部出售给武汉 WD 公司的飞乐1号因质量问题,退回2台,单价为6 500元,收回产品库待修。

开具相应的专用发票一张,数量为13台。

2. 委托代销退货

1月26日,委托北京 BB 公司销售的飞乐1号退回4台,入产品库。由于已经开具发票,故开具红字专用发票一张。单价为6 500元。

(十) 直运销售业务

1月26日,销售部接到业务信息,武汉 WD 公司欲购买浪潮服务器3台。经协商以单价28 000元成交,增值税税率为16%。随后,销售部填制相应销售订单。

销售部经联系以每台18 000元的价格向上海 SB 公司发出采购订单,并要求对方直接将货物送到武汉 WD 公司。

1月27日,销售部根据销售订单给武汉 WD 公司开具专用发票一张。

货物送至武汉 WD 公司,上海 SB 公司凭送货签收单和订单开具了一张专用发票给销售部。

销售部将此业务的采购、销售发票交给财务部,财务部制作应收应付凭证,结转收入和成本。

(十一) 预收款处理业务

1月8日,武汉 WC 公司交来转账支票一张,金额20 000元,支票号 WC0103,作为预购货物的定金。

(十二) 收款处理业务

1月27日,收到武汉 WD 公司交来转账支票一张,金额200 000元,支票号 WD0127,用以归还前欠货款。

(十三) 预收冲应收业务

1月27日,经过与武汉 WC 公司商定,前付来的20 000元定金用于冲销其应收款项。

(十四) 计提坏账准备

1月底,计提坏账准备。

(十五) 往来核销业务

进行往来核销业务的处理。

四、实验操作指导

(一) 普通销售业务

1. 填制并审核报价单

选择【业务工作】→【供应链】→【销售管理】→【销售报价】→【销售报价单】，单击【增加】按钮，输入相关信息，如图 5-4 所示。

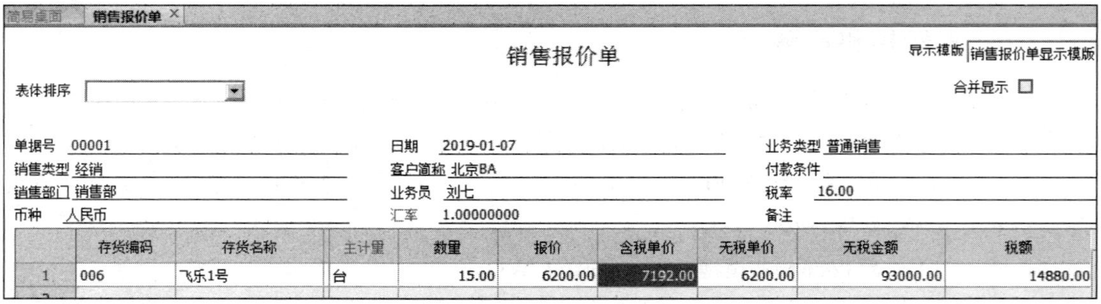

简易桌面 | 销售报价单

销售报价单

显示模版 销售报价单显示模版

表体排序

合并显示 □

单据号 00001	日期 2019-01-07	业务类型 普通销售
销售类型 经销	客户简称 北京BA	付款条件
销售部门 销售部	业务员 刘七	税率 16.00
币种 人民币	汇率 1.00000000	备注

	存货编码	存货名称	主计量	数量	报价	含税单价	无税单价	无税金额	税额
1	006	飞乐1号	台	15.00	6200.00	7192.00	6200.00	93000.00	14880.00

图 5-4　销售报价单

单击【保存】按钮，再单击【审核】按钮进行审核。

2. 填制并审核销售订单

选择【业务工作】→【供应链】→【销售管理】→【销售订货】→【销售订单】，单击【增加】按钮，选择【生单】→【报价】，进入查询条件设置，输入查询条件，如设置客户编码(北京 BA 公司)，然后进入【参照生单】窗口，选择报价单，如图 5-5 所示。

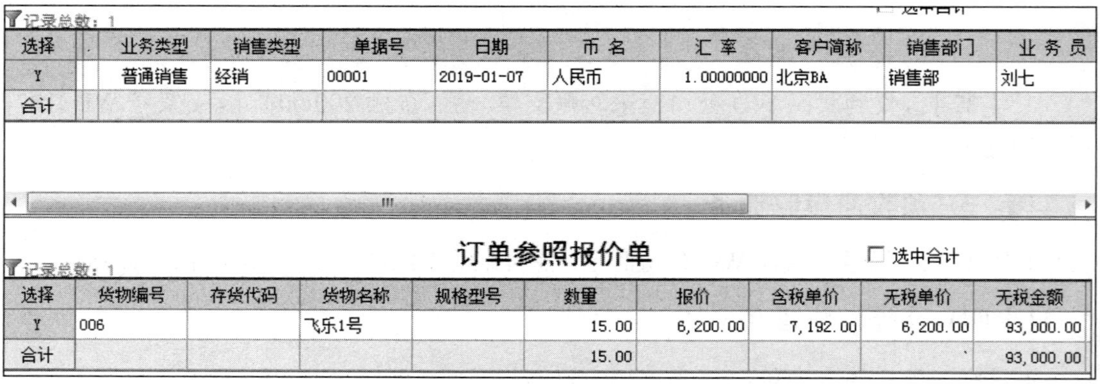

记录总数：1

选择	业务类型	销售类型	单据号	日期	币名	汇率	客户简称	销售部门	业务员
Y	普通销售	经销	00001	2019-01-07	人民币	1.00000000	北京BA	销售部	刘七
合计									

订单参照报价单

选中合计

记录总数：1

选择	货物编号	存货代码	货物名称	规格型号	数量	报价	含税单价	无税单价	无税金额
Y	006		飞乐1号		15.00	6,200.00	7,192.00	6,200.00	93,000.00
合计					15.00				93,000.00

图 5-5　参照生单(订单参考报价单)

单击【确定】按钮,将数据复制到销售订单中,再修改发货日期、数量等相关信息,如图5-6所示。

图5-6 销售订单

单击【保存】按钮,然后单击【审核】按钮完成。

3. 填制并审核销售发货单

选择【业务工作】→【供应链】→【销售管理】→【销售发货】→【发货单】,单击【增加】按钮,进入条件设置,客户选择【北京BA公司】,然后进入【参照生单】窗口,选择要按照的单据,如图5-7所示。

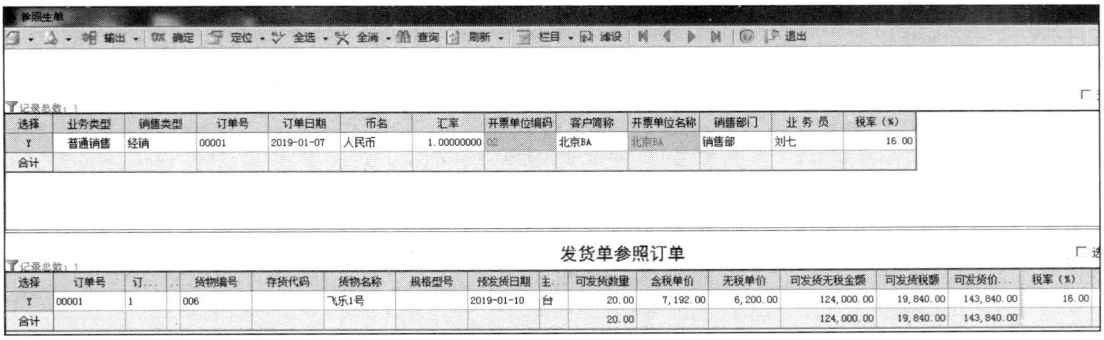

图5-7 参照生单(发货单参照生单)

单击【确定】按钮,返回发货单。输入发货日期、库房等信息,如图5-8所示。

图5-8 发货单

单击【保存】按钮，再单击【审核】按钮完成。

也可以选择【业务工作】→【供应链】→【销售管理】→【销售发货】→【发货单列表】，对单据进行审核或取消审核。

4. 依据发货单填制并复核销售发票

选择【业务工作】→【供应链】→【销售管理】→【销售开票】→【销售专用发票】，单击【增加】按钮，进入参照发货单条件设置。

客户选择【北京 BA 公司】，然后进入【参照生单】窗口，选择要参照的单据，如图 5-9 所示。

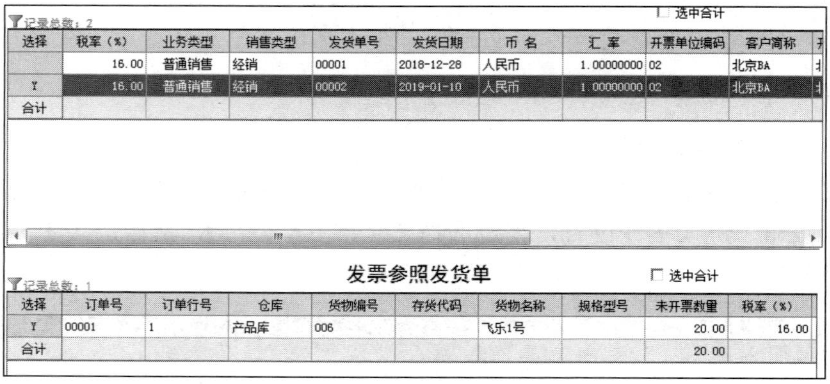
记录总数：2 □选中合计

选择	税率（%）	业务类型	销售类型	发货单号	发货日期	币名	汇率	开票单位编码	客户简称
	16.00	普通销售	经销	00001	2018-12-28	人民币	1.00000000	02	北京BA
Y	16.00	普通销售	经销	00002	2019-01-10	人民币	1.00000000	02	北京BA
合计									

发票参照发货单

记录总数：1 □选中合计

选择	订单号	订单行号	仓库	货物编号	存货代码	货物名称	规格型号	未开票数量	税率（%）
Y	00001	1	产品库	006		飞乐1号		20.00	16.00
合计								20.00	

图 5-9　参照生单

单击【确定】按钮，从发货单数据复制到销售专用发票，如图 5-10 所示。

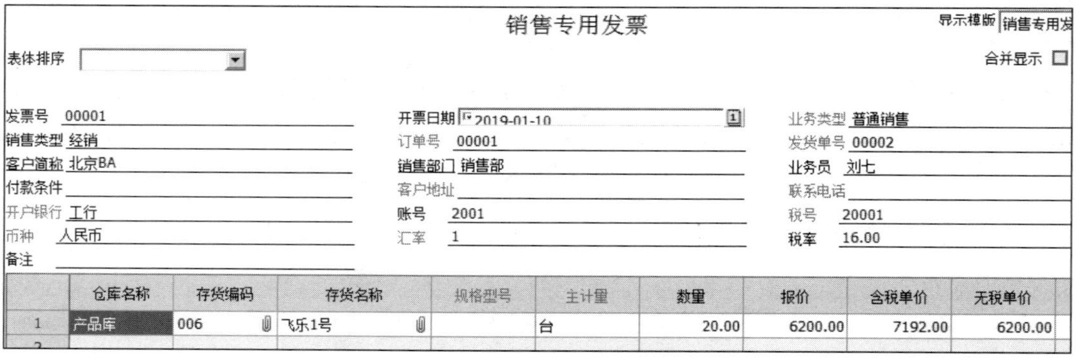
销售专用发票

显示模版 销售专用发

表体排序　　合并显示 □

发票号 00001　开票日期 2019-01-10　业务类型 普通销售

销售类型 经销　订单号 00001　发货单号 00002

客户简称 北京BA　销售部门 销售部　业务员 刘七

付款条件　客户地址　联系电话

开户银行 工行　账号 2001　税号 20001

币种 人民币　汇率 1　税率 16.00

备注

	仓库名称	存货编码	存货名称	规格型号	主计量	数量	报价	含税单价	无税单价
1	产品库	006	飞乐1号		台	20.00	6200.00	7192.00	6200.00
2									

图 5-10　销售专用发票

单击【保存】按钮，再单击【复核】按钮完成复核工作。

5. 审核销售专用发票并生成销售收入凭证

选择【业务工作】→【财务会计】→【应收款管理】→【应收单据处理】→【应收单据审核】，进入应收单查询条件设置，单据名称选择【销售发票】，单击【确定】按钮，进入【应收单据列表】窗口，在【选择】栏目下双击要审核的行，然后单击【审核】功能完成审核工作，如图 5-11 所示。

单据处理 ×

记录总数：1

应收单据列表

选择	审核人	单据日期	单据类型	单据号	客户名称	部门	业务员	制单人	币种	汇率	原币金额
		2019-01-10	销售专...	00001	北京BA公司	销售部	刘七	张三	人民币	1.00000000	143,840.00
合计											143,840.00

图 5-11　【应收单据列表】窗口

选择【业务工作】→【财务会计】→【应收款管理】→【制单管理】，进入制单查询，选择发票制单，单击【确定】按钮，进入发票制单，将凭证类别改为【转账凭证】，如图 5-12 所示。

销售发票制单

凭证类别　转账凭证　　　　制单日期　2019-01-10

选择标志	凭证类别	单据类型	单据号	日期	客户编码	客户名称	部门	业务员	金额
	转账凭证	销售专...	00001	2019-01-10	02	北京BA公司	销售部	刘七	143,840.00

图 5-12　发票制单

单击【全选】按钮，再单击【制单】按钮，进入【填制凭证】窗口，生成的凭证分录如图 5-13 所示。

转 账 凭 证

转　字　　　制单日期：2019.01.10　　　审核日期：　　　附单据数：1

摘要	科目名称	借方金额	贷方金额
销售专用发票	应收账款	14384000	
销售专用发票	主营业务收入		12400000
销售专用发票	应交税费/应交增值税/销项税额		1984000
票号 日期　数量 单价	合计	14384000	14384000

备注　项　目　　　部　门

个　人　　　客　户　北京BA

图 5-13　生成的凭证分录

补充票号等信息，单击【保存】按钮完成凭证制作，凭证自动传送到总账系统。

6. 审核销售出库单

可以查看【业务工作】→【供应链】→【销售管理】→【设置】→【销售选项】中的【业务控制】参数设置，默认选择【销售生成出库单】，如果不是则要改为本设置。

因此，销售出库单在填制销售发货单时就自动生成了，只需要将销售出库单调出来进行审核即可。若未生成，就需要在库存管理中通过参照完成销售出库单的输入。

选择【供应链】→【库存管理】→【单据列表】→【销售出库单列表】，进入查询条件设置，客户选择【北京 BA 公司】，进入【销售出库单列表】窗口，如图 5-14 所示。

双击可打开销售出库单。

先选择要审核的出库单，单击【审核】按钮完成审核工作。

销售出库单列表													
记录总数:1												销售出库单打印模版	
选择	记账人	仓库编码	仓库	出库日期	出库单号	出...	出库类别	部门编码	销售部门	业务员	客户	制单人	审核人	...	存货编码	存货
		2	产品库	2019-01-10	00001		301	销售出库	202	销售部	刘七	北京BA	张三		006	飞乐1号
小计																

图 5-14 【销售出库单列表】窗口

7. 销售出库单记账

选择【业务工作】→【供应链】→【存货核算】→【业务核算】→【正常单据记账】，进入查询条件设置，可设置仓库为产品库，然后进入【正常单据记账列表】窗口，如图 5-15 所示。

未记账单据一览表									
正常单据记账列表									
记录总数:1									
选择	日期	单据号	存货编码	存货名称	J...	单据类型	仓库名称	收发类别	数量
	2019-01-10	00001	006	飞乐1号		专用发票	产品库	销售出库	20.00
小计									20.00

图 5-15 【正常单据记账列表】窗口

先选择要记账的单据，然后单击【记账】按钮，会显示记账成功信息。

产品库和配件库的物料计价采用全月平均法，因此成本需要在月末统一计算和结转。

选择【业务工作】→【供应链】→【存货核算】→【账表】→【账簿】→【明细账】，进入明细账查询条件设置，选择产品库，存货选择飞乐1号，单击【确定】按钮，可以查看到单据记账后的情况，如图 5-16 所示。

明细账														
仓库: (2) 产品库									规格型号:					
存货: (006)飞乐1号									存货代码:					
计量单位: 台														
最高存量:			最低存量:						安全库存量:					
记账日期	2019年		凭证号	摘要	收入			发出			结存			
	月	日		凭证据要 收发类别	数量	单价	金额	数量	单价	金额	数量	单价	金额	
				期初结存							400.00	5,000.00	2,000,000.00	
2019-01-27	1	27		销售出库	0.00		0.00	20.00		0.00	380.00	5,263.16	2,000,000.00	
				1月合计	0.00		0.00	20.00		0.00	380.00	5,263.16	2,000,000.00	
				本年累计	0.00		0.00	20.00		0.00				

图 5-16 明细账

从明细账中可以看出，销售发出的商品还没有单价和金额。

8. 输入收款单并制单

选择【业务工作】→【财务会计】→【应收款管理】→【收款单据处理】→【收款单据录入】，单击【增加】按钮，输入收款单中的有关项目，如图 5-17 所示。

单击【保存】按钮，再单击【审核】按钮，系统提示【是否立即制单】，单击【是】按钮，系统生成收款凭证，凭证分录如图 5-18 所示。

补充发票号等信息，单击【保存】按钮，生成的凭证传递到总账系统中。

如果生成的凭证需要查询或修改，可以选择【财务会计】→【应收款管理】→【单据查询】→【凭证查询】，进入后可以删除、修改凭证。要彻底清除已经删除的凭证(删除了的凭证会占用凭证号)，需要选择【财务会计】→【总账】→【凭证】→【填制凭证】，进入后选择【制单】→【整理凭证】。

图 5-17 收款单

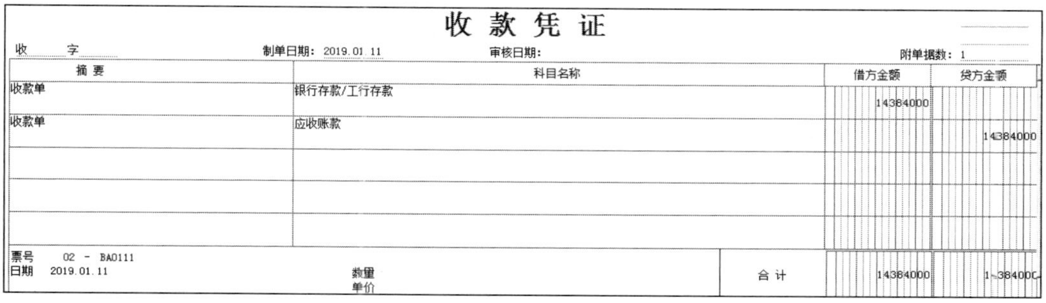

图 5-18 收款凭证

如果输入收款单后没有立即制作凭证，可以选择【财务会计】→【应收款管理】→【制单处理】，再选择【收付款单制单】，进入后进行凭证制作。

(二) 商业折扣业务

1. 填制并审核发货单

选择【业务工作】→【供应链】→【销售管理】→【销售发货】→【发货单】，单击【增加】按钮，进入查询条件设置，单击【取消】按钮(不通过关联输入)。输入实验资料数据，如图 5-19 所示。

图 5-19 发货单

单击【保存】按钮，再单击【审核】按钮，退出。

2. 填制并复核销售发票

选择【业务工作】→【供应链】→【销售开票】→【销售专用发票】，单击【增加】按钮，进入查询条件设置，客户选择【北京BA公司】，进入【参照生单】窗口后，选择要参照的发货单。

单击【确定】按钮，返回【销售专用发票】窗口，自动将发货单的数据复制过来，按照90%的优惠更改报价，如图5-20所示。

图5-20 【销售专用发票】窗口

单击【保存】按钮，再单击【复核】按钮，完成填制工作。

3. 审核销售专用发票并生成销售收入凭证

选择【业务工作】→【财务会计】→【应收款管理】→【应收单据处理】→【应收单据审核】，进入应收单查询条件设置，单据名称选择【销售发票】，单击【确定】按钮，进入【应收单据列表】窗口，在【选择】栏目下双击要审核的行，然后单击【审核】按钮完成审核工作，如图5-21所示。

图5-21 【应收单据列表】窗口

选择【业务工作】→【财务会计】→【应收款管理】→【制单处理】，进入制单查询，选择发票制单，单击【确定】按钮，进入【销售发票制单】窗口，将凭证类别改为【转账凭证】，如图5-22所示。

图5-22 【销售发票制单】窗口

单击【全选】按钮，再单击【制单】按钮，进入【填制凭证】窗口，生成的凭证分录如图 5-23 所示。

```
                              转 账 凭 证
转  字                    制单日期：2019.01.14    审核日期：                              附单据数：1
    摘   要                              科目名称                   借方金额        贷方金额
销售专用发票          应收账款                                       2610000
销售专用发票          主营业务收入                                                  2250000
销售专用发票          应交税费/应交增值税/销项税额                                    360000

票号
日期                        数量                               合  计    2610000    2610000
                            单价
备注  项  目                                部  门
      个  人                                客  户  北京BA
```

图 5-23　生成的凭证分录

补充发票号等信息，单击【保存】按钮完成凭证制作，凭证自动传送到总账。

4. 销售出库单记账

选择【业务工作】→【供应链】→【存货核算】→【业务核算】→【正常单据记账】，进入查询条件设置，可设置仓库为配件库，然后进入【正常单据记账列表】窗口，如图 5-24 所示。

```
                       正常单据记账列表
日期       单据号   存货编码  存货名称   规格型号  存货代码  单据类型   仓库名称  收发类别   数量
2019-01-14 00002    007      喷墨打印机                     专用发票   配件库    销售出库   10.00
                                                                                         10.00
```

图 5-24　【正常单据记账列表】窗口

先选择要记账的单据，然后单击【记账】按钮，系统会显示记账成功。

(三) 现结业务

1. 填制并审核发货单

选择【业务工作】→【供应链】→【销售管理】→【销售发货】→【发货单】，单击【增加】按钮，进入查询条件设置，单击【取消】按钮(直接输入发货单)，输入实验资料数据，如图 5-25 所示。

```
                                       发 货 单                           导入模板  发货单显示
表体排序                                                                       合并显示 □

发货单号 00004              发货日期 2019-01-17           业务类型 普通销售
销售类型 经销               订单号                        发票号
客户简称 武汉WD             销售部门 销售部               业务员 刘七
发货地址                    发运方式                      付款条件
税率   16.00                币种   人民币                 汇率   1.00000000
备注

  仓库名称  存货编码  存货名称  规格型号  主计量  数量    报价    含税单价  无税单价
1 产品库    006      飞乐1号             台     10.00   6500.00  7540.00   6500.00
```

图 5-25　发货单

输入后，先保存，然后进行审核。

2. 填制销售专用发票并执行现结

选择【业务工作】→【供应链】→【销售管理】→【销售开票】→【销售专用发票】，单击【增加】按钮，进入条件设置，客户选择【武汉WD公司】，然后进入【参照生单】窗口，选择要参照的发货单(专用发票纸和普通发票纸)。

单击【确定】按钮，返回【销售专用发票】窗口，将自动复制发货单的数据，如图5-26所示。

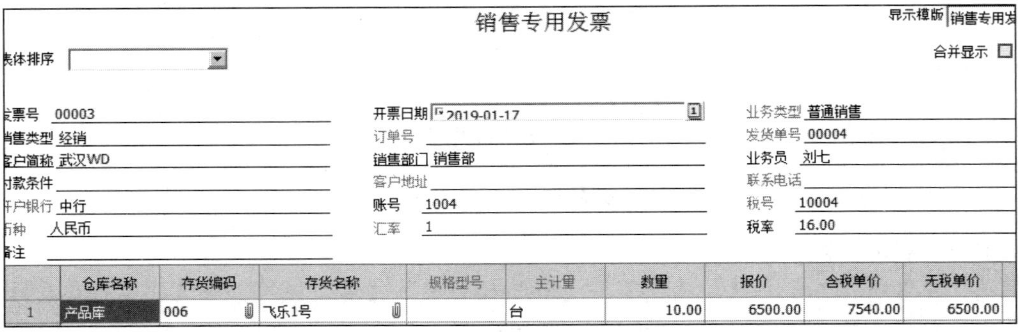

图5-26 【销售专用发票】窗口

单击【保存】按钮。

单击【现结】按钮，进入【现结】窗口，输入现结资料，如图5-27所示。

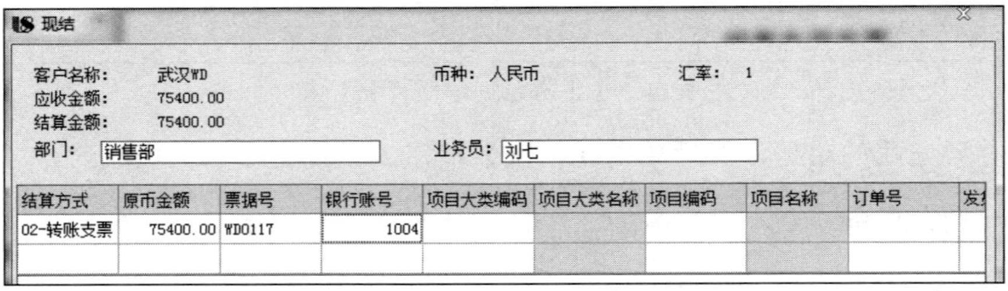

图5-27 【现结】窗口

单击【确定】按钮，返回【销售专用发票】窗口，这时发票左上角显示【现结】标记。
单击【复核】按钮，对现结发票进行复核。

3. 审核应收单据和现结制单

选择【业务工作】→【财务会计】→【应收款管理】→【应收单据处理】→【应收单据审核】，进入应收条件查询，勾选【包含已现结发票】，单击【确定】按钮，如图5-28所示。

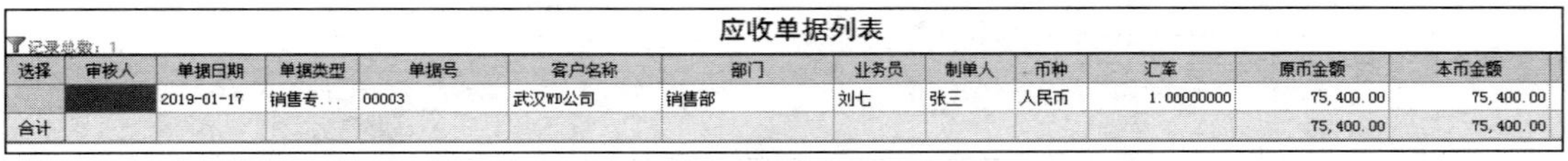

图5-28 应收单据列表

选择单据，再单击【审核】按钮。

选择【业务工作】→【财务会计】→【应收款管理】→【制单处理】，进入【制单查询】窗口，勾选【现结制单】，单击【确定】按钮，进入【现结制单】窗口，如图 5-29 所示。

现结制单

凭证类别：收款凭证　　制单日期：2019-01-17

选择标志	凭证类别	单据类型	单据号	日期	客户编码	客户名称	部门	业务员	金额
1	收款凭证	现结	002	2019-01-17	03	武汉WD公司	销售部	刘七	75,400.00

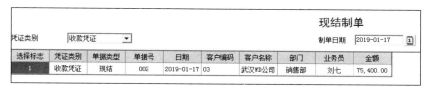

图 5-29　【现结制单】窗口

单击【全选】按钮，再单击【制单】按钮，进入填制凭证，生成的收款凭证分录如图 5-30 所示。

收 款 凭 证

收　字　　制单日期：2019.01.17　　审核日期：　　附单据数：1

摘要	科目名称	借方金额	贷方金额
现结	银行存款/工行存款	7540000	
现结	主营业务收入		3500000
现结	应交税费/应交增值税/销项税额		1040000
票号 02 - WD0117 日期 2019.01.17	数量 单价　　合 计	7540000	7540000

图 5-30　生成的收款凭证分录

单击【保存】按钮，生成的凭证将自动转到总账系统。

4. 销售出库单记账

选择【业务工作】→【供应链】→【存货核算】→【正常单据记账】，进入条件设置，可设置仓库为产品库，然后进入【正常单据记账列表】窗口，如图 5-31 所示。

未记账单据一览表

正常单据记账列表

记录总数：1

选择	日期	单据号	存货编码	存货名称	规格型号	存货代码	单据类型	仓库名称	收发类别	数量
	2019-01-17	00003	006	飞乐1号			专用发票	产品库	销售出库	10.00
小计										10.00

图 5-31　【正常单据记账列表】窗口

单击【全选】按钮，再单击【记账】按钮，系统会显示记账成功。

(四) 开票业务

1. 补开上月发票

1) 填制销售专用发票并执行现结

选择【业务工作】→【供应链】→【销售管理】→【销售开票】→【销售专用发票】，

单击【增加】按钮，进入查询条件设置，客户选择【北京 BA 公司】，然后进入【参照生单】窗口，选择要参照的上月发货单。

单击【确定】按钮，返回到销售专用发票，自动将期初发货单的数据复制过来，然后修改单价，如图 5-32 所示。

图 5-32　销售专用发票

单击【保存】按钮。

单击【现结】按钮，进入【现结】窗口，输入现结资料，如图 5-33 所示。

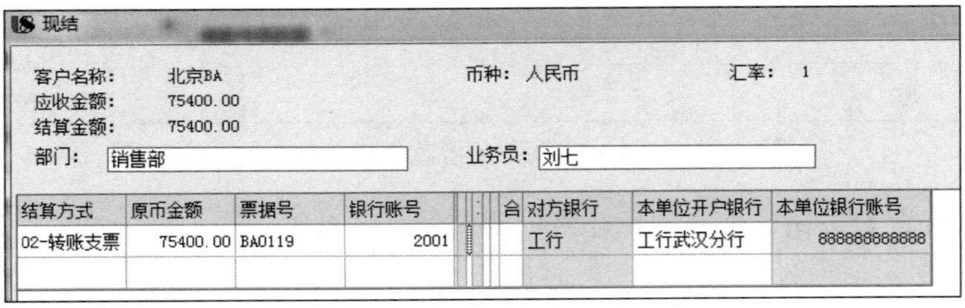

图 5-33　【现结】窗口

单击【确定】按钮，返回到销售专用发票，这时发票左上角显示【现结】标记。

单击【复核】按钮，对现结发票进行复核。

2）审核应收单据和现结制单

选择【业务工作】→【财务会计】→【应收款管理】→【应收单据处理】→【应收单据审核】，进入应收单查询条件，勾选【包含已现结发票】，单击【确定】按钮，如图 5-34 所示。

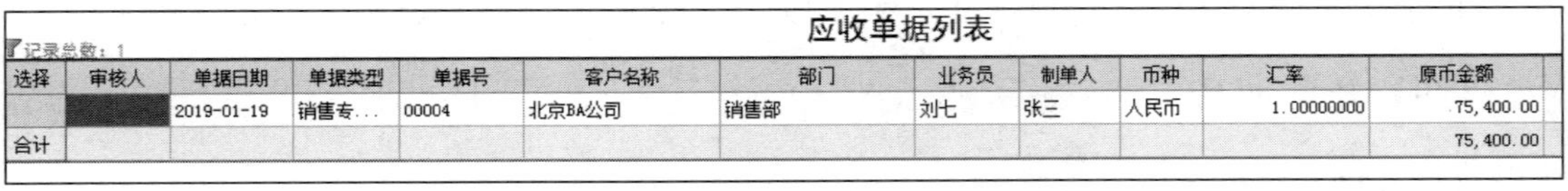

图 5-34　应收单据列表

选择单据，单击【审核】按钮。

选择【业务工作】→【财务会计】→【应收款管理】→【制单处理】,进入制单查询,勾选【现结制单】,单击【确定】按钮,进入【现结制单】窗口,如图5-35所示。

凭证类别		收款凭证						制单日期	2019-01-19
选择标志	凭证类别	单据类型	单据号	日期	客户编码	客户名称	部门	业务员	金额
	收款凭证	现结	003	2019-0...	02	北京BA公司	销售部	刘七	75,400.00

图5-35 【现结制单】窗口

单击【全选】按钮,再单击【制单】按钮,填制凭证,生成的收款凭证分录如图5-36所示。

摘要	科目名称	借方金额	贷方金额
现结	银行存款/工行存款	7540000	
现结	主营业务收入		6500000
现结	应交税费/应交增值税/销项税额		1040000
票号 02 - BA0119			
日期 2019.01.19	数量 单价	合计 7540000	7540000

图5-36 生成的收款凭证分录

单击【保存】按钮,生成的凭证将自动转到总账系统。

3)销售出库单记账

选择【业务工作】→【供应链】→【存货核算】→【业务核算】→【正常单据记账】,进入查询条件设置,可设置仓库为【产品库】,然后进入【正常单据记账列表】窗口,如图5-37所示。

未记账单据一览表 ×									
记录总数:1			正常单据记账列表						
选择	日期	单据号	存货编码	存货名称		单据类型	仓库名称	收发类别	数量
Y	2019-01-19	00004	006	飞乐1号		专用发票	产品库	销售出库	10.00
小计									10.00

图5-37 【正常单据记账列表】窗口

单击【全选】按钮,再单击【记账】按钮,系统显示记账成功。

2. 汇总开票

1)填制并审核发货单

选择【业务工作】→【供应链】→【销售管理】→【销售发货】→【发货单】,单击【增加】按钮,直接进入发货单录入窗口。输入相关资料信息,如图5-38所示。

发货单

表体排序							合并显示	

发货单号 00005　　　发货日期 2019-01-20　　　业务类型 普通销售
销售类型 经销　　　　订单号　　　　　　　　发票号
客户简称 北京BB　　　销售部门 销售部　　　　业务员 刘七
发货地址　　　　　　 发运方式　　　　　　　付款条件
税率　16.00　　　　　币种　人民币　　　　　汇率　1.00000000
备注

	仓库名称	存货编码	存货名称	规格型号	主计量	数量	报价	含税单价	无税单价
1	产品库	006	飞乐1号		台	60.00	6300.00	7308.00	6300.00

图 5-38　发货单1

单击【保存】按钮，再单击【审核】按钮完成。

选择【业务工作】→【供应链】→【销售管理】→【销售发货】→【发货单】，单击【增加】按钮，直接进入发货单录入窗口。输入相关资料信息，如图5-39所示。

发货单

发货单号 00006　　　发货日期 2019-01-20　　　业务类型 普通销售
销售类型 经销　　　　订单号　　　　　　　　发票号
客户简称 北京BB　　　销售部门 销售部　　　　业务员 刘七
发货地址　　　　　　 发运方式　　　　　　　付款条件
税率　16.00　　　　　币种　人民币　　　　　汇率　1.00000000
备注

	仓库名称	存货编码	存货名称	规格型号	主计量	数量	报价	含税单价	无税单价
1	配件库	007	喷墨打印机		台	40.00	2200.00	2552.00	2200.00

图 5-39　发货单2

单击【保存】按钮，再单击【审核】按钮完成。

2）合并填制并复核销售发票

选择【业务工作】→【供应链】→【销售管理】→【销售开票】→【销售专用发票】，单击【增加】按钮，进入条件设置，单击选择【北京BB公司】，然后进入【参照生单】窗口，选择要合并开发票的发货单，分别选择飞乐1号和喷墨打印机发货单，如图5-40所示。

记录总数：2

选择	税率(%)	业务类型	销售类型	发货单号	发货日期	币名	汇率	开票单位编码	客户简称	开票单位名称	销售部门	业务员	制单人	审核人
Y	16.00	普通销售	经销	00005	2019-01-20	人民币	1.00000000	04	北京BB	北京BB	销售部	刘七	张三	张三
Y	16.00	普通销售	经销	00006	2019-01-20	人民币	1.00000000	04	北京BB	北京BB	销售部	刘七	张三	张三
合计														

发票参照发货单

记录总数：2

选择	订单号	订单行号	仓库	货物编码	存货代码	货物名称	规格型号	未开票数量	税率(%)	数量	无税金额	税额	价税合计	报价	含税单价
Y			产品库	006		飞乐1号		60.00	16.00	60.00	378,000.00	60,480.00	438,480.00	6,300.00	7,308.00
Y			配件库	007		喷墨打印机		40.00	16.00	40.00	88,000.00	14,080.00	102,080.00	2,200.00	2,552.00
合计								100.00		100.00	466,000.00	74,560.00	540,560.00		

图 5-40　【参照生单】窗口

单击【确定】按钮，发货单数据转入销售专用发票中，如图5-41所示。

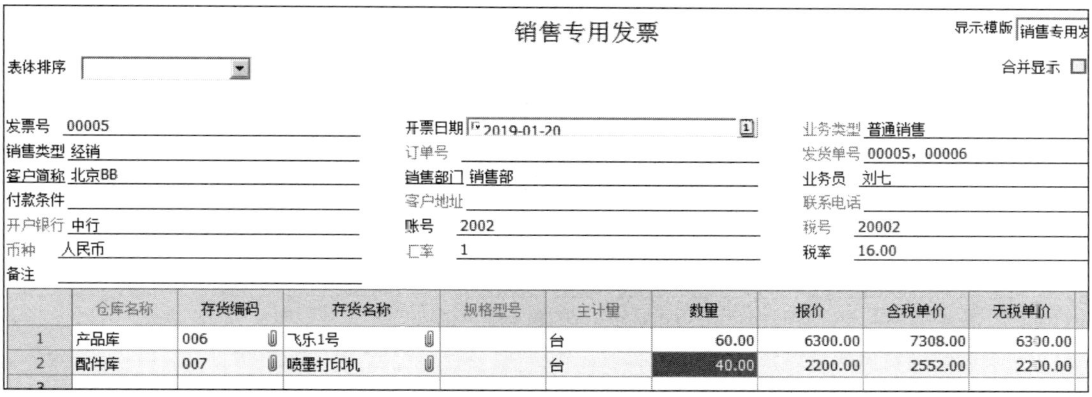

图 5-41　销售发票

单击【保存】按钮，再单击【复核】按钮完成。

3) 审核销售专用发票并生成销售收入凭证

选择【业务工作】→【财务会计】→【应收款管理】→【应收单据处理】→【应收单据审核】，进入条件设置，单据名称选择【销售发票】，单击【确定】按钮，进入【应收单据列表】窗口，在【选择】栏目下双击要审核的行，然后单击【审核】按钮完成审核工作，如图5-42所示。

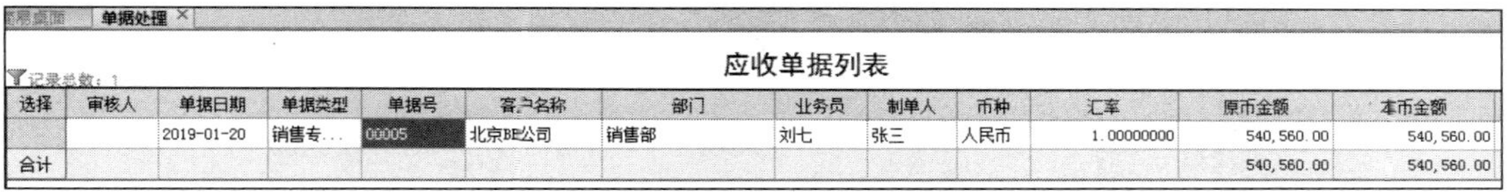

图 5-42　【应收单据列表】窗口

选择【业务工作】→【财务会计】→【应收款管理】→【制单处理】，进入制单查询，选择发票制单，单击【确定】按钮，进入【销售发票制单】窗口，将凭证类别改为【转账凭证】，如图5-43所示。

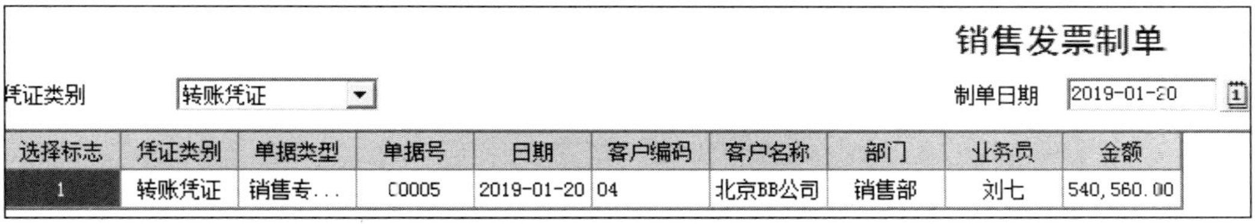

图 5-43　【销售发票制单】窗口

单击【全选】按钮，再单击【制单】按钮，然后进入【填制凭证】窗口，生成的凭证分录如图5-44所示。

补充发票号等信息，单击【保存】按钮完成凭证制作，凭证自动传送到总账系统。

转 账 凭 证				
转　字　　制单日期：2019.01.20　审核日期：　　　　　　　附单据数：1				
摘要	科目名称		借方金额	贷方金额
销售专用发票	应收账款		54056000	
销售专用发票	主营业务收入			46600000
销售专用发票	应交税费/应交增值税/销项税额			7456000
票号　　　　　　　　　数量		合计	54056000	54056000
日期　　　　　　　　　单价				
备注　项　目　　　　　　部　门				
个　人　　　　　　客　户　北京BB				

图 5-44　生成的凭证分录

4) 对销售出库单记账

选择【业务工作】→【供应链】→【存货核算】→【业务核算】→【正常单据记账】，进入条件设置，按照默认设置，直接进入【正常单据记账列表】窗口，如图 5-45 所示。

正常单据记账列表								
记录总数：2								
选择	日期	单据号	存货编码	存货名称	单据类型	仓库名称	收发类别	数量
	2019-01-20	00005	006	飞乐1号	专用发票	产品库	销售出库	60.00
	2019-01-20	00005	007	喷墨打印机	专用发票	配件库	销售出库	40.00
小计								100.00

图 5-45　【正常单据记账列表】窗口

单击【全选】按钮，再单击【记账】按钮，系统显示记账成功。

3. 分次开票

1) 填制并审核发货单

选择【业务工作】→【供应链】→【销售管理】→【销售发货】→【发货单】，单击【增加】按钮，直接进入发货单录入。输入相关资料信息，如图 5-46 所示。

发货单								打印模版 发货单打印模版		
表体排序								合并显示 □		
发货单号 00007			发货日期 2019-01-21				业务类型 普通销售			
销售类型 经销			订单号				发票号			
客户简称 武汉WC			销售部门 销售部				业务员 刘七			
发货地址			发运方式				付款条件			
税率 16.00			币种 人民币				汇率 1			
备注										
	仓库名称	存货编码	存货名称	主计量	数量	报价	含税单价	无税单价	无税金额	
1	配件库	007	喷墨打印机	台	60.00	2200.00	2552.00	2200.00	132000.00	
2										

图 5-46　发货单

单击【保存】按钮，再单击【审核】按钮，完成。

2) 分两次填制销售发票

选择【业务工作】→【供应链】→【销售管理】→【销售开票】→【销售专用发票】，

单击【增加】按钮，进入条件设置，客户选择【武汉 WC 公司】，然后进入【参照生单】窗口，选择要开发票的发货单。

单击【确定】按钮，发货单数据转入销售专用发票中，将数量修改为【40】，如图 5-47 所示。

图 5-47　销售专用发票 1

单击【保存】按钮，再单击【复核】按钮，完成。

选择【业务工作】→【供应链】→【销售管理】→【销售开票】→【销售专用发票】，单击【增加】按钮，进入条件设置，客户选择【武汉 WC 公司】，然后进入【参照生单】窗口，选择要开发票的发货单。

这时上面的未开票数量已经变成 20，单击【确定】按钮，发货单数据转入销售专用发票中，如图 5-48 所示。

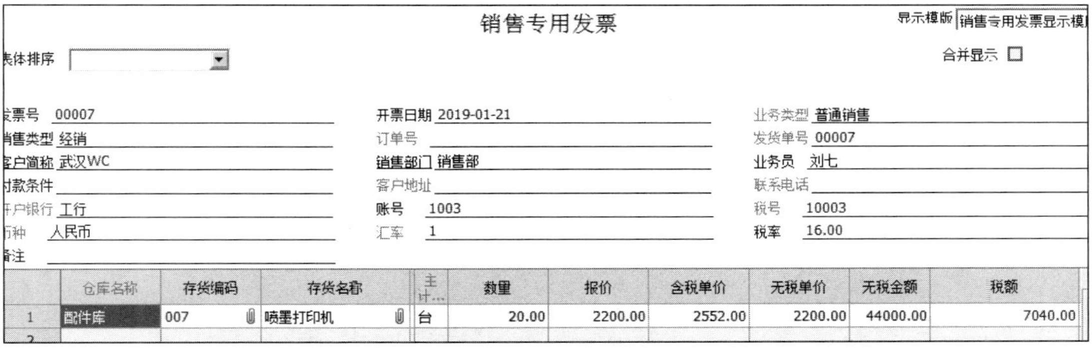

图 5-48　销售专用发票 2

单击【保存】按钮，再单击【复核】按钮，完成。

3）审核销售专用发票并生成销售收入凭证

选择【业务工作】→【财务会计】→【应收款管理】→【应收单据处理】→【应收单据审核】，进入条件设置，单据名称选择【销售发票】，单击【确定】按钮，进入【应收单据列表】窗口，在【选择】栏目下双击要审核的行，然后单击【审核】按钮完成审核工作，如图 5-49 所示。

应收单据列表

记录总数：2

选择	审核人	单据日期	单据类型	单据号	客户名称	部门	业务员	制单人	币种	汇率	原币金额	本币金额
		2019-01-21	销售专...	00006	武汉WC公司	销售部	刘七	张三	人民币	1.00000000	102,080.00	102,080.
		2019-01-21	销售专...	00007	武汉WC公司	销售部	刘七	张三	人民币	1.00000000	51,040.00	51,040.
合计											153,120.00	153,120.

图 5-49　【应收单据列表】窗口

选择【业务工作】→【财务会计】→【应收款管理】→【制单处理】，进入制单查询，选择发票制单，单击【确定】按钮，进入【制单】窗口，将凭证类别改为【转账凭证】，如图 5-50 所示。

简易桌面　单据处理　制单

销售发票制单

凭证类别　转账凭证　　制单日期　2019-01-21

选择标志	凭证类别	单据类型	单据号	日期	客户编码	客户名称	部门	业务员	金额
1	转账凭证	销售专...	00006	2019-01-21	01	武汉WC公司	销售部	刘七	102,080.00
2	转账凭证	销售专...	00007	2019-01-21	01	武汉WC公司	销售部	刘七	51,040.00

图 5-50　【制单】窗口

依次单击【全选】【合并】【制单】按钮，进入【填制凭证】窗口，生成的凭证分录如图 5-51 所示。

转 账 凭 证

转　字　　制单日期：2019.01.21　　审核日期：　　附单据数：2

摘要	科目名称	借方金额	贷方金额
销售专用发票	应收账款	15312000	
销售专用发票	主营业务收入		13200000
销售专用发票	应交税费/应交增值税/销项税额		2112000
票号 日期	数量 单价　　合 计	15312000	15312000

备注　项　目　　部　门
个　人　　客　户 武汉WC

图 5-51　生成的凭证分录

补充发票号等信息，单击【保存】按钮完成凭证制作，凭证自动传送到总账。

4) 对销售出库单记账

选择【业务工作】→【供应链】→【存货核算】→【业务核算】→【正常单据记账】，进入查询条件设置，直接进入【正常单据记账列表】窗口，如图 5-52 所示。

简易桌面　未记账单据一览表

正常单据记账列表

记录总数：2

选择	日期	单据号	存货编码	存货名称	单据类型	仓库名称	收发类别	数量
	2019-01-21	00006	007	喷墨打印机	专用发票	配件库	销售出库	40.00
	2019-01-21	00007	007	喷墨打印机	专用发票	配件库	销售出库	20.00
小计								60.00

图 5-52　【正常单据记账列表】窗口

单击【全选】按钮，再单击【记账】按钮，系统显示记账成功。

4. 开票直接发货

1) 填制并复核销售专用发票

选择【业务工作】→【供应链】→【销售管理】→【销售开票】→【销售专用发票】，单击【增加】按钮，进入条件设置，单击【取消】按钮直接进入【销售专用发票】窗口。输入实验资料，如图 5-53 所示。

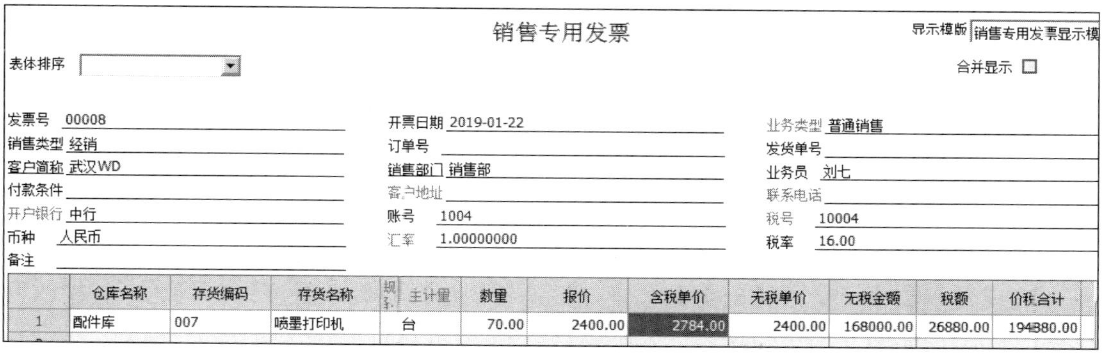

销售专用发票

显示模版 销售专用发票显示模

表体排序

合并显示 □

发票号 00008　开票日期 2019-01-22　业务类型 普通销售

销售类型 经销　订单号　发货单号

客户简称 武汉WD　销售部门 销售部　业务员 刘七

付款条件　客户地址　联系电话

开户银行 中行　账号 1004　税号 10004

币种 人民币　汇率 1.00000000　税率 16.00

备注

	仓库名称	存货编码	存货名称	规…	主计量	数量	报价	含税单价	无税单价	无税金额	税额	价税合计
1	配件库	007	喷墨打印机		台	70.00	2400.00	2784.00	2400.00	168000.00	26880.00	194880.00

图 5-53 【销售专用发票】窗口

单击【保存】按钮，再单击【复核】按钮，完成。

2) 查询销售发货单

在先输入销售发票的情况下，系统将自动生成销售发货单。

选择【业务工作】→【供应链】→【销售管理】→【销售发货】→【发货单列表】，条件中客户单位选择【武汉 WD 公司】，如图 5-54 所示。

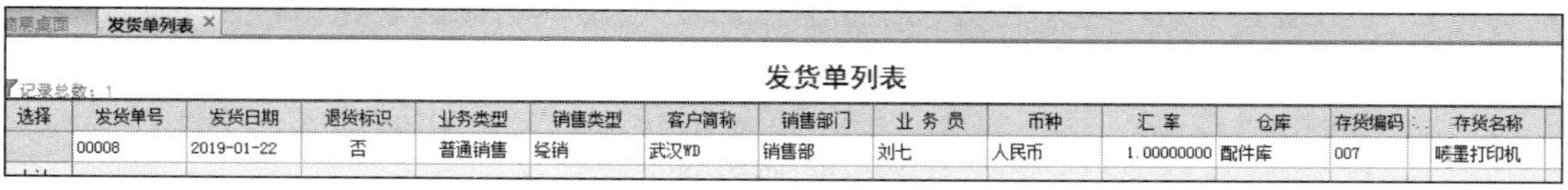

发货单列表

记录总数：1

选择	发货单号	发货日期	退货标识	业务类型	销售类型	客户简称	销售部门	业务员	币种	汇率	仓库	存货编码	存货名称
	00008	2019-01-22	否	普通销售	经销	武汉WD	销售部	刘七	人民币	1.00000000	配件库	007	喷墨打印机

图 5-54 发货单列表

双击选择发票自动生成的发货单，可以显示为发货单格式。

3) 查询销售出库单

在先输入销售发票的情况下，系统将自动生成销售出库单。

选择【业务工作】→【供应链】→【库存管理】→【单据列表】→【销售出库单列表】，进入查询条件设置，仓库选择【配件库】，客户选择【武汉 WD 公司】，进入【销售出库单列表】窗口，如图 5-55 所示。

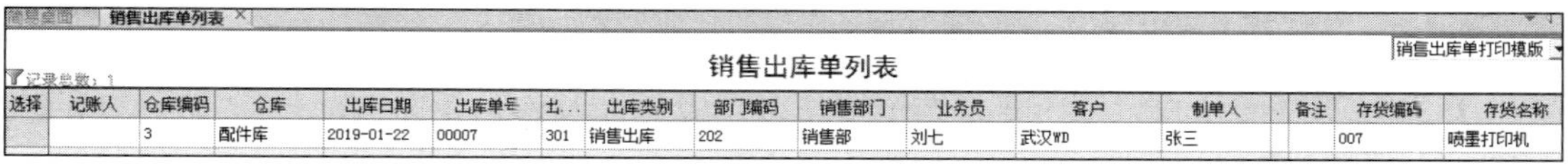

销售出库单列表

销售出库单打印模版

记录总数：1

选择	记账人	仓库编码	仓库	出库日期	出库单号	出…	出库类别	部门编码	销售部门	业务员	客户	制单人	备注	存货编码	存货名称
		3	配件库	2019-01-22	00007	301	销售出库	202	销售部	刘七	武汉WD	张三		007	喷墨打印机

图 5-55 【销售出库单列表】窗口

双击要查看的销售出库单，显示为出库单格式，进行销售出库单审核。这里的审核在实际业务上，表示已经出库事项。

4) 审核销售专用发票并生成销售收入凭证

选择【业务工作】→【财务会计】→【应收款管理】→【应收单据处理】→【应收单据审核】，进入应收单查询条件设置，单据名称选择【销售发票】，单击【确定】按钮，进入【应收单据列表】窗口，在【选择】栏目下双击要审核的行，然后单击【审核】按钮完成审核工作，如图5-56所示。

选择	审核人	单据日期	单据类型	单据号	客户名称	部门	业务员	制单人	币种	汇率	原币金额	本币金额
		2019-01-22	销售专…	00008	武汉WD公司	销售部	刘七	张三	人民币	1…	194,880.00	194,880.00
合计											194,880.00	194,880.00

图5-56 【应收单据列表】窗口

选择【业务工作】→【财务会计】→【应收款管理】→【制单处理】，进入制单查询，选择发票制单，单击【确定】按钮，进入【销售发票制单】窗口，将凭证类别改为【转账凭证】，如图5-57所示。

销售发票制单

凭证类别：转账凭证　　　　　　　　制单日期：2019-01-22

选择标志	凭证类别	单据类型	单据号	日期	客户编码	客户名称	部门	业务员	金额
1	转账凭证	销售…	00008	2019-01-22	03	武汉WD公司	销售部	刘七	194,880.00

图5-57 【销售发票制单】窗口

单击【全选】按钮，再单击【制单】按钮，进入【填制凭证】窗口，生成的凭证分录如图5-58所示。

转账凭证

转　字　　　制单日期：2019.01.22　　审核日期：　　　　　附单据数：1

摘要	科目名称	借方金额	贷方金额
销售专用发票	应收账款	19488000	
销售专用发票	主营业务收入		16800000
销售专用发票	应交税费/应交增值税/销项税额		2688000
	合　计	19488000	19488000

票号日期　　数量　单价　　部门　　　　客户 武汉WD
备注　项目　个人

图5-58 生成的凭证分录

补充发票号等信息，单击【保存】按钮，完成凭证制作，凭证自动传送到总账系统。

5) 对销售出库单记账

选择【业务工作】→【供应链】→【存货核算】→【业务核算】→【正常单据记账】，

进入查询条件设置，直接进入【正常单据记账列表】窗口，如图 5-59 所示。

				正常单据记账列表				
记录总数：1								
选择	日期	单据号	存货编码	存货名称	单据类型	仓库名称	收发类别	数量
	2019-01-22	00008	007	喷墨打印机	专用发票	配件库	销售出库	73.00
小计								73.00

图 5-59　【正常单据记账列表】窗口

单击【全选】按钮，再单击【记账】按钮，系统显示记账成功。

(五) 代垫费用处理业务

1. 填制并审核代垫费用单

选择【业务工作】→【供应链】→【销售管理】→【代垫费用】→【代垫费用单】，单击【增加】按钮，输入实验资料，如图 5-60 所示。

代垫费用单

表体排序　　　　　　　　▼

代垫单号　00001　　　　　　　　　　　　　代垫日期　2019-01-22
客户简称　武汉WD　　　　　　　　　　　　销售部门　销售部
币种　　　人民币　　　　　　　　　　　　　汇率　　　1

	费用项目	代垫金额	存货编码
1	设备服务费	900.00	

图 5-60　代垫费用单

单击【保存】按钮，再单击【审核】按钮，完成。

2. 代垫费用单审核并确认应收

选择【业务工作】→【财务会计】→【应收款管理】→【应收单据处理】→【应收单据审核】，进入应收单条件设置，单据名称选择【应收单】，单击【确定】按钮，进入【应收单据列表】窗口，如图 5-61 所示。

					应收单据列表						
记录总数：1											
选择	审核人	单据日期	单据类型	单据号	客户名称	部门	业务员	制单人	币种	汇率	原币金额
		2019-01-22	其他应收单	003	武汉WD公司	销售部	刘七	张三	人民币	1.00000000	900.00
合计											900.00

图 5-61　【应收单据列表】窗口

选择要审核的单据，单击【审核】按钮，系统提示审核成功。

选择【业务工作】→【财务会计】→【应收款管理】→【制单处理】，进入制单查询条件设置，选择【应收单制单】，单击【确定】按钮，进入【应收单制单】窗口，将凭证类别改为【转账凭证】，如图 5-62 所示。

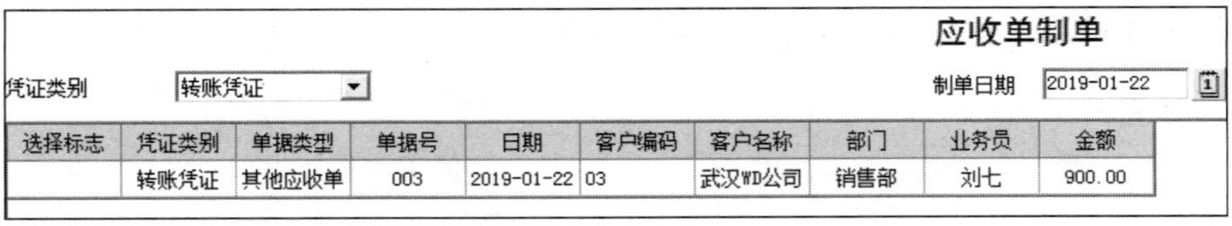

选择标志	凭证类别	单据类型	单据号	日期	客户编号	客户名称	部门	业务员	金额
	转账凭证	其他应收单	003	2019-01-22	03	武汉WD公司	销售部	刘七	900.00

图 5-62 【应收单制单】窗口

选择后，单击【制单】按钮，进入【填制凭证】窗口，输入借方科目【其他应收款/应收单位款(122101)】、贷方科目【其他业务收入(6051)】，单击【保存】按钮，完成填制凭证，如图 5-63 所示。

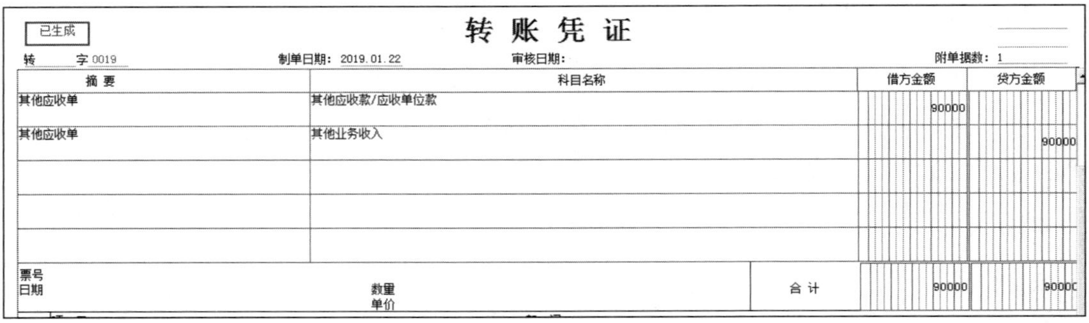

图 5-63 转账凭证

（六）分期收款发出商品业务

1. 调整相关选项设置

选择【业务工作】→【供应链】→【销售管理】→【设置】→【销售选项】，勾选业务控制中的【有分期收款业务】和【销售生成出库单】复选框，如图 5-64 所示。

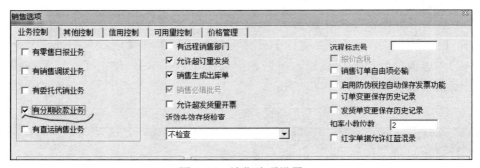

图 5-64 销售选项设置

单击【确定】按钮，完成设置。

2. 设置分期收款业务相关科目

选择【业务工作】→【供应链】→【存货核算】→【初始设置】→【科目设置】→【存货科目】，将各仓库的分期收款发出商品科目均设置为【1406 发出商品】，如图 5-65 所示。

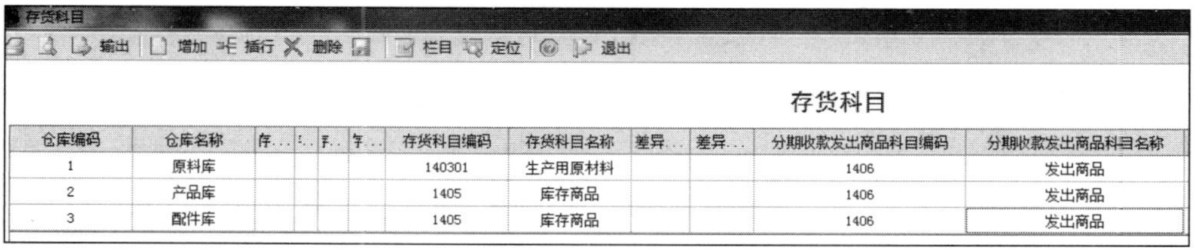

图 5-65 存货科目设置

3. 填制并审核发货单

选择【业务工作】→【供应链】→【销售管理】→【销售发货】→【发货单】，单击【增加】按钮，进入查询条件设置，单击【取消】按钮直接进入，输入实验资料数据，业务类型选择【分期收款】，如图 5-66 所示。

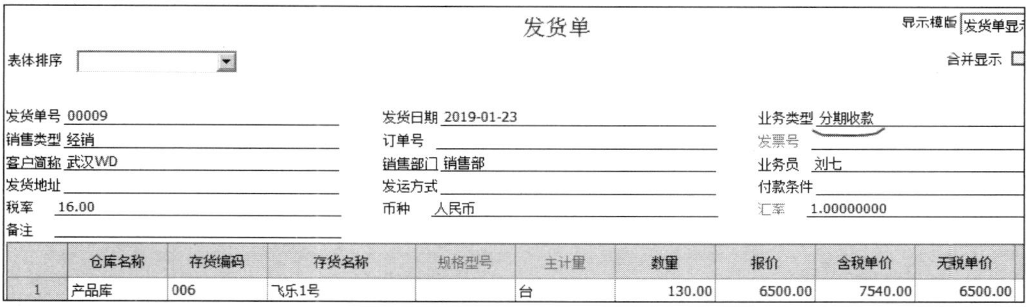

图 5-66 填制发货单

单击【保存】按钮，再单击【审核】按钮，完成。

4. 发出商品记账

选择【业务工作】→【供应链】→【存货核算】→【业务核算】→【发出商品记账】，进入查询条件设置，如图 5-67 所示。

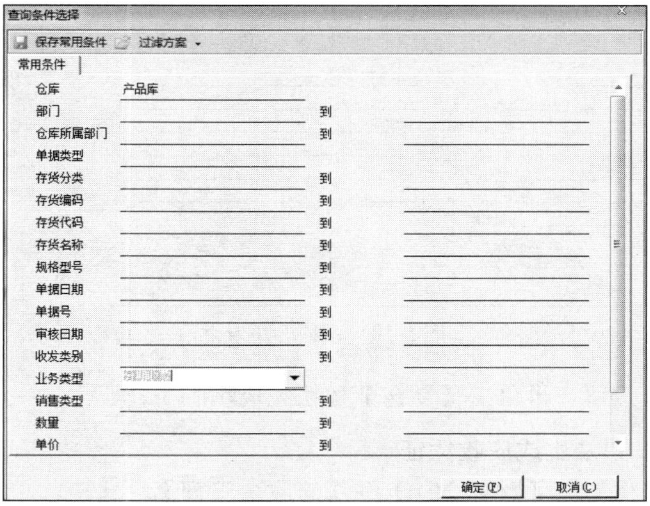

图 5-67 查询条件

选择仓库为【产品库】、单据类型为【发货单】、业务类型为【分期收款】,进入【发出商品记账】窗口,如图 5-68 所示。

选择	日期	单据号	仓库名称	收发类别	存货编码	F.	存货名称	规格型号	单据类型	计量单位	数量
	2019-01-23	00009	产品库	销售出库	006		飞乐1号		发货单	台	130.00
小计											130.00

图 5-68 【发出商品记账】窗口

先选择,然后记账。

5. 根据发货单填制并复核销售发票

选择【业务工作】→【供应链】→【销售管理】→【销售开票】→【销售专用发票】,单击【增加】按钮,进入查询条件设置,客户选择【武汉 WD 公司】,业务类型选择【分期收款】,进入【参照生单】窗口,选择要参照的发货单,如图 5-69 所示。

选择	税率(%)	业务类型	销售类型	发货单号	发货日期	币名	汇率	开票单位编码	客户简称	开票单位名称	销售部门	业务员	制单人	审核人
Y	16.00	分期收款	经销	00009	2019-01-23	人民币	1.00000000	03	武汉WD	武汉WD	销售部	刘七	张三	张三
合计														

发票参照发货单

选择	订单号	订单行号	仓库	货物编号	存货代码	货物名称	规格型号	未开票数量	税率(%)	数量	无税金额	税额	价税合计	报价
			产品库		006	飞乐1号		130.00	16.00	130.00	845,000.00	135,200.00	980,200.00	6,500.00
合计								130.00		130.00	845,000.00	135,200.00	980,200.00	

图 5-69 【参照生单】窗口

单击【确定】按钮,返回到销售专用发票,自动将发货单的数据复制过来,将数量改为本次开票的数量【50】,如图 5-70 所示。

销售专用发票

表体排序

合并显示 □

发票号 00009
销售类型 经销
客户简称 武汉WD
付款条件
开户银行 中行
币种 人民币
备注

开票日期 2019-01-23
订单号
销售部门 销售部
客户地址
账号 1004
汇率 1

业务类型 分期收款
发货单号 00009
业务员 刘七
联系电话
税号 10004
税率 16.00

	仓库名称	存货编码	存货名称	主计量	数量	报价	含税单价	无税单价	无税金额
1	产品库	006	飞乐1号	台	50.00	6500.00	7540.00	6500.00	325000.00
2									

图 5-70 销售专用发票

单击【保存】按钮,再单击【复核】按钮完成填制工作。

6. 审核销售发票及生成应收凭证

选择【业务工作】→【财务会计】→【应收款管理】→【应收单据处理】→【应收

单据审核】，进入应收单查询条件设置，客户选择【武汉 WD 公司】，单击【确定】按钮，如图 5-71 所示。

选择	审核人	单据日期	单据类型	单据号	客户名称	部门	业务员	制单人	币种	汇率	原币金额	本币金额
		2019-01-23	销售专…	00009	武汉WD公司	销售部	刘七	张三	人民币	1.00000000	377,000.00	377,000.00
合计											377,000.00	377,000.00

图 5-71　应收单据列表

选择单据，单击【审核】按钮。

选择【业务工作】→【财务会计】→【应收款管理】→【制单处理】，进入制单查询，勾选【发票制单】，单击【确定】按钮，进入【销售发票制单】窗口，将凭证类别选为【转账凭证】，如图 5-72 所示。

销售发票制单

凭证类别　转账凭证　　　　　　制单日期　2019-01-23

选择标志	凭证类别	单据类型	单据号	日期	客户编码	客户名称	部门	业务员	金额
	转账凭证	销售专…	00009	2019-…	03	武汉WD公司	销售部	刘七	377,000.00

图 5-72　【销售发票制单】窗口

选择后，单击【制单】按钮，进入填制凭证，生成的凭证分录如图 5-73 所示。

摘要	科目名称	借方金额	贷方金额
销售专用发票	应收账款	37700000	
销售专用发票	主营业务收入		32500000
销售专用发票	应交税费/应交增值税/销项税额		5200000
票号 日期	数量 单价	合计 37700000	37700000
备注 项目 个人	部门 客户 武汉WD		

图 5-73　生成的凭证分录

补充发票号等信息，单击【保存】按钮。

7. 发出商品记账

选择【业务工作】→【供应链】→【存货核算】→【业务核算】→【发出商品记账】，进入查询条件设置，单据类型选择【销售发票】，业务类型选择【分期收款】，进入【发出商品记账】窗口，如图 5-74 所示。

发出商品记账

选择	日期	单据号	仓库名称	收发类别	存货编码	存货	存货名称	规格型号	单据类型	计量单位	数量
	2019-01-23	00009	产品库	销售出库	006		飞乐1号		专用发票	台	50.00
小计											50.00

图 5-74　【发出商品记账】窗口

选择后，记账，系统提示记账成功。

8. 查询分期收款相关账表

选择【业务工作】→【供应链】→【存货核算】→【账表】→【账簿】→【发出商品明细账】，输入查询条件，选择产品库，存货选择【飞乐1号】。

单击【确定】按钮，显示的发出商品明细账如图5-75所示。

图5-75　发出商品明细账

（七）委托代销业务

1. 初始设置调整

选择【业务工作】→【供应链】→【存货核算】→【初始设置】→【选项】→【选择录入】，将委托代销成本核算方式改为【按发出商品核算】方式，如图5-76所示。

图5-76　存货核算初始设置

单击【确定】按钮，完成设置。

选择【业务工作】→【供应链】→【销售管理】→【设置】→【销售选项】，在【业务控制】选项卡中，选择【有委托代销业务】，如图5-77所示。

图5-77　销售选项设置

单击【确定】按钮，完成设置。

2. 委托代销发货处理

选择【业务工作】→【供应链】→【销售管理】→【委托代销】→【委托代销发货单】，单击【增加】按钮，在查询条件设置中单击【取消】按钮，直接进入委托代销发货单的录入，如图5-78所示。

图5-78 委托代销发货单的录入

单击【保存】按钮，再单击【审核】按钮，完成。

选择【业务工作】→【供应链】→【库存管理】→【单据列表】→【销售出库单列表】，进入查询条件设置，业务类型选择【委托代销】，然后进入【销售出库单列表】窗口，如图5-79所示。

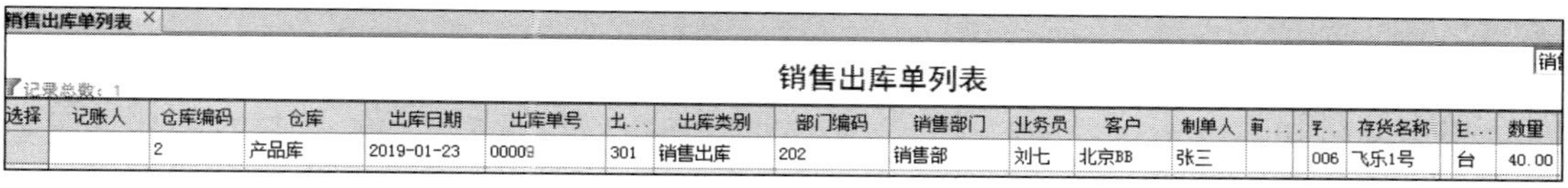

图5-79 【销售出库单列表】窗口

选择后，单击【审核】按钮。

选择【业务工作】→【供应链】→【存货核算】→【业务核算】→【发出商品记账】，进入查询条件设置后，选择业务类型为【委托代销】，进入【发出商品记账】窗口，如图5-80所示。

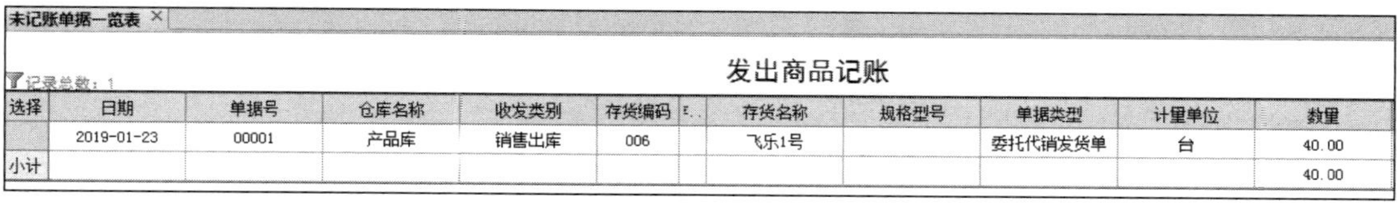

图5-80 【发出商品记账】窗口

选择后，记账。

3. 委托代销结算处理

选择【业务工作】→【供应链】→【销售管理】→【委托代销】→【委托代销结算单】，单击【增加】按钮，进入查询条件设置，业务类型选择【委托代销】，进入【参照生单】窗口，如图 5-81 所示，选择要参照的单据。

选择	税率(%)	业务类型	销售类型	发货单号	发货日期	币名	汇率	客户简称	销售部门
记录总数：1								□选中合计	
Y	16.00	委托代销	代销	00001	2019-01-23	人民币	1.00000000	北京BB	销售部
合计									

委托结算参照发货单   □选中合计

选择	订单号	订单行号	仓库	货物编号	存货代码	货物名称	规格型号	供应商编码	供应商名称
记录总数：1									
Y			产品库	006		飞乐1号			
合计									

图 5-81　【参照生单】窗口

单击【确定】按钮，参照的数据传到委托代销结算单，将数量改为要结算的【30】，如图 5-82 所示。

委托代销结算单　　显示模板：委托代销结

整体排序　　　　　　　　　　　　　　　　　　　　　　　合并显示 □

结算单号 00001　　　结算日期 2019-01-27　　　销售类型 代销
户简称 北京BB　　　　销售部门 销售部　　　　　　业务员 刘七
款条件　　　　　　　币种 人民币　　　　　　　　汇率 1
税率 16.00　　　　　备注

	仓库名称	货物编号	存货名称	主计量	数量	报价	含税单价	无税单价	无税金额	税额	价税合计
1	产品库	006	飞乐1号	台	30.00	6500.00	7540.00	6500.00	195000.00	31200.00	226200.00

图 5-82　委托代销结算单

单击【保存】按钮，再单击【审核】按钮，提示选择发票类型，选择【专业发票】，直接生成销售专用发票。

选择【业务工作】→【供应链】→【销售管理】→【销售开票】→【销售发票列表】，进入查询条件设置，选择业务类型为【委托】，进入【销售发票列表】窗口，如图 5-83 所示。

销售发票列表

业务类型	销售类型	发票号	开票日期	客户简称	币种	汇率	销售部门	业…	仓库	存货…	存…	存货名称	数量	报价
委托	代销	00010	2019-…	北京BB	人民币	1.00000000	销售部	刘七	产品库	006		飞乐1号	30.00	6,500.00

图 5-83　【销售发票列表】窗口

选择该发票后，单击【批复】按钮进行复核。

选择【业务工作】→【财务会计】→【应收款管理】→【应收单据处理】→【应收单据审核】，进入应收单查询条件设置，选择单据名称为【销售发票】，客户为【北京BB公司】，单击【确定】按钮，进入单据处理窗口，如图 5-84 所示。

应收单据列表

选择	审核人	单据日期	单据类型	单据号	客户名称	部门	业务员	制单人	币种	汇率	原币金额	本币金额
记录总数：1												
		2019-…	销售专用发票	00010	北京BB公司	销售部	刘七	张三	人民币	1.00000000	226,200.00	226,200.00
合计											226,200.00	226,200.00

图 5-84　单据处理窗口

选择后，单击【审核】按钮完成。

选择【业务工作】→【财务会计】→【应收款管理】→【制单处理】，进入制单查询，选择【发票制单】，单击【确定】按钮，进入【制单】窗口，将凭证类别改为【转账凭证】，如图 5-85 所示。

销售发票制单

凭证类别　转账凭证　　　制单日期　2019-01-25

选择标志	凭证类别	单据类型	单据号	日期	客户编码	客户名称	部门	业务员	金额
1	转账凭证	销售专用发票	00010	2019-...	04	北京BB公司	销售部	刘七	226,200.00

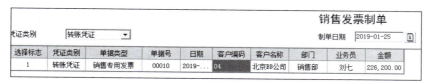

图 5-85　发票制单

选择后，单击【制单】功能按钮，生成的凭证分录如图 5-86 所示。

摘要	科目名称	借方金额	贷方金额
销售专用发票	应收账款	22620000	
销售专用发票	主营业务收入		19500000
销售专用发票	应交税费/应交增值税/销项税额		3120000

票号 日期	数量 单价	合计	22620000	22620000
备注	项　目 个　人	部　门 客　户 北京BB		

图 5-86　生成的凭证分录

先输入发票号等信息，单击【保存】按钮完成凭证生成，凭证生成到总账系统。

选择【业务工作】→【供应链】→【存货核算】→【业务核算】→【发出商品记账】，进入查询条件设置，仓库选择【产品库】，然后进入【发出商品记账】窗口，如图 5-87 所示。

发出商品记账

记录总数：1

选择	日期	单据号	仓库名称	收发类别	存货编码	存货...	存货名称	规格型号	单据类型	计量单位	数量
	2019...	00010	产品库	销售出库	006		飞乐1号		专用发票	台	30.00
小计											30.00

图 5-87　【发出商品记账】窗口

选择后，单击【记账】按钮，完成。

4. 委托代销相关账表查询

选择【业务工作】→【供应链】→【销售管理】→【报表】→【统计表】→【委托代销统计表】，进入查询条件设置，然后进入委托代销统计查询，如图 5-88 所示。

委托代销统计表

日期：　2019-01-01　　2019-01-31

部门	客户	业务	存货名称	期	期	期	期	发货数量	发货金额	发货税额	发货价税合计	贝	结算数量	结算金额	结算税额	结算价税合计	结	结存数量
销售部	北京BB公司	刘七	飞乐1号					40.00	260,000.00	41,600.00	301,600.00		30.00	195,000.00	31,200.00	226,200.[illegible]		10.00
销售部	(小计)北京BB公司							40.00	260,000.00	41,600.00	301,600.00		30.00	195,000.00	31,200.00	226,200.[illegible]		10.00
(小计)销…								40.00	260,000.00	41,600.00	301,600.00		30.00	195,000.00	31,200.00	226,200.[illegible]		10.00
总计								40.00	260,000.00	41,600.00	301,600.00		30.00	195,000.00	31,200.00	226,200.[illegible]		10.00

图 5-88　委托代销统计查询

选择【业务工作】→【供应链】→【库存管理】→【报表】→【库存账】→【委托代销备查簿】，在查询条件中存货选择【飞乐 1 号】，显示结果如图 5-89 所示。

委托代销备...

存货分类 台式机　编码 006　名称 飞乐1号　代码　规格

单位 台　库存单位

单据日期	单据号	摘要 仓库	要 单据类型	档案换算率	发出件数	发出数量	结算件数	结算数量	未结算件数	未结算数量
		期初结存							0.00	0.00
2019-01-23	00001	产品库	委托代销发		0.00	40.00			0.00	40.00
2019-01-27	00001	产品库	委托代销结				0.00	30.00	0.00	10.00
			本月合计		0.00	40.00	0.00	30.00	0.00	10.00
			本年累计		0.00	40.00	0.00	30.00	0.00	10.00
			合计		0.00	40.00	0.00	30.00	0.00	10.00

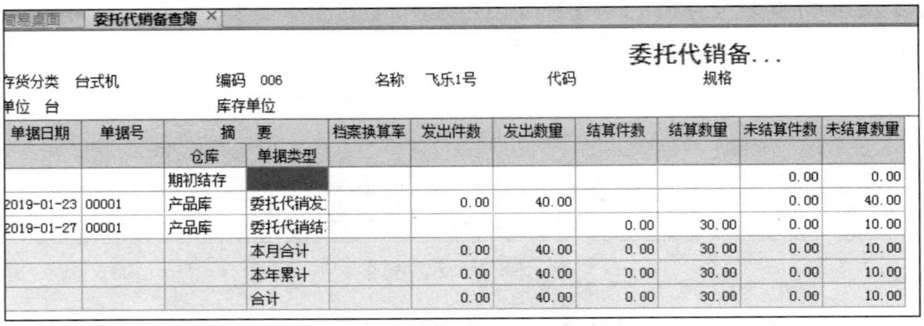

图 5-89　委托代销备查簿

(八) 一次销售分次出库业务

1. 调整有关选项

选择【业务工作】→【供应链】→【销售管理】→【设置】→【销售选项】，在【业务控制】选项卡中，取消选中【销售生成出库单】复选框，如图 5-90 所示。

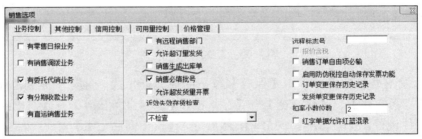

图 5-90　销售选项设置

2. 填制并审核发货单

选择【业务工作】→【供应链】→【销售管理】→【销售发货】→【发货单】，单击【增加】按钮，进入查询条件设置，保持默认条件，单击【取消】按钮。输入实验资料数据，如图 5-91 所示。

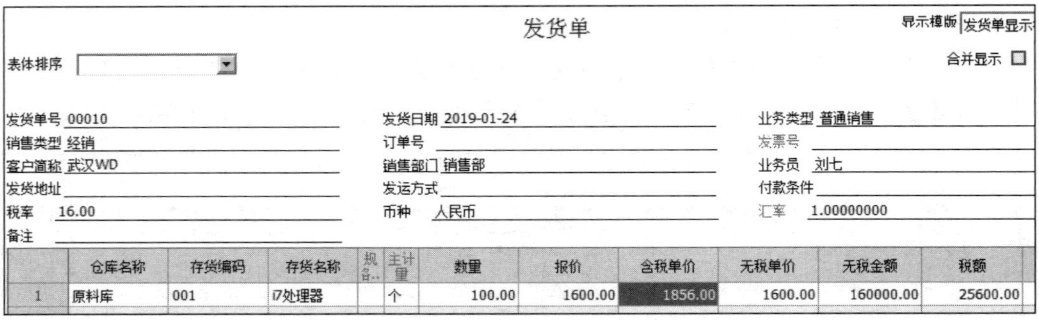

图 5-91　发货单

单击【保存】按钮，再单击【审核】按钮，完成。

3. 根据发货单填制销售专用发票并审核

选择【业务工作】→【供应链】→【销售管理】→【销售开票】→【销售专用发票】，单击【增加】按钮，进入条件设置，客户编码选择【武汉 WD 公司】，然后进入【参照生单】窗口，选择要参照的发货单，如图 5-92 所示。

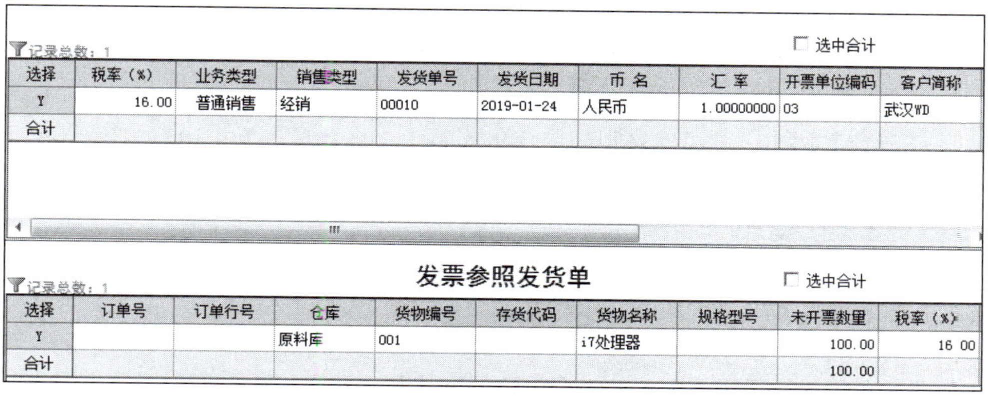
记录总数：1 选中合计

选择	税率（%）	业务类型	销售类型	发货单号	发货日期	币名	汇率	开票单位编码	客户简称
Y	16.00	普通销售	经销	00010	2019-01-24	人民币	1.00000000	03	武汉WD
合计									

发票参照发货单

记录总数：1 选中合计

选择	订单号	订单行号	仓库	货物编号	存货代码	货物名称	规格型号	未开票数量	税率（%）
Y			原料库	001		i7处理器		100.00	16 00
合计								100.00	

图 5-92 【参照生单】窗口

单击【确定】按钮，返回到销售专用发票，将自动复制发货单的数据，如图 5-93 所示。

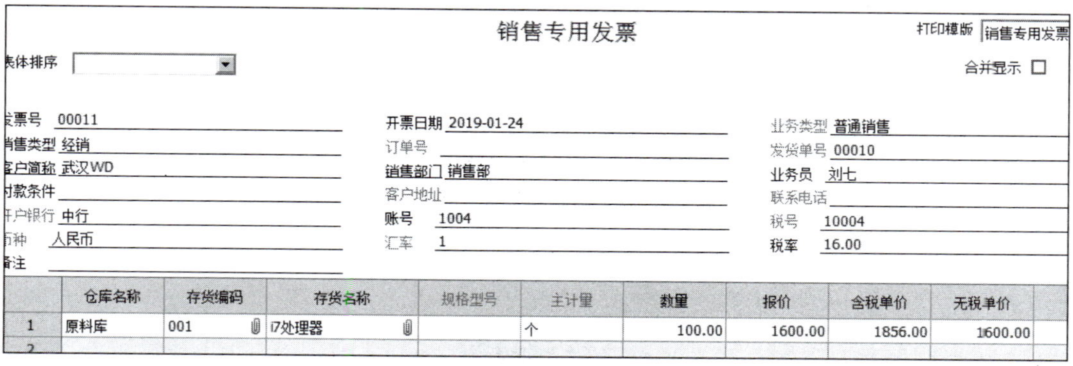

	仓库名称	存货编码	存货名称	规格型号	主计量	数量	报价	含税单价	无税单价
1	原料库	001	i7处理器		个	100.00	1600.00	1856.00	1600.00
2									

图 5-93 销售专用发票

单击【保存】按钮，再单击【复核】按钮，完成填制工作。

4. 根据发货单开具销售出库单

选择【业务工作】→【供应链】→【库存管理】→【出库业务】→【销售出库单】，选择【生单】→【销售生单】，进入查询条件设置，客户选择【武汉 WD 公司】，单据类型为【发货单】，然后进入销售生单，选择要生成单据的行，取消选中【根据累计出库数更新发货单】复选框，如图 5-94 所示。

销售出库单显示模版										根据累计出库数更新发货单

销售发货单生单表头

记录总数:1										
选择	发货单号	发票号	单据日期	业务类型	客户	部门	业务员	制单人	审核人	发货地址
Y	00010		2019-01-24	普通销售	武汉WD	销售部	刘七	张三	张三	
合计										

销售发货单生单表体

记录总数:1										
选择	仓库编码	仓库	存货编码	存货名称	规格型号	主计量单位		应出库数量	未出库数量	本次出	本次出
Y	1	原料库	001	i7处理器		个		100.00	100.00	100.00	
合计								100.00	100.00		

图 5-94 销售生单

单击【确定】按钮，将数据复制到销售出库单中，将数量改为【80】，如图 5-95 所示。

销售出库单

表体排序 ☐

○ 蓝字
○ 红字
合并显示 ☐

出库单号 00010 　　出库日期 2019-01-24 　　仓库 原料库
出库类别 销售出库 　　业务类型 普通销售 　　业务号 00010
销售部门 销售部 　　业务员 刘七 　　客户 武汉WD
审核日期 　　　　　　　备注

	存货编码	存货名称	规格型号	主计量单位	数量	单价	金额
1	001	i7处理器		个	80.00		
2							

图 5-95 销售出库单 1

单击【保存】按钮，再单击【审核】按钮。

选择【业务工作】→【供应链】→【库存管理】→【出库业务】→【销售出库单】，再选择【生单】→【销售生单】，进入查询条件设置，客户选择【武汉 WD 公司】，进入销售生单，选择要生成单据的行。

单击【确定】按钮，将数据复制到销售出库单中，如图 5-96 所示。

销售出库单

表体排序 ☐

○ 蓝字
○ 红字

出库单号 00011 　　出库日期 2019-01-25 　　仓库 原料库
出库类别 销售出库 　　业务类型 普通销售 　　业务号 00010
销售部门 销售部 　　业务员 刘七 　　客户 武汉WD
审核日期 　　　　　　　备注

	存货编码	存货名称	规格型号	主计量单位	数量	单价
1	001	i7处理器		个	20.00	

图 5-96 销售出库单 2

单击【保存】按钮，再单击【审核】按钮。

5. 审核销售专用发票并生成销售收入凭证

选择【业务工作】→【财务会计】→【应收款管理】→【应收单据处理】→【应收单据审核】，进入应收单查询条件设置，单据名称选择【销售发票】，单击【确定】按钮，进入【应收单据列表】窗口，在【选择】栏目下双击要审核的行，然后单击【审核】按钮，完成审核工作，如图5-97所示。

选择	审核人	单据日期	单据类型	单据号	客户名称	部门	业务员	制单人	币种	汇率	原币金额	本币金额
	Y	2019-01-24	销售专…	00011	武汉WD公司	销售部	刘七	张三	人民币	1.00000000	185,600.00	185,600.00
合计											185,600.00	185,600.00

图5-97　【应收单据列表】窗口

选择【业务工作】→【财务会计】→【应收款管理】→【制单处理】，进入制单查询，选择发票制单，单击【确定】按钮，进入发票制单，将凭证类别改为【转账凭证】，如图5-98所示。

销售发票制单

凭证类别：转账凭证　　制单日期：2019-01-25

选择标志	凭证类别	单据类型	单据号	日期	客户编码	客户名称	部门	业务员	金额
	转账凭证	销售专…	00011	2019-01-25	03	武汉WD公司	销售部	刘七	185,600.00

图5-98　发票制单

单击【全选】按钮，再单击【制单】按钮，进入【填制凭证】窗口，生成的凭证分录如图5-99所示。

转　账　凭　证

制单日期：2019.01.25　　审核日期：　　　　　　附单据数：1

摘要	科目名称	借方金额	贷方金额
销售专用发票	应收账款	18560000	
销售专用发票	主营业务收入		16000000
销售专用发票	应交税费/应交增值税/销项税额		2560000
	合计	18560000	18560000

票号：
日期：
备注：　项目
　　　　个人　　　　　　　　　　　部门
　　　　　　　　　　　　　　　　　客户　武汉WD

图5-99　生成的凭证分录

补充票号等信息，单击【保存】按钮完成凭证制作，凭证自动传送到总账系统。

6. 对销售出库单记账并生成凭证

选择【业务工作】→【供应链】→【存货核算】→【业务核算】→【正常单据记账】，进入条件设置，按照默认设置直接进入【正常单据记账列表】窗口，如图5-100所示。

正常单据记账列表

选择	日期	单据号	存货编码	存货名称	单据类型	仓库名称	收发类别	数量
	2019-01-24	00011	001	i7处理器	专用发票	原料库	销售出库	100.00
小计								100.00

图5-100　【正常单据记账列表】窗口

选择后，单击【记账】按钮，系统显示记账成功。

选择【供应链】→【存货核算】→【财务核算】→【生成凭证】，单击工具栏上的【选择】按钮，进入查询条件设置，选择【销售专用发票】，再设置客户为【武汉 WD 公司】，单击【确定】按钮，显示未生成凭证单据一览表，如图 5-101 所示。

单据日期	单据类型	单据号	仓库	收发类别	记账人	部门	部门编码	业务单号	业务类型	计价方式	备注	摘要	供应商	客户
2019-01-17	专用发票	00003	产品库	销售出库	张三	销售部	202		普通销售	全月平均法		专用发票		武汉WD公司
2019-01-22	专用发票	00008	配件库	销售出库	张三	销售部	202		普通销售	全月平均法		专用发票		武汉WD公司
2019-01-24	专用发票	00011	原料库	销售出库	张三	销售部	202		普通销售	移动平均法		专用发票		武汉WD公司

图 5-101　未生成凭证单据一览表

单击要选择的发票(计价方式为移动平均法)，然后单击【确定】按钮，返回到【生成凭证】窗口，将凭证类别改为【转 转账凭证】，补充科目后如图 5-102 所示。

选择	单据类型	单据号	摘要	科目类型	科目编码	科目名称	借方金额	贷方金额	借方数量	贷方数量	科目方向	存货编码	存货名称
1	专用发票	00011	专用发票	对方	6401	主营业务成本	120,000.00		100.00		1	001	i7处理器
				存货	140301	生产用原材料		120,000.00		100.00	2	001	i7处理器
合计							120,000.00	120,000.00					

图 5-102　【生成凭证】窗口

单击【生成】按钮生成凭证，进入【填制凭证】窗口，生成的凭证分录如图 5-103 所示。

转 账 凭 证

转　字　　　　　制单日期：2019.01.25　　　审核日期：　　　　　　　　　附单据数：1

摘要	科目名称	借方金额	贷方金额
专用发票	主营业务成本	12000000	
专用发票	原材料/生产用原材料		12000000
	合计	12000000	12000000

图 5-103　生成的凭证分录

单击【保存】按钮，完成凭证编制，凭证被传递到总账系统中。

(九) 退货业务

1. 开票前退货

1) 填制并审核发货单

选择【业务工作】→【供应链】→【销售管理】→【销售发货】→【发货单】，单击【增加】按钮，进入查询条件设置，单击【取消】按钮，进入【发货单】录入窗口，如图 5-104 所示。

发货单

显示模版 发货单显示

表体排序

合并显示

发货单号 00011　发货日期 2019-01-25　业务类型 普通销售

销售类型 经销　订单号　发票号

客户简称 武汉WD　销售部门 销售部　业务员 刘七

发货地址　发运方式　付款条件

税率 16.00　币种 人民币　汇率 1.00000000

备注

	仓库名称	存货编码	存货名称	规格型号	主计量	数量	报价	含税单价	无税单价
1	产品库	006	飞乐1号		台	15.00	6500.00	7540.00	6500.00

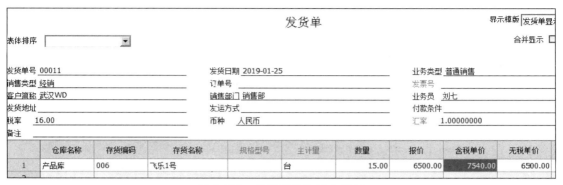

图 5-104　【发货单】录入窗口

单击【保存】按钮，再进行审核。

2) 填制并审核退货单

选择【业务工作】→【供应链】→【销售管理】→【销售发货】→【退货单】，单击【增加】按钮，进入查询条件设置，单击【取消】按钮，进入输入状态。

选择【生单】→【参照发货单】，客户选择【武汉 WD 公司】，存货选择【飞乐 1 号】，进入参照生单，如图 5-105 所示。

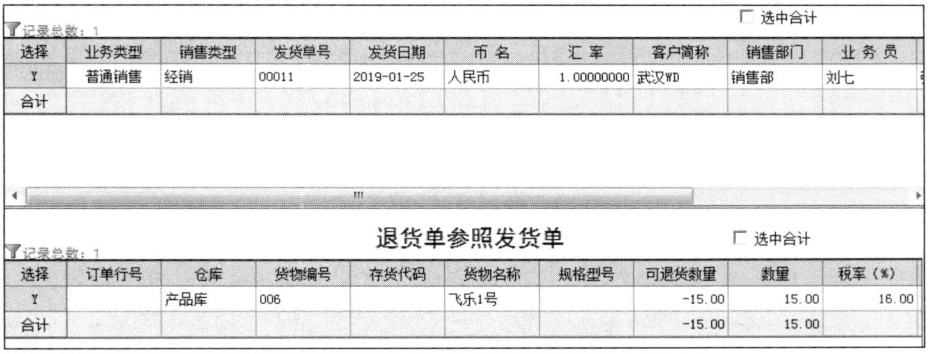
选中合计

记录总数：1

选择	业务类型	销售类型	发货单号	发货日期	币名	汇率	客户简称	销售部门	业务员
Y	普通销售	经销	00011	2019-01-25	人民币	1.00000000	武汉WD	销售部	刘七
合计									

退货单参照发货单

选中合计

记录总数：1

选择	订单行号	仓库	货物编号	存货代码	货物名称	规格型号	可退货数量	数量	税率（%）
Y		产品库	006		飞乐1号		-15.00	15.00	16.00
合计							-15.00	15.00	

图 5-105　参照生单

选择相应的单据，单击【确定】按钮，将数据复制到退货单中。

将数量改为【-2】，录入仓库，如图 5-106 所示。

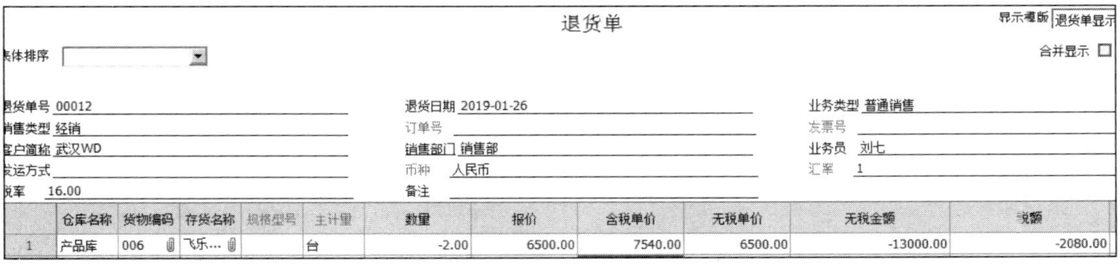
退货单

显示模版 退货单显示

表体排序

合并显示

退货单号 00012　退货日期 2019-01-26　业务类型 普通销售

销售类型 经销　订单号　发票号

客户简称 武汉WD　销售部门 销售部　业务员 刘七

发运方式　币种 人民币　汇率 1

税率 16.00　备注

	仓库名称	货物编码	存货名称	规格型号	主计量	数量	报价	含税单价	无税单价	无税金额	税额
1	产品库	006	飞乐…		台	-2.00	6500.00	7540.00	6500.00	-13000.00	-2080.00

图 5-106　退货单

单击【保存】按钮，再单击【审核】按钮，完成制单。

3) 填制并复核销售发票

选择【业务工作】→【供应链】→【销售管理】→【销售开票】→【销售专用发票】，单击【增加】按钮，进入查询条件设置，客户选择【武汉 WD 公司】，单击【确定】按钮，进入【参照生单】窗口，选择要参照的发货单，如图 5-107 所示。

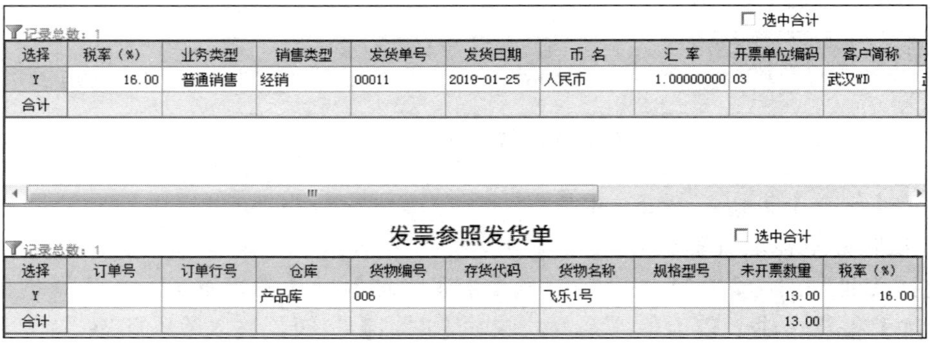
记录总数：1　　选中合计

选择	税率（%）	业务类型	销售类型	发货单号	发货日期	币名	汇率	开票单位编码	客户简称
Y	16.00	普通销售	经销	00011	2019-01-25	人民币	1.00000000	03	武汉WD
合计									

发票参照发货单

记录总数：1　　选中合计

选择	订单号	订单行号	仓库	货物编号	存货代码	货物名称	规格型号	未开票数量	税率（%）
Y			产品库	006		飞乐1号		13.00	16.00
合计								13.00	

图 5-107　【参照生单】窗口

单击【确定】按钮，返回到【销售专用发票】窗口，系统将自动复制发货单的数据，数量为【13】，如图 5-108 所示。

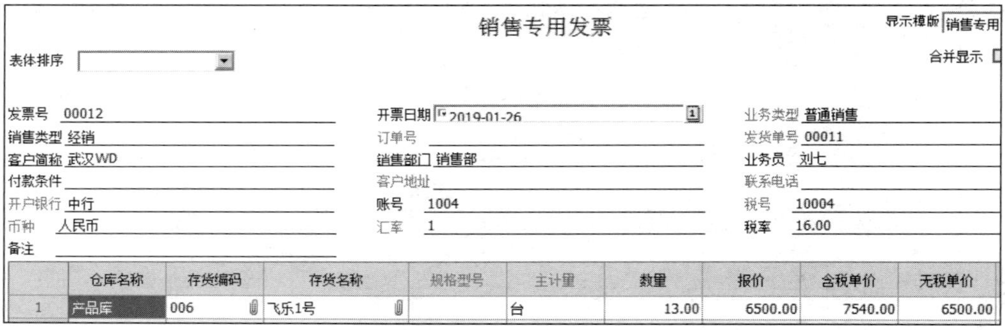
销售专用发票

显示模版 销售专用　合并显示

表体排序

发票号 00012　开票日期 2019-01-26　业务类型 普通销售

销售类型 经销　订单号　发货单号 00011

客户简称 武汉WD　销售部门 销售部　业务员 刘七

付款条件　客户地址　联系电话

开户银行 中行　账号 1004　税号 10004

币种 人民币　汇率 1　税率 16.00

备注

	仓库名称	存货编码	存货名称	规格型号	主计量	数量	报价	含税单价	无税单价
1	产品库	006	飞乐1号		台	13.00	6500.00	7540.00	6500.00

图 5-108　【销售专用发票】窗口

单击【保存】按钮，复核。

4) 审核销售专用发票并生成销售收入凭证

选择【业务工作】→【财务会计】→【应收款管理】→【应收单据处理】→【应收单据审核】，进入应收单查询条件设置，单据名称选择【销售发票】，单击【确定】按钮，进入【应收单据列表】窗口，在【选择】栏目下双击要审核的行，然后单击【审核】按钮，完成审核工作，如图 5-109 所示。

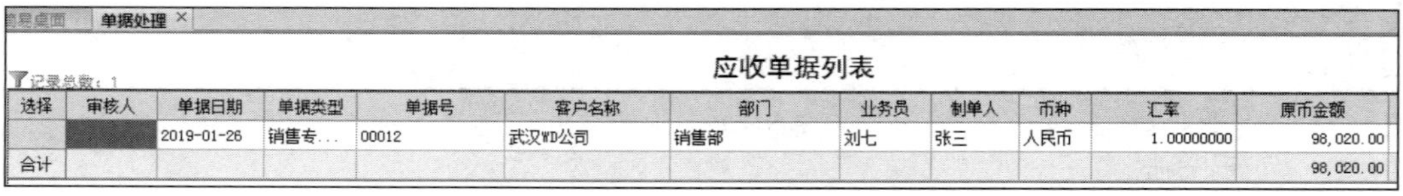
单据处理

应收单据列表

记录总数：1

选择	审核人	单据日期	单据类型	单据号	客户名称	部门	业务员	制单人	币种	汇率	原币金额
		2019-01-26	销售专...	00012	武汉WD公司	销售部	刘七	张三	人民币	1.00000000	98,020.00
合计											98,020.00

图 5-109　【应收单据列表】窗口

选择【业务工作】→【财务会计】→【应收款管理】→【制单处理】，进入制单查询，选择发票制单，单击【确定】按钮，进入【销售发票制单】窗口，将凭证类别改为【转账凭证】，如图 5-110 所示。

凭证类别		转账凭证			销售发票制单				
							制单日期	2019-01-26	
选择标志	凭证类别	单据类型	单据号	日期	客户编码	客户名称	部门	业务员	金额
	转账凭证	销售专...	00012	2019-01-26	03	武汉WD公司	销售部	刘七	98,020.00

图 5-110 【销售发票制单】窗口

单击【全选】按钮，再单击【制单】按钮，进入【填制凭证】窗口，生成的凭证分录如图 5-111 所示。

			转 账 凭 证			
转 字		制单日期：2019.01.26	审核日期：			附单据数：1
摘要		科目名称			借方金额	贷方金额
销售专用发票		应收账款			9802000	
销售专用发票		主营业务收入				8450000
销售专用发票		应交税费/应交增值税/销项税额				1352000
票号 日期		数量 单价		合计	9802000	9802000
备注	项目 个人		部门 客户 武汉WD			

图 5-111 生成的凭证分录

补充发票号等信息，单击【保存】按钮，完成凭证制作，凭证自动传送到总账系统。

5）销售出库单记账

选择【业务工作】→【供应链】→【存货核算】→【业务核算】→【正常单据记账】，进入条件设置，按照默认条件，直接进入【正常单据记账列表】窗口，如图 5-112 所示。

				正常单据记账列表				
记录总数：1								
选择	日期	单据号	存货编码	存货名称	存货代码	单据类型	仓库名称	收发类别	数量
	2019-01-26	00012	006	飞乐1号		专用发票	产品库	销售出库	13.00
小计									13.00

图 5-112 【正常单据记账列表】窗口

单击【全选】按钮，再单击【记账】按钮，系统显示记账成功。

2. 委托代销退货

1）参照委托代销发货单填制委托代销结算退回

选择【业务工作】→【供应链】→【销售管理】→【委托代销】→【委托代销结算退回】，单击【增加】按钮，进入查询条件设置，客户选择【北京 BB 公司】，进入【参照生单】窗口。

选择要参照的发货单，单击【确定】按钮，将数据复制到【委托代销结算退回】单据，数量改为【-4】，如图5-113所示。

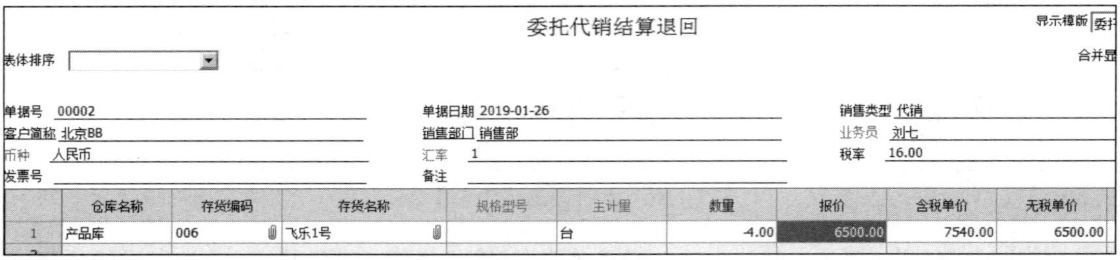

图5-113　【委托代销结算退回】单据

单击【保存】按钮，再单击【审核】按钮，发票类型选择【专业发票】，自动生成专业发票。

2）查看红字销售专用发票并复核

选择【业务工作】→【供应链】→【销售管理】→【销售开票】→【销售发票列表】，进入查询条件设置，客户选择【北京BB公司】，业务类型为【委托】，进入【销售发票列表】窗口，如图5-114所示。

图5-114　【销售发票列表】窗口

双击退货的红字专用发票，进入发票查询，如图5-115所示。

图5-115　红字专用发票查询

单击【复核】按钮，完成复核。

3）退回后的业务处理

选择【业务工作】→【财务会计】→【应收款管理】→【应收单据处理】→【应收单据审核】，进入应收单条件设置，选择单据名称为【销售发票】，客户为【北京BB公司】，进入单据处理窗口，如图 5-116 所示。

				应收单据列表						
选择	审核人	单据日期	单据类型	单据号	客户名称	部门	业务员	制单人	币种	汇率	原币金额
		2019-0...	销售专...	00013	北京BB公司	销售部	刘七	张三	人民币	1.00000000	-30,160.00
合计											-30,160.00

图 5-116　单据处理窗口

选择后，单击【审核】按钮完成。

选择【业务工作】→【财务会计】→【应收款管理】→【制单处理】，进入制单查询，选择发票制单，单击【确定】按钮，进入【制单】窗口，将凭证类别改为【转账凭证】，如图 5-117 所示。

销售发票制单

凭证类别	转账凭证							制单日期	2019-01-26	
选择标志	凭证类别	单据类型	单据号	日期	客户编码	客户名称	部门	业务员	金额
	转账凭证	销售专用发票	00013	2019-...	04	北京BB公司	销售部	刘七	-30,160.00

图 5-117　发票制单

选择后，单击【制单】按钮，补充票号、科目等信息，生成的凭证分录如图 5-118 所示。

转 账 凭 证

转　字	制单日期：2019.01.26	审核日期：		附单据数：1	
摘要		科目名称		借方金额	贷方金额
销售专用发票		应收账款		30160.00	
销售专用发票		主营业务收入			26000.00
销售专用发票		应交税费/应交增值税/销项税额			4160.00
票号 日期	数量 单价		合计	30160.00	30160.00
备注	项目 个人	部门 客户 北京BB			

图 5-118　转账凭证

单击【保存】按钮完成凭证生成，凭证生成到总账系统。

选择【业务工作】→【供应链】→【存货核算】→【业务核算】→【发出商品记账】，进入查询条件设置后，选择业务类型为【委托代销】，进入【发出商品记账】窗口，如图 5-119 所示。

				发出商品记账					
单据号	仓库名称	收发类别	存货编码	存...	存货名称	规格型号	单据类型	计量单位	数量
00013	产品库	销售出库	006		飞乐1号		专用发票	台	-4.00

图 5-119　【发出商品记账】窗口

选择后，记账。

(十) 直运销售业务

1. 设置直运业务相关选项

选择【业务工作】→【供应链】→【销售管理】→【设置】→【销售选项】,选择业务控制中的【有直运销售业务】,如图 5-120 所示。

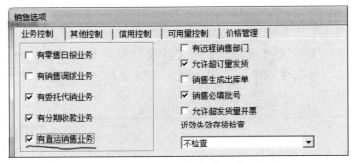

图 5-120 销售选项设置

单击【确定】按钮,完成设置。

2. 填制并审核直运销售订单

选择【业务工作】→【供应链】→【销售管理】→【销售订货】→【销售订单】,单击【增加】按钮,选择业务类型为【直运销售】,输入业务数据,如图 5-121 所示。

		销售订单								显示模版 销售订单显示模版
表体排序										合并显示 □

订单号 00002　　　　订单日期 2019-01-26　　　　业务类型 直运销售
销售类型 经销　　　　客户简称 武汉WD　　　　付款条件
销售部门 销售部　　　业务员 刘七　　　　　　税率 16.00
币种 人民币　　　　　汇率 1.00000000　　　备注

	存货编码	存货名称	主计量	数量	报价	含税单价	无税单价	无税金额	税额	价税合计
1	008	浪潮服务器	台	3.00	28000.00	32480.00	28000.00	84000.00	13440.00	97440.00

图 5-121 销售订单

单击【保存】按钮,再单击【审核】按钮完成。

3. 填制并审核直运采购订单

选择【业务工作】→【供应链】→【采购管理】→【采购订货】→【采购订单】,单击【增加】按钮,业务类型设置为【直运采购】,选择【生单】→【销售订单】,进入查询条件设置,客户设置为【武汉WD公司】,然后进入订单拷贝销售订单列表,选择要拷贝的销售订单,如图 5-122 所示。

单击【确定】按钮,数据复制到采购订单,再补充输入有关信息,如图 5-123 所示。

单击【保存】按钮,再单击【审核】按钮,完成。

订单拷贝销售订单表头列表

选择	销售订单号	订单日期	客户编码	客户
Y	00002	2019-01-26	03	武汉WD
合计				

记录总数：1

订单拷贝销售订单表体列表

选择	存货编码	存货代码	存货名称	规格型号	主计量	订货数量	销售订单行号	销售订单号	需求分类代号说明
Y	008		浪潮服务器		台	3.00	1	00002	
合计									

记录总数：1

图 5-122　订单拷贝销售订单列表

采购订单

显示模版　8173 采购订单

业务类型　直运采购　　　　订单日期 2019-01-26　　　订单编号 00002
采购类型　普通采购　　　　供应商　上海SB　　　　　部门　销售部
业务员　刘七　　　　　　　税率　16.00　　　　　　付款条件
币种　人民币　　　　　　　汇率　1　　　　　　　　备注

	存货编码	存货名称	规格型号	主计量	数量	原币含税单价	原币单价	原币金额
1	008	浪潮服务器		台	3.00	20880.00	18000.00	54000.00

图 5-123　采购订单

4. 填制并复核直运销售发票

选择【业务工作】→【供应链】→【销售管理】→【销售开票】→【销售专用发票】，单击【增加】按钮，进入条件设置，按照默认条件，单击【取消】按钮，进入发票填制，选择业务类型为【直运销售】，客户为【武汉 WD 公司】。

选择【生单】→【参照订单】，客户选择【武汉 WD 公司】，进入【参照生单】窗口，选择需要参照的业务，如图 5-124 所示。

选择	业务类型	销售类型	订单号	订单日期	币名	汇率	开票...	客户简称	开票...	销售部门
Y	直运销售	经销	00002	2019-01-26	人民币	1.00000000	03	武汉WD	武汉WD	销售部
合计										

记录总数：1　　□选中合计

发票参照订单

选择	订单号	订单行号	仓库	货物编号	存货代码	货物名称	规格型号	预发货日期	主计量单位
Y	00002	1		008		浪潮服务器		2019-01-26	台
合计									

记录总数：1　　□选中合计

图 5-124　【参照生单】窗口

单击【确定】按钮，数据自动复制到销售专用发票。输入相关数据后的发票如图 5-125 所示。

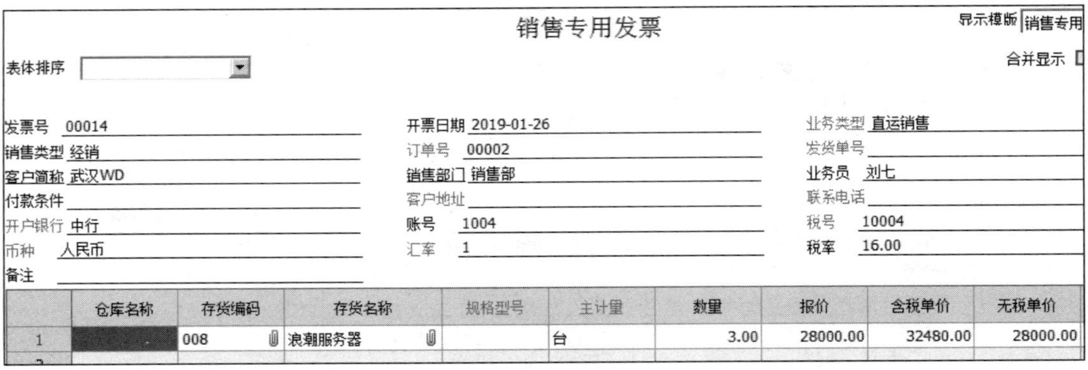

图 5-125 销售专用发票

单击【保存】按钮，再单击【复核】按钮，完成。

5. 填制直运采购发票

选择【业务工作】→【供应链】→【采购管理】→【采购发票】→【专用采购发票】，单击【增加】按钮，业务类型设置为【直运采购】，供应商为【上海 SB 公司】。

选择【生单】→【采购订单】，进入查询条件设置，供应商设置为【上海 SB 公司】，然后进入发票拷贝订单列表，选择要复制的订单。

单击【确定】按钮，订单数据复制到专用发票中，如图 5-126 所示。

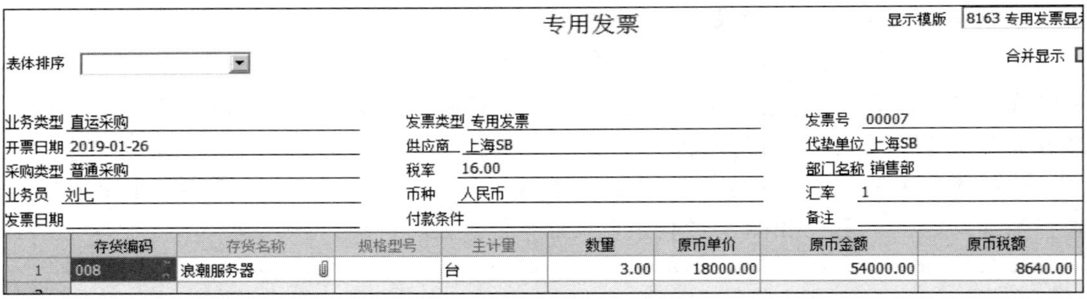

图 5-126 采购专用发票

单击【保存】按钮，完成。

6. 审核直运采购发票

选择【业务工作】→【财务会计】→【应付款管理】→【应付单据处理】→【应付单据审核】，进入应付单查询条件设置，单据类型选择【采购发票】，供应商选择【上海 SB 公司】，单击【确定】按钮，进入【应付单据列表】窗口，如图 5-127 所示。

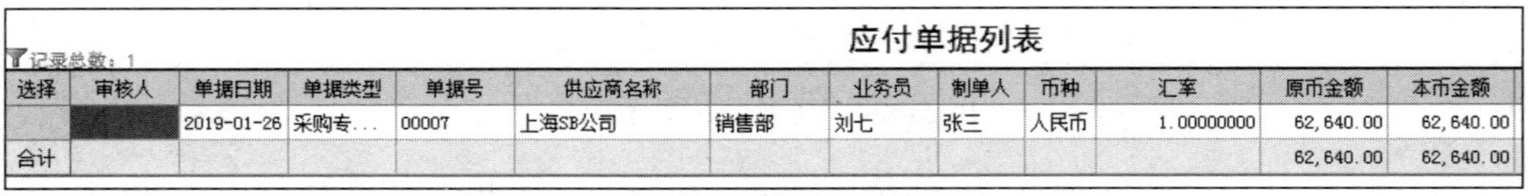

图 5-127 【应付单据列表】窗口

选择应付单据后，单击【审核】按钮，完成。

7. 直运销售记账

选择【业务工作】→【供应链】→【存货核算】→【业务核算】→【直运销售记账】，进入直运采购发票核算查询条件设置，选择【采购发票】和【销售发票】，进入【直运销售记账】窗口，如图 5-128 所示。

日期	单据号	存货编码	存货名称		收发类别	单据类型	数量	单价	金额
2019-01-26	00007	008	浪潮服务器		采购入库	采购发票	3.00	18,000.00	54,000.00
2019-01-26	00014	008	浪潮服务器		销售出库	专用发票	3.00		
							6.00		54,000.00

图 5-128 【直运销售记账】窗口

选择【采购发票】和【销售发票】，进行记账。

8. 结转直运业务的收入及成本

选择【业务工作】→【供应链】→【存货核算】→【财务核算】→【生成凭证】，单击工具栏上的【选择】按钮，进入【查询条件】设置窗口，选择【直运采购发票】和【直运销售发票】，进入未生成凭证单据一览表，如图 5-129 所示。

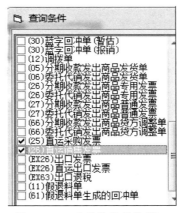

图 5-129 【查询条件】窗口

选择要生成凭证的单据(采购发票和专用发票)，单击【确定】按钮返回到【生成凭证】窗口，将凭证类别选择为【转 转账凭证】，补充输入相关科目，如图 5-130 所示。

选择	单据类型	单据号	摘要	科目类型	科目编码	科目名称	借方金额	贷方金额	借方数量	贷方数量	科目方向	存货编码	存货名称
1	采购发票	00007	采购发票	存货	1405	库存商品	54,000.00		3.00		1	008	浪潮服...
				税金	22210101	进项税额	8,640.00		3.00		1	008	浪潮服...
				应付	2202	应付账款		62,640.00		3.00	2	008	浪潮服...
	专用发票	00014	专用发票	对方	6401	主营业务成本	54,000.00		3.00		1	008	浪潮服...
				存货	1405	库存商品		54,000.00		3.00	2	008	浪潮服...
合计							116,640.00	116,640.00					

图 5-130 【生成凭证】窗口

单击【生成】按钮，显示直运销售发票生成的凭证，凭证分录如图5-131所示。

转 账 凭 证				
转　　字	制单日期：2019.01.27	审核日期：		附单据数：1
摘　要	科目名称		借方金额	贷方金额
专用发票	主营业务成本		5400000	
专用发票	库存商品			5400000
票号 日期	数量 单价	合计	5400000	5400000

图 5-131　凭证分录(自运销售发票)

单击【保存】按钮，生成凭证，并传递到总账系统中。

单击【下张凭证】，显示采购发票生成的凭证，凭证分录如图5-132所示。

转 账 凭 证				
转　　字	制单日期：2019.01.27	审核日期：		附单据数：1
摘　要	科目名称		借方金额	贷方金额
采购发票	库存商品		5400000	
采购发票	应交税费/应交增值税/进项税额		864000	
采购发票	应付账款			6264000
票号 日期	数量 单价	合计	6264000	6264000

图 5-132　凭证分录(采购发票)

单击【保存】按钮，完成。

选择【业务工作】→【财务会计】→【应收款管理】→【应收单据处理】→【应收单据审核】，进入应收单查询条件设置，单据选择【销售发票】，客户选择【武汉 WD 公司】，单击【确定】按钮，进入【应收单据列表】窗口，如图5-133所示。

图 5-133　【应收单据列表】窗口

选择要审核的单据，单击【审核】按钮完成。

选择【业务工作】→【财务会计】→【应收款管理】→【制单处理】，进入制单查询条件设置，选择【发票制单】，进入【制单】窗口，将凭证类别选择为【转账凭证】，如图5-134所示。

图 5-134 发票制单

选择后，单击【制单】按钮，生成的凭证分录如图 5-135 所示。

图 5-135 生成的凭证分录

补充票号后，单击【保存】按钮，完成凭证生成。

(十一) 预收款处理业务

1．填制收款单

选择【业务工作】→【财务会计】→【应收款管理】→【收款单据处理】→【收款单据录入】，单击【增加】按钮，录入收款单的相关信息，如图 5-136 所示。

图 5-136 收款单(预收)

单击【保存】按钮，再单击【功能】按钮，系统提示是否立即制单，单击【是】按钮，生成凭证分录，如图 5-137 所示。

图 5-137 凭证分录

补充票号后,单击【保存】按钮,生成凭证。

2. 查询预收款

选择【业务工作】→【财务会计】→【应收款管理】→【账表管理】→【科目账查询】→【科目明细账】,选择预收账科目,显示相应账簿,如图 5-138 所示。

图 5-138 科目明细账

(十二) 收款处理业务

1. 填制收款单

选择【业务工作】→【财务会计】→【应收款管理】→【收款单据处理】→【收款单据录入】,单击【增加】按钮,录入相关信息,如图 5-139 所示。

图 5-139 收款单(应收款)

单击【保存】按钮,再单击【审核】按钮,系统提示是否立即制单,单击【是】按钮,生成凭证分录,补充票号信息后,单击【保存】按钮,生成收款凭证,如图 5-140 所示。

图 5-140 收款凭证

2. 查询应收款

选择【业务工作】→【财务会计】→【应收款管理】→【账表管理】→【业务账表】→【业务明细表】，选择查询的单位【武汉 WD 公司】，应收明细账如图 5-141 所示。

年	月	日	凭证号	客户编码	客户名称	摘要	订单号	发货单	出库单	单据类型	单据号	币种	本期应收 本币	本期收回 本币	余额 本币
2019	1	22	转-0018	03	武汉WD公司	销售专...		00008	00007	销售专...	00008	人民币	194,880.00		194,880.00
2019	1	22	转-0019	03	武汉WD公司	其他应收单				其他应收单	003	人民币	900.00		195,780.00
2019	1	25	转-0022	03	武汉WD公司	销售专...		00010	00011	销售专...	00011	人民币	185,600.00		381,380.00
2019	1	26	转-0024	03	武汉WD公司	销售专...		00011		销售专...	00012	人民币	98,020.00		479,400.00
2019	1	27	转-0020	03	武汉WD公司	销售专...		00009	00008	销售专...	00009	人民币	377,000.00		856,400.00
2019	1	27	转-0028	03	武汉WD公司	销售专...	00002			销售专...	00014	人民币	97,440.00		953,840.00
2019	1	27	收-0005	03	武汉WD公司	收款单				收款单	005	人民币		200,000.00	753,840.00
			(03)小计										953,840.00	200,000.00	753,840.00

图 5-141 应收明细账(武汉 WD 公司)

(十三) 预收冲应收业务

1. 填制预收冲应收单据

选择【业务工作】→【财务会计】→【应收款管理】→【转账】→【预收冲应收】，进入【预收冲应收】窗口，选择客户【武汉 WC 公司】，单击【过滤】按钮，输入转账总金额 20 000，如图 5-142 所示。

图 5-142 预收冲应收(预收款)

打开【预收款】选项卡，单击【过滤】按钮，系统显示应收款，输入转账金额 20 000 元，如图 5-143 所示。

· 169 ·

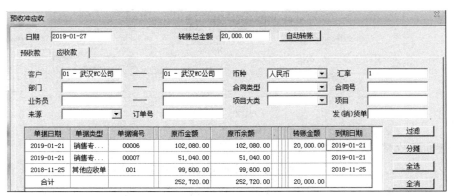

图 5-143 预收冲应收(应收款)

设置完成后，单击【确定】按钮，系统提示是否立即制单，单击【是】按钮，生成的凭证分录如图 5-144 所示。

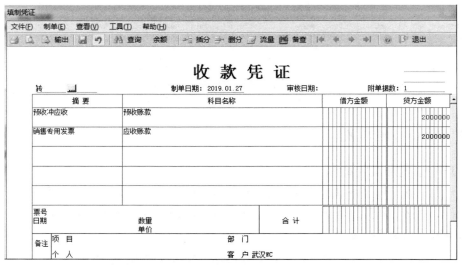

图 5-144 生成的凭证分录

2. 查询应收账款

选择【业务工作】→【财务会计】→【应收款管理】→【账表管理】→【业务报表】→【业务明细账】，选择要查询的单位，查看应收明细账。

(十四) 计提坏账准备

选择【业务工作】→【财务会计】→【应收款管理】→【坏账处理】→【计提坏账准备】，如图 5-145 所示。

应收账款...	计提比率	坏账准备	坏账准备余额	本次计提
1,807,260.00	0.500%	9,036.30	10,000.00	-963.70

图 5-145 计提坏账准备

单击【确认】按钮,系统提示是否立即制单,单击【是】按钮,生成的凭证分录如图 5-146 所示。

	转 账 凭 证		
转 字	制单日期：2019.01.29 审核日期：		附单据数：1
摘 要	科目名称	借方金额	贷方金额
计提坏账准备	管理费用/其他	963.70	
计提坏账准备	坏账准备		963.70

图 5-146 生成的凭证分录

核算项目部门设为【财务部】,凭证类别为【转账凭证】,单击【保存】按钮,生成凭证。

(十五) 往来核销业务

选择【业务工作】→【财务会计】→【应收款管理】→【核销处理】→【手工核销】,在核销条件中选择客户单位,这里选择【北京 BA 公司】,单击【确定】按钮,进入【单据核销】窗口,如图 5-147 所示。

单据日期	单据类型	单据编号	客户	款项类型	结算方式	币种	汇率	原币金额	原币余额	本次结算金额	订单号
2019-01-11	收款单	001	北京BA	应收款	转账支票	人民币	1.00000000	143,840.00	143,840.00	143,840.00	
合计								143,840.00	143,840.00	143,840.00	

单据日期	单据类型	单据编号	到期日	客户	币种	原币金额	原币余额	可…	本次结算	订单号	凭证号
2018-12-10	其他应收单	002	2018-12-10	北京BA	人民币	58,000.00	58,000.00	0.00			
2019-01-10	销售专…	00001	2019-01-10	北京BA	人民币	143,840.00	143,840.00	0.00	143,840.00	00001	转-0014
2019-01-14	销售专…	00002	2019-01-14	北京BA	人民币	26,100.00	26,100.00	0.00			转-0015
合计						227,940.00	227,940.00	0.00	143,840.00		

图 5-147 【单据核销】窗口

核销时,收款单列表中款项类型为应收款的,记录其缺省的本次结算金额；款项类型为预收款的,记录其缺省的本次结算金额为空。

核销时可以修改本次结算金额,但是不能大于该记录的原币金额。

用户手工输入本次结算金额,本次结算,上下列表中的结算金额合计必须保持一致。

单击【保存】按钮,完成核销。

(十六) 查询

1. 销售明细账表

选择【业务工作】→【供应链】→【销售管理】→【报表】→【明细表】→【销售明细表】,进入查询条件设置,选择要查询的存货,这里选择【飞乐1号】,查询结果如图 5-148 所示。

2. 销售统计表

选择【业务工作】→【供应链】→【销售管理】→【报表】→【统计表】→【销售

统计表】，进入查询条件设置，按照默认条件查询结果，如图5-149所示。

销售明细表

部门名称	客户名称	业务员	日期	数量	本币税额	本币无税金额	本币价税合计
销售部	北京BA公司	刘七	2019/1/10	20.00	19,840.00	124,000.00	143,840.00
销售部	北京BA公司	刘七	2019/1/14	10.00	3,600.00	22,500.00	26,100.00
销售部	北京BA公司	刘七	2019/1/19	10.00	10,400.00	65,000.00	75,400.00
	(小计)北京BA公司			40.00	33,840.00	211,500.00	245,340.00
销售部	北京BB公司	刘七	2019/1/20	100.00	74,560.00	466,000.00	540,560.00
销售部	北京BB公司	刘七	2019/1/27	26.00	27,040.00	169,000.00	196,040.00
	(小计)北京BB公司			126.00	101,600.00	635,000.00	736,600.00
销售部	武汉WC公司	刘七	2019/1/21	60.00	21,120.00	132,000.00	153,120.00
	(小计)武汉WC公司			60.00	21,120.00	132,000.00	153,120.00
销售部	武汉WD公司	刘七	2019/1/17	10.00	10,400.00	65,000.00	75,400.00
销售部	武汉WD公司	刘七	2019/1/22	70.00	26,880.00	168,000.00	194,880.00
销售部	武汉WD公司	刘七	2019/1/23	50.00	52,000.00	325,000.00	377,000.00
销售部	武汉WD公司	刘七	2019/1/26	16.00	26,960.00	168,500.00	195,460.00
	(小计)武汉WD公司			146.00	116,240.00	726,500.00	842,740.00
总计				372.00	272,800.00	1,705,000.00	1,977,800.00

图5-148 销售明细表(飞乐1号)

销售统计表

开票日期：2019-01-01 — 2019-01-31　结算日期：2019-01-01 — 2019-01-31

部门名称	业务员名称	存货名称	数量	单价	金额	税额	价税合计	折	成本	毛利
销售部	刘七	飞乐1号	30.00	6,300.00	189,000.00	30,240.00	219,240.00			189,000.00
销售部	刘七	喷墨打印机	10.00	2,250.00	22,500.00	3,600.00	26,100.00			22,500.00
销售部	刘七	飞乐1号	86.00	6,360.47	547,000.00	87,520.00	634,520.00			547,000.00
销售部	刘七	喷墨打印机	40.00	2,200.00	88,000.00	14,080.00	102,080.00			88,000.00
销售部	刘七	喷墨打印机	60.00	2,200.00	132,000.00	21,120.00	153,120.00			132,000.00
销售部	刘七	i7处理器	100.00	1,600.00	160,000.00	25,600.00	185,600.00		120,000.00	40,000.00
销售部	刘七	飞乐1号	73.00	6,500.00	474,500.00	75,920.00	550,420.00			474,500.00
销售部	刘七	浪潮服务器	3.00	28,000.00	84,000.00	13,440.00	97,440.00		54,000.00	30,000.00
销售部	刘七	喷墨打印机	70.00	2,400.00	168,000.00	26,880.00	194,880.00			168,000.00
总计			472.00	3,951.27	1,865,000.00	298,400.00	2,163,400.00		174,000.00	1,691,000.00

图5-149 销售统计表

3. 应收余额表

选择【业务工作】→【财务会计】→【应收款管理】→【账表管理】→【业务报表】→【业务余额表】，按照默认条件设置，如图5-150所示。

应收余额表

币种：
期间：2019.1 — 2019.1

客户编码	客户名称	期初 本币	本期应收 本币	本期收回 本币	余额 本币	周转率 本币	周转天数 本币
01	武汉WC公司	99,600.00	153,120.00	20,000.00	232,720.00	0.92	32.61
(小计)01		99,600.00	153,120.00	20,000.00	232,720.00		
02	北京BA公司	58,000.00	169,940.00	143,840.00	84,100.00	2.39	12.55
(小计)02		58,000.00	169,940.00	143,840.00	84,100.00		
03	武汉WD公司	0.00	953,840.00	200,000.00	753,840.00	2.53	11.86
(小计)03		0.00	953,840.00	200,000.00	753,840.00		
04	北京BB公司	0.00	736,600.00	0.00	736,600.00	2.00	15.00
(小计)04		0.00	736,600.00	0.00	736,600.00		
总计		157,600.00	2,013,500.00	363,840.00	1,807,260.00		

图5-150 应收余额表

4. 往来明细表管理

对客户的往来明细账管理包括科目明细账、三栏明细账、部门明细账、项目明细账、业务员明细账、分类明细账、地区分类明细账、多栏明细账的查询。

5. 应收账龄分析

选择【业务工作】→【财务会计】→【应收款管理】→【账表管理】→【统计分析】→【应收账龄分析】，可设置查询条件，查看应收账龄分析，如图5-151所示。

客户		本币余额	账期内		1-30		31-60		61-90	
编号	名称		本币金额	%	本币金额	%	本币金额	%	本币金额	%
01	武汉WC公司	232,720.00			133,120.00	57.20			99,600.00	42.80
02	北京BA公司	84,100.00			26,100.00	31.03	58,000.00	68.97		
03	武汉WD公司	953,840.00			953,840.00	100.00				
04	北京BB公司	736,600.00			736,600.00	100.00				
数量					4		1		1	
金额		2,007,260.00			1,849,660.00	92.15	58,000.00	2.89	99,600.00	4.96

图5-151 查看应收账龄分析

第六章

库存管理与存货核算过程

第一节 库存管理与存货核算过程概述

存货是保证企业生产经营过程顺利进行的必要条件。为了保障生产经营过程连续不断地进行,企业要不断地购入、耗用或销售存货。库存管理就是对企业存货的流动、循环进行动态控制和管理,它是企业物流管理的核心。

一、库存管理与存货核算过程的目标与内容

(一) 库存管理与存货核算业务过程的目标

(1) 及时完成库存的日常业务处理,包括入库业务、出库业务、库存调拨及库存调整等日常处理工作,及时准确地反映库存的出库、入库和现存情况。

(2) 实现其他有关业务的处理。库存管理还应提供批次、存货、库存盘点、质量检验等管理,从而真正实现企业仓储信息的全面管理,达到对库存业务物流和成本的有效控制和跟踪。

(3) 完成存货的核算,包括存货出入库核算、存货出入库凭证处理、库存余额对账和调整等,从而反映和监督存货的收发、领退和保管情况,反映和监督存货资金的占用情况,促进企业提高资金的使用效果。

(4) 能够完成库存分析及统计工作,输出各种需要的台账、报表和存货核算的各类账表,并将信息按照需求传递到其他子系统。

(二) 库存管理与存货核算业务过程的内容

库存管理的日常业务处理主要是入库、出库,以及与出库中存货变动有关的业务。根据采购管理业务过程提供的到货单、生产部门提供的生产订单及其他入库凭证;根据实际入库数量分别填制外购入库单、产品入库单、委外加工入库单、其他入库单进行入

库处理；根据销售管理业务过程提供的发货单、生产部门提供的领料单及其他出库凭证和实际出库数量分别填制销售出库单、领料单、委外加工出库单和其他出库单进行出库处理。发生采购退货时，根据采购系统传入的退货单输入红字外购入库单；发生销售退货时，根据销售系统传入的退货单输入红字销售出库单。当库存盘点发生盘盈入库、盘亏毁损时进行库存调整处理。赠品出入库时，进行有关处理。仓库之间发生存货转库业务或部门之间有存货调拨业务时进行库存调拨处理；存货核算业务根据出、入库单，需要时刻对有关发票核算入库成本及出库成本并制作记账凭证，计入存货明细账的同时将数据传递给会计的总账进行登记总分类账的处理。企业各部门管理人员和有关业务人员可以随时查询输出其所关心的库存信息和有关的存货成本，以及业务分析信息。

二、典型业务过程

(一) 库存管理入库业务

1. 采购入库

采购入库单是企业入库单据的主要部分，也是日常业务的主要原始单据之一。

如果库存管理系统和采购系统集成使用，采购入库单是采购人员在采购系统录入的，库管员只需在库存管理系统中对采购入库单进行审核即可，不需再录入采购入库单；如果库存管理系统没有和采购系统集成使用，采购入库单就需由库管员录入。

2. 产成品入库

产成品入库单是工业企业入库单据的主要部分。对于工业企业的产成品入库单，一般是指产成品验收入库时所填制的入库单据。在库存管理中录入产成品入库单数量，其金额是通过"存货核算"的"产成品成本分配"执行完毕重新写入的。

3. 其他入库业务

其他入库业务一般由其他入库单进行结算。其他入库单是指除采购入库、产成品入库之外的其他入库业务，如调拨入库、盘盈入库、组装拆卸入库、形态转换入库等业务形成的入库单。无论是与采购管理同时使用，还是单独使用，都可以处理非采购性质的存货入库业务。

(二) 库存管理出库业务

1. 销售出库

销售出库单是企业出库单据的主要部分，也是进行日常业务处理和记账的主要原始单据之一。如果库存管理系统和销售系统集成使用，销售出库单是销售系统根据销售发货单或发票生成的；如果库存管理系统没有和销售系统集成使用，销售出库单就需由库管员录入。

2. 材料出库

材料出库单是工业企业领用材料时所填制的出库单据。材料出库单是工业企业出库单据的主要部分，是进行日常业务处理和记账的主要原始单据之一。领用直接材料的，成本对象不能为空；领用共用材料的，成本对象必须为空；配比出库的，必须先定义产品结构、成本对象，然后通过操作，自动产生单据。

3. 其他出库

其他出库指除销售出库、材料出库之外的其他出库业务，如调拨出库、盘亏出库、组装拆卸出库、形态转换出库等。无论是与销售管理同时使用，还是单独使用，都可以处理非销售性质的存货出库业务。

(三) 库存管理其他业务

1. 调拨单

调拨单用于仓库之间存货的转库业务或部门之间的存货调拨业务。同一张调拨单上，如果转出部门和转入部门不同，表示是部门之间的调拨业务；如果转出部门和转入部门相同，但转出仓库和转入仓库不同，表示是仓库之间的转库业务。不会产生应收、应付业务。

2. 盘点单

盘点前应将所有已办实物出入库但未录入计算机的出入库单或销售发货单、销售发票均录入计算机中。盘点前应将所有委托代管或受托代管的存货进行清查，并将这些存货与已记录在账簿上需盘点的存货区分出来。盘点表中的盘点数量不应包括委托代管或受托代管的数量。同一仓库同一存货只能盘点一次；已办理实物出库但未开具出库单、发货单或发票的存货为委托代管存货；已办理实物入库但未开具入库单的存货为受托代管存货；盘点开始后至盘点结束前不应再办理出入库业务，即新增盘点表后，不应再录入出入库单、发货单及销售发票等单据，也不应办理实物出入库业务。

(四) 存货核算出库、入库业务

(1) 如果与库存管理系统、采购系统、销售系统集成使用，则所有出、入库单不可在存货系统中录入、删除，只能修改其金额。

(2) 如果没有使用库存管理系统，且有采购、销售系统则本系统除采购入库单、销售出库单以外，其他出入库单、材料出库单、产成品入库单应在存货系统中录入。

(五) 存货核算调整业务

1. 入库调整单

入库调整单是对存货的入库成本进行调整的单据，它只调整存货的金额，不调整存货的数量；它用来调整当月的入库金额，并相应调整存货的结存金额；可针对单据进行调整，也可针对存货进行调整。入库调整单保存即记账，因此已保存的单据不可修改、删除。

2. 出库调整单

出库调整单是对存货的出库成本进行调整的单据，它只调整存货的金额，不调整存货的数量；它用来调整当月的出库金额，并相应调整存货的结存金额；只能针对存货进行调整，不能针对单据进行调整。出、入库调整单保存即记账，因此已保存的单据不可修改、删除。

（六）存货核算生成凭证

生成凭证用于对本会计月已记账单据生成凭证，并可对已生成的所有凭证进行查询并显示，所生成的凭证自动转入总账系统。

三、与其他业务过程的关联

库存管理与存货核算是业财一体化的重要信息中心。每个业务单据之间、业务单据与业务基础资料和管理资料之间的联系形成了一个全面、严密的信息网，不断传递和接收来自其他系统的各种业务信息。例如销售出库单，不仅在销售系统中与销售订单、发货单、发票等全部业务单据都有联系，而且价格、物料对应表及信用管理等所有基础数据由整个业财一体化系统共享。业务信息、财务信息和管理信息之间紧密结合，形成了一个统一的整体，提高了整个系统的运作水平和效率。

第二节　库存管理与存货核算功能模块

一、库存管理与存货核算子系统功能模块

库存管理与存货核算子系统的功能模块，如图 6-1 所示。

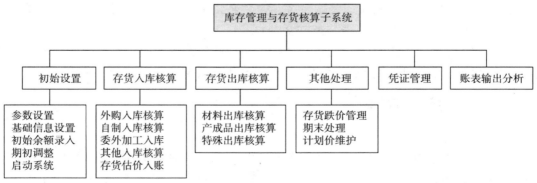

图 6-1　库存管理与存货核算子系统的功能模块

（1）初始设置。存货核算初始设置包括参数设置、建立基础资料档案、初始余额录

入及启动系统。

(2) 存货入库核算。存货入库核算主要用来核算各种类型存货入库的实际成本。

(3) 存货出库核算。存货出库核算功能是按用户选定的计价方法自动并准确地核算材料及产品的出库成本，并对红字出库、调拨出库等特殊出库单据进行金额核算。

(4) 其他处理。存货跌价管理主要完成存货跌价计提和管理工作；存货核算的期末处理主要是结账。

(5) 凭证处理。凭证处理是存货出入库及盘盈盘亏等业务核算完成后编制核算记账凭证的处理，包括定义凭证、生成凭证和查询凭证几个过程。

(6) 账表输出分析。账、表输出功能提供了对系统报表的查询和打印。存货核算子系统可以输出各种有关材料、产品的明细账及业务报表等。

二、与相关子系统的接口

库存管理与存货核算子系统与相关子系统的接口，如图 6-2 所示。

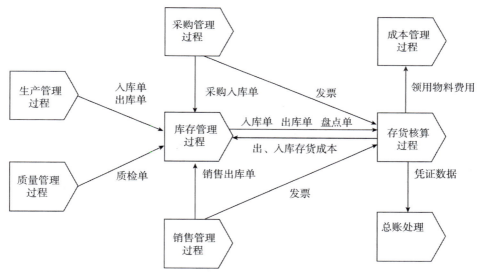

图 6-2 库存管理与存货核算子系统与相关子系统的接口

(1) 接收采购系统产生的采购订单、到货单生成外购入库单。

(2) 根据质量管理的采购检验的物料、合格数量和采购让步接受数量进行采购入库，并根据采购之外的各种检验的物料、合格数量进行相应的出、入库处理。

(3) 根据销售系统输入的销售订单、发货单及退货单生成销售出库单。

(4) 依据生产任务管理和重复生产计划流程的投料和单产品/自制半成品入库单、委外加工入库单、其他入库单、生产领料单、委外加工发出单及其他出库单等单据填制入库单和出库单，进行生产领料和产品入库；依据委外加工管理的委外生产任务单和投料单进行委外加工生产领料和委外加工入库。

(5) 存货核算接收采购系统已审核(核销)的采购发票和外购入库单，进行外购入库核算和凭证处理；接收库存管理所有的其他出、入库及盘点单据，进行相应的出库及入库核算、盘盈及盘亏核算和凭证处理；接收销售管理产生的已审核(核销)的销售发票和销售出库单，进行销售出库核算和销售收入及销售成本凭证处理；并把采购成本、出库及入库存货成本、销售收入及销售成本信息传递给有关业务环节。

(6) 存货核算将材料出库核算结果传递给成本管理，成本管理将计算出的半成品及产成品入库成本传递到存货核算，进行半成品及产成品出库核算，存货核算之后的成本将反填到普通仓的出、入库单的成本中。

(7) 在存货核算中将应计入外购入库成本的采购费用(运费、装卸费等)和应计入委托加工入库成本的加工费分别生成其他应付单传递到应付账款过程。

(8) 存货核算生成的凭证传递到总账处理。

第三节 库存管理与存货核算应用实训

一、实验目的

(1) 掌握业财一体化软件中有关库存管理与存货核算的相关内容。
(2) 掌握企业库存管理与存货核算日常业务处理方法。
(3) 理解库存管理与存货核算与其他系统之间的数据传递关系。

二、实验内容

(1) 产品入库业务处理。
(2) 物料领用业务处理。
(3) 调拨业务处理。
(4) 盘点业务处理。
(5) 其他出库业务处理。
(6) 调整存货成本业务处理。
(7) 存货期末业务处理。

三、实验资料

(一) 产品入库业务

1月11日，产品库收到当月一车间加工的40台飞乐1号产品入库。

1月27日收到财务部门提供的完工产品成本,其中飞乐1号成本每台3 000元,随即做成本分配,记账生成凭证。

(二) 物料领用业务

1月11日,一车间向原料库领用i7处理器80个,1T硬盘80个,用于生产飞乐1号。

(三) 调拨业务

1月17日,将原料库中的60个i7处理器从原料库调拨到配件库。

(四) 盘点业务

1月27日,对原料库的有线键盘进行盘点,盘点后发现有线键盘多出两个。经确认,该有线键盘的成本为80元/个。

(五) 其他出库业务

1月27日,销售部从产品库领取9台飞乐1号样品,用于捐助贫困地区。

(六) 调整存货成本业务

1. 调整存货入库成本

在采购现结业务中,后续发生了属于这笔业务的费用700元,原业务如下。

1月8日,向武汉WB公司购买有线鼠标300只,单价为60元,直接验收入原料库。同时收到专用发票一张,立即以工行转账支票支付其货款,支票号GH101。确定采购成本,进行付款处理。

1月27日,将1月8日发生的采购有线鼠标的入库成本增加700元。

2. 调整存货出库成本

1月27日,调整在基本销售业务中出售给北京BA公司的飞乐1号的出库成本,此批产品销售因故增加了成本1 000元。原业务情况如下。

1月7日,北京BA公司欲购买15台飞乐1号,向销售部了解价格,销售部报价为6 200元/台。客户确定购买,填制并审核报价单。该客户进一步了解情况后,要订购20台,要求发货日期为1月10日。填制并审核销售订单。销售部门向产品库发出发货通知。

1月10日,从产品库向北京BA公司发出其所订货物,并据此开具专用销售发票一张。

(七) 存货期末处理

月底,进行月末处理。

四、实验操作指导

(一) 产成品入库业务

1. 录入产品入库单并审核

选择【业务工作】→【供应链】→【库存管理】→【入库业务】→【产成品入库单】，单击【增加】按钮，录入飞乐1号产品入库单，如图6-3所示。

产成品入库单

						蓝字 / 红字
表体排序						
入库单号 00001		入库日期 2019-01-11			仓库 产品库	
生产订单号		生产批号			部门 一车间	
入库类别 产品入库		审核日期			备注	

	产品编码	产品名称	规格型号	主计量单位	数量	单价
1	006	飞乐1号		台	40.00	

图6-3 产品入库单

单击【保存】按钮，再单击【审核】按钮，完成。

2. 录入生产总成本并进行产成品成本分配

选择【业务工作】→【供应链】→【存货核算】→【业务核算】→【产成品成本分配】，进入产成品成本分配，单击【查询】按钮，进入【产成品成本分配表查询】，选择产品库，单击【确定】按钮，系统将符合条件的记录带回产成品成本分配表中，按照实验资料输入飞乐1号等的成本，如图6-4所示。

产成品成本分配

存货/分类编码	存货/分类名称	存货代码	规格型号	计量单位	数量	金额	单价
	存货 合计				40.00	120,000.00	3000.00
2	产品小计				40.00	120,000.00	3000.00
201	台式机小计				40.00	120,000.00	3000.00
006	飞乐1号			台	40.00	120,000.00	3000.00

图6-4 产成品成本分配

单击工具栏上的【分配】按钮，完成后提示分配操作完成。

选择【业务工作】→【供应链】→【存货核算】→【日常业务】→【产成品入库单】，此时可以看出单价已填入，并计算了金额，如图6-5所示。

第六章　库存管理与存货核算过程

				产成品入库单			
○蓝字　　○红字							
表体排序							
入库单号 00001			入库日期 2019-01-11			仓库 产品库	
生产订单号			生产批号			部门 一车间	
入库类别 产品入库			审核日期 2019-01-11			备注	
	产品编码	产品名称	规格型号	主计量单位	数量	单价	金额
1	006	飞乐1号		台	40.00	3000.00	120000.00
2							

图 6-5　产成品入库单

可以单击【上张】【下张】按钮查询其他的产成品入库单。

3. 对产成品入库单记账并生成凭证

选择【业务工作】→【供应链】→【存货核算】→【业务核算】→【正常单据记账】，进入查询条件选择，仓库选择【产品库】，进入【正常单据记账列表】窗口，如图6-6所示。

				正常单据记账列表					
记录总数：1									
选择	日期	单据号	存货编码	存货名称	单据类型	仓库名称	收发类别	数量	单价	金额
	2019-01-11	00001	006	飞乐1号	产成品入库单	产品库	产品入库	40.00	3,000.00	120,000.00
小计								40.00		120,000.00

图 6-6　【正常单据记账列表】窗口

选择要记账的行(可单击【全选】按钮)，单击【记账】按钮，显示记账成功提示信息。

选择【业务工作】→【供应链】→【存货核算】→【财务核算】→【生成凭证】，进入【生成凭证】窗口，单击工具栏上的【选择】按钮，进入查询条件设置，选择【产成品入库单】，单击【确定】按钮，进入选择单据窗口，如图6-7所示。

					未生成凭证单据一览表						
记账日期	单据日期	单据类型	单据号	仓库	收发类别	记账人	部门	部门编码	业务单号	业务类型	计价方式	备注	摘要
2019-01-27	2019-01-11	产成品入库	00001	产品库	产品入库	张三	一车间	301		成品入库	全月平均法		产成品入库

图 6-7　选择单据窗口

选择要生成凭证的单据(可单击【全选】按钮)，单击【确定】按钮，返回【生成凭证】窗口。将凭证类别改为【转　转账凭证】，如图6-8所示。

凭证类别		转　转账凭证										
选择	单据类型	单据号	摘要	科目编码	科目名称	借方金额	贷方金额	借方数量	贷方数量	科目方向	存货编码	存货名称	部门编码	部门名称
1	产成品入库单	00001	产成品...	存货 1405	库存商品	120,000.00		40.00		1	006	飞乐1号	301	一车间
				对方 500101	直接材料		120,000.00		40.00	2	006	飞乐1号	301	一车间
合计						120,000.00	120,000.00						

图 6-8　【生成凭证】窗口

单击【生成】按钮，补充输入项目名称如图6-9所示，单击【保存】按钮，完成凭证生成，凭证传送到总账系统。

· 183 ·

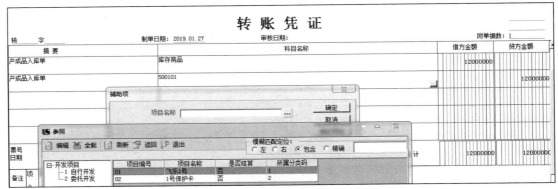

图 6-9　转账凭证

(二) 物料领用业务

1. 填制材料出库单

选择【业务工作】→【供应链】→【库存管理】→【出库业务】→【材料出库单】，单击【增加】按钮，录入资料信息，如图 6-10 所示。

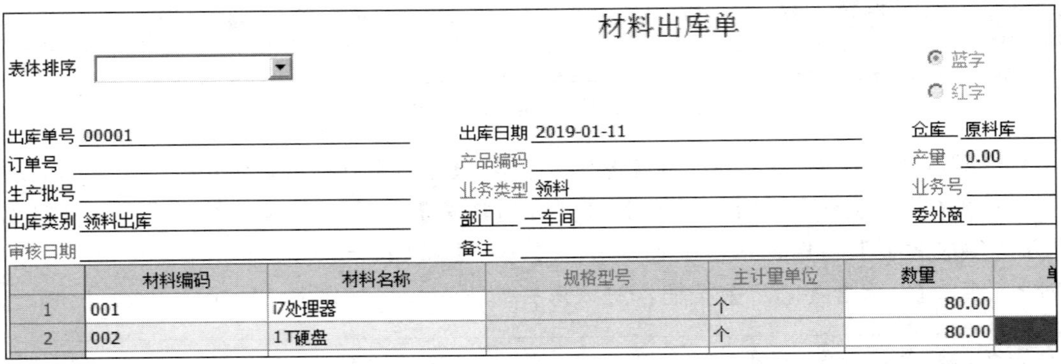

图 6-10　材料出库单

单击【保存】按钮，再单击【审核】按钮，完成。

2. 材料出库单记账并生成凭证

选择【业务工作】→【供应链】→【存货核算】→【业务核算】→【正常单据记账】，进入查询条件选择，仓库选择【原料库】，进入【正常单据记账列表】窗口，如图 6-11 所示。

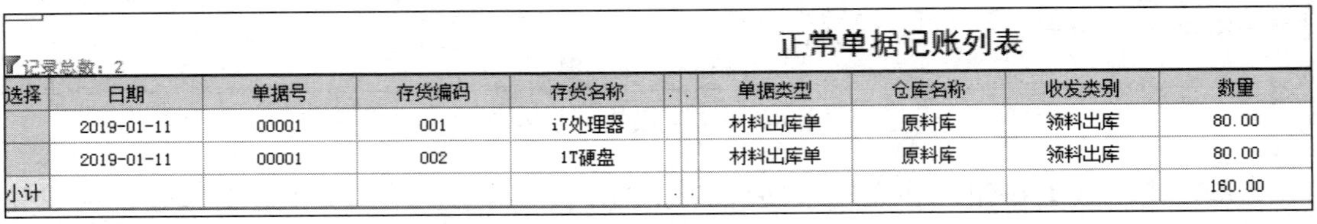

图 6-11　【正常单据记账列表】窗口

选择要记账的行，单击【记账】按钮，系统显示记账成功提示信息。

选择【业务工作】→【供应链】→【存货核算】→【财务核算】→【生成凭证】，进入【生成凭证】窗口，单击工具栏上的【选择】按钮，进入查询条件设置，选择【材料出库单】，单击【确定】按钮，进入选择单据窗口。

选择要生成凭证的单据(可单击【全选】按钮)，单击【确定】按钮，返回【生成凭证】窗口。将凭证类别改为【转 转账凭证】，补充借方科目(500101)，如图 6-12 所示。

凭证类别　转 转账凭证

选择	单据类型	单据号	摘要	科目类型	科目编码	科目名称	借方金额	贷方金额	借方数量	贷方数量	科目方向	存货编码	存货名称	…	部门编码	部门名称
1	材料出库单	00001	材料出…	对方	500101	直接材料	96,000.00		80.00		1	001	i7处理器		301	一车间
				存货	140301	生产用原材料		96,000.00		80.00	2	001	i7处理器		301	一车间
				对方	500101	直接材料	64,888.00		80.00		1	002	1T硬盘		301	一车间
				存货	140301	生产用原材料		64,888.00		80.00	2	002	1T硬盘		301	一车间
合计							160,888.00	160,888.00								

图 6-12　生成凭证

单击【合成】按钮，合并生成的凭证分录如图 6-13 所示。

转 账 凭 证

转　字　　制单日期：2019.01.27　　审核日期：　　附单据数：1

摘要	科目名称	借方金额	贷方金额
材料出库单	生产成本/直接材料	16088800	
材料出库单	原材料/生产用原材料		16088800
票号 日期	数量 单价	合 计	16088800	1608880C

备注　项　目　飞乐1号　　部　门

图 6-13　合并生成的凭证分录

补充输入项目名称后，单击【保存】按钮完成凭证生成，凭证传送到总账系统。

(三) 调拨业务

1. 填制调拨单

选择【业务工作】→【供应链】→【库存管理】→【调拨业务】→【调拨单】，单击【增加】按钮，输入调拨的有关信息，如图 6-14 所示。

调拨单

表体排序

单据号　00001　　日期　2019-01-17　　调拨申请单号

转出部门　　转入部门　　转出仓库　原料库

转入仓库　配件库　　出库类别　调拨出库　　入库类别　调拨入库

经手人　　审核日期　　备注

	存货编码	存货名称	规格型号	主计量单位	数量	单价
1	001	i7处理器		个	60	

图 6-14　调拨单

单击【保存】按钮，再单击【审核】按钮，完成。

2. 其他出入库单审核

选择【业务工作】→【供应链】→【库存管理】→【单据列表】→【其他入库单列表】，查询条件中选择默认值，进入【其他入库单列表】窗口，如图6-15所示。

				其他入库单列表								
记录总数：1												
选择	记账人	仓库编码	仓库	入库日期	入库单号	入库类别	入库类…	制单人	审核人	存货编码	存货名称	主计量单位	数量
	3		配件库	2019-01-17	0000000001	调拨入库	103	张三		001	i7处理器	个	60.00

图6-15　【其他入库单列表】窗口

选择要审核的行后，单击【审核】按钮。

选择【业务工作】→【供应链】→【库存管理】→【单据列表】→【其他入库单列表】，查询条件中选择默认值，进入【其他出库单列表】窗口，如图6-16所示。

				其他出库单列表								
记录总数：1												
选择	记账人	仓库编码	仓库	出库日期	出库单号	出…	出库类别	制单人	审核人	存货编码	存货名称	主…	数量
	1		原料库	2019-01-17	0000000001	303	调拨出库	张三		001	i7处理器	个	60.00

图6-16　【其他出库单列表】窗口

选择要审核的行后，单击【审核】按钮。

3. 调拨单记账

选择【业务工作】→【供应链】→【存货核算】→【业务核算】→【特殊单据记账】，进入特殊单据记账条件，单据类型选择【调拨单】，进入【特殊单据记账】窗口，如图6-17所示。

		特殊单据记账					
记录总数：1							
选择	单据号	单据日期	转入仓库	转出仓库		经手人	审核人	制单人
	00001	2019-01-17	配件库	原料库			张三	张三

图6-17　【特殊单据记账】窗口

选择后，单击【记账】按钮，记账完成后提示记账成功。

选择【业务工作】→【供应链】→【存货核算】→【财务核算】→【生成凭证】，单击工具栏上的【选择】按钮，在查询条件中选择【调拨单】，进入【未生成凭证单据一览表】窗口，如图6-18所示。

					未生成凭证单据一览表					
记请其他入库单自动选择全部蓝字单据工单据入库单、发票、付款单，非本月采购入库单按蓝字报销单制单										
选择	记账日期	单据日期	单据类型	单据号	仓库	收发类别	记账人	部门	部门编码	业务单号	业务类别	计价方式
	2019-01-27	2019-01-17	其他出库单	0000000001	原料库	调拨出库	张三			00001	调拨出库	移动平均法
	2019-01-27	2019-01-17	其他入库单	0000000001	配件库	调拨入库	张三			00001	调拨入库	全月平均法

图6-18　【未生成凭证单据一览表】窗口

选择要记账的单据(可单击【全选】按钮)，单击【确定】按钮，返回【生成凭证】窗口，将凭证类别设置为【转　转账凭证】，如图6-19所示。

凭证类别	转 转账凭证											
选择	单据类型	单据号	摘要	科目类型	科目编码	科目名称	借方金额	贷方金额	借方数量	贷方数量	科目方向	存货编码	存货名称
1	调拨单	00001	调拨单	存货	140301	生产用原材料		72,000.00		60.00	2	001	i7处理器
				存货	1405	库存商品	72,000.00		60.00		1	001	i7处理器
合计							72,000.00	72,000.00					

图 6-19 【生成凭证】窗口

单击【合成】按钮生成凭证，生成的凭证分录如图 6-20 所示。

转 账 凭 证

转 字	制单日期：2019.01.27	审核日期：	附单据数：2	
摘 要		科目名称	借方金额	贷方金额
调拨单		库存商品	7200000	
调拨单		原材料/生产用原材料		7200000

| 票号 日期 | 数量 60.00个 单价 1200.00 | | 合 计 | 7200000 | 7200000 |

图 6-20 生成的凭证分录

单击【保存】按钮，完成生成工作，将凭证传递到总账系统中。

4. 相关账表查询

选择【业务工作】→【供应链】→【库存管理】→【报表】→【库存账】→【库存台账】，查询条件中选择具体的存货，单击【确定】按钮，进入【库存台账】窗口，如图 6-21 所示。

库存台账

存货分类 CPU		编码 001		名称 i7处理器		代码	
规格		单位 个		库存单位		安全库存	
最高库存		最低库存		代管供应商			
单据日期	审核日期	单据号	摘 要		收入数量	发出数量	结存数量
			仓库	单据类型			
			期初结存				700.00
2019-01-11	2019-01-11	00001	原料库	材料出库单		80.00	620.00
2019-01-17	2019-01-17	0000000001	原料库	其他出库单		60.00	560.00
2019-01-17	2019-01-17	0000000001	配件库	其他入库单	60.00		620.00
2019-01-24	2019-01-24	00010	原料库	销售出库单		80.00	540.00
2019-01-25	2019-01-25	00011	原料库	销售出库单		20.00	520.00
			本月合计		60.00	240.00	520.00
			本年累计		60.00	240.00	520.00
			合计		60.00	240.00	520.00

图 6-21 【库存台账】窗口

从台账上可以看出调拨的情况。

选择【业务工作】→【供应链】→【存货核算】→【账表】→【账簿】→【明细账】，查询条件中选择具体的存货(如 i7 处理器)和配件库，进入【明细账】窗口，如图 6-22 所示。

图 6-22 【明细账】窗口

(四) 盘点业务

1. 输入盘点单

选择【业务工作】→【供应链】→【库存管理】→【盘点业务】，单击【增加】按钮，输入单据头上的部分信息，如图 6-23 所示。

图 6-23 盘点单

单击工具栏上的【盘库】按钮，系统提示【盘库将删除未保存的所有记录，是否继续】，单击【是】按钮，打开【盘点处理】对话框，选择【按仓库盘点】，如图 6-24 所示。

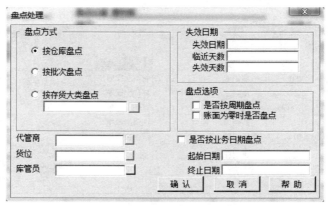

图 6-24 【盘点处理】对话框

单击【确认】按钮，系统将账面盘点结果带回盘点单，输入新的盘点数，如图 6-25 所示。

正数表示盘盈，负数表示盘亏，单击【保存】按钮，再单击【审核】按钮。

第六章　库存管理与存货核算过程

图 6-25　盘点单

2. 其他出入库单审核

选择【业务工作】→【供应链】→【库存管理】→【单据列表】→【其他入库单列表】，查询条件中选择默认值，进入【其他入库单列表】窗口，如图 6-26 所示。

图 6-26　【其他入库单列表】窗口

选择要审核的行(键盘)后，单击【审核】按钮。

如果是盘亏，选择【业务工作】→【供应链】→【库存管理】→【单据列表】→【其他出库单列表】进行审核。

3. 对其他入库单记账并生成凭证

选择【业务工作】→【供应链】→【存货核算】→【业务核算】→【正常单据记账】，进入查询条件后，选择仓库为【原料库】，如图 6-27 所示。

图 6-27　正常单据记账列表

选择要记账的行后，单击【记账】按钮，完成。

选择【业务工作】→【供应链】→【存货核算】→【财务核算】→【生成凭证】，单击工具栏上的【选择】按钮，进入查询条件后选择【其他入库单】。

选择盘盈入库的单据，单击【确定】按钮，将数据复制到生成凭证中，将凭证类别改为【转 转账凭证】，如图 6-28 所示。

图 6-28　生成凭证

· 189 ·

单击【生成】按钮，生成的凭证分录如图 6-29 所示。

```
                            转 账 凭 证
转    字            制单日期：2019.01.27      审核日期：                 附单据数：1
        摘要                      科目名称                     借方金额      贷方金额
其他入库单              原材料/生产用原材料                      16000
其他入库单              待处理财产损溢/待处理流动资产损溢                     16000


票号
日期                    数量      2.00个                  合计      16000    16000
                        单价       80.00
```

图 6-29 生成的凭证分录

单击【保存】按钮，完成生成工作，系统将凭证传送到总账系统。

(五) 其他出库业务

1. 录入其他出库单

选择【业务工作】→【供应链】→【库存管理】→【出库业务】→【其他出库单】，单击【增加】按钮，输入出库资料信息，如图 6-30 所示。

```
                                其他出库单
表体排序                                              ○ 蓝字
                                                      ○ 红字
出库单号 0000000002            出库日期 2019-01-27     仓库 产品库
出库类别 其他出库               业务类型 其他出库       业务号
部门   销售部                  审核日期               备注
     存货编码        存货名称         规格型号       主计量单位   数量      单价
1    006            飞乐1号                          台          9.00
```

图 6-30 其他出库单

单击【保存】按钮，再单击【审核】按钮。

2. 对其他出库单记账

选择【业务工作】→【供应链】→【存货核算】→【业务核算】→【正常单据记账】，进入查询条件后选择仓库为【产品库】，如图 6-31 所示。

```
                                 正常单据记账列表
记录总数：1
选择   日期         单据号        存货编码   存货名称   单据类型     仓库名称   收发类别   数量
      2019-01-27  0000000002    006        飞乐1号    其他出库单   产品库     其他出库    9.00
```

图 6-31 正常单据记账列表

选择要记账的其他出库单后，单击【记账】按钮。

(六) 调整存货成本业务

1. 调整存货入库成本

1) 录入调整单据

选择【业务工作】→【供应链】→【存货核算】→【日常业务】→【入库调整单】，单击【增加】按钮，输入实验资料，如图 6-32 所示。

图 6-32　入库调整单

单击【保存】按钮，再单击【记账】按钮，完成。

2) 生成入库调整凭证

选择【业务工作】→【供应链】→【存货核算】→【财务核算】→【生成凭证】，单击工具栏上的【选择】按钮，在查询条件中选择【入库调整单】，如图 6-33 所示。

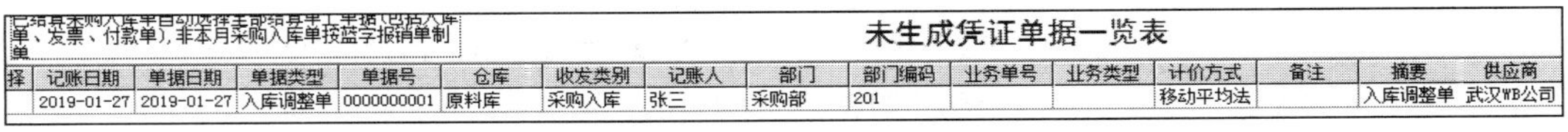

图 6-33　未生成凭证单据一览表

选择要记账的单据后，单击【确定】按钮，返回【生成凭证】窗口，将凭证类别设置为【转 转账凭证】，补充科目信息后，如图 6-34 所示。

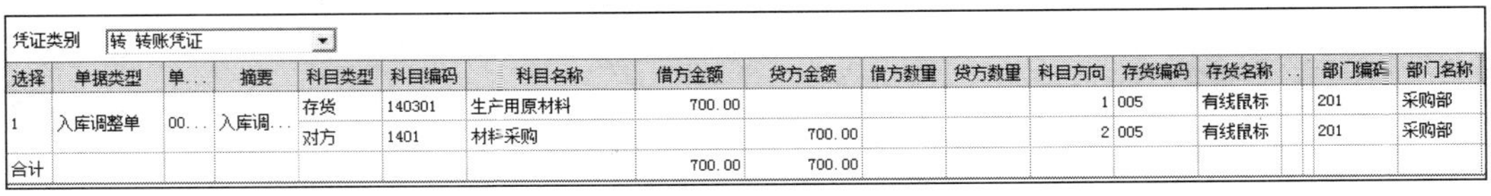

图 6-34　【生成凭证】窗口

单击【生成】按钮，生成凭证分录，如图 6-35 所示。

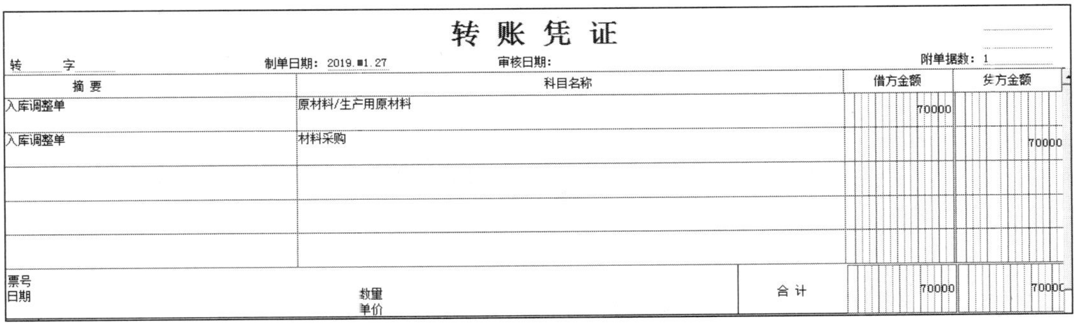

图 6-35　凭证分录

单击【保存】按钮完成生成，凭证传递到总账系统。

3) 查询账簿

选择【业务工作】→【供应链】→【存货核算】→【账表】→【账簿】→【明细账】，打开【明细账】窗口，选择仓库为【原料库】，选择存货为【有线鼠标】，如图 6-36 所示。

明细账

仓库：(1)原料库
存货：(005)有线鼠标
计量单位：只
规格型号：
存货代码：
最高存量：　　最低存量：　　安全库存量：

记账日期	2019年		凭证号	摘要		收入			发出			结存		
	月	日		凭证摘要	收发类别	数量	单价	金额	数量	单价	金额	数量	单价	金额
				期初结存								0.00		0.00
2019-01-27	1	27	转 3	采购入库单	采购入库	300.00	60.00	18,000.00				300.00	60.00	18,000.00
2019-01-27	1	27	转 8	采购入库单	采购入库	50.00	60.16	3,008.18				350.00	60.02	21,008.18
2019-01-27	1	27	转 35	入库调整单	采购入库			700.00				350.00	62.02	21,708.18
				1月合计		350.00		21,708.18	0.00		0.00	350.00	62.02	21,708.18
				本年累计		350.00		21,708.18	0.00		0.00			

图 6-36　【明细账】窗口

从明细账看出，调整数据已经入账，并影响单价。

2. 调整存货出库成本

1) 录入调整数据

选择【业务工作】→【供应链】→【存货核算】→【日常业务】→【出库调整单】，单击【增加】按钮，输入实验资料，如图 6-37 所示。

出库调整单　　　　　　　　　　　　　　　　　　　　　　出库
○其他　　○销售
表体排序

仓库　产品库　　　　　　　　　日期 2019-01-27　　　　　　　单据号 0000000002
收发类别　销售出库　　　　　　部门 销售部　　　　　　　　　客户 北京BA
业务员　　　　　　　　　　　　备注

	存货编码	存货名称	规格型号	计量单位	金额
1	006	飞乐1号		台	1000.00

图 6-37　出库调整单

单击【保存】按钮，再单击【记账】按钮，完成。

2) 生成出库调整凭证

选择【业务工作】→【供应链】→【存货核算】→【财务核算】→【生成凭证】，单击工具栏上的【选择】按钮，在查询条件中选择【出库调整单】，进入【未生成凭证单据一览表】窗口，如图 6-38 所示。

记账基类别入库单自动型基单其基单工具基(范围入库 单、发票、付款单),非本月采购入库单按蓝字据净销制			未生成凭证单据一览表											
	记账日期	单据日期	单据类型	单据号	仓库	收发类别	记账人	部门	部门编码	业务单号	业务类型	计价方式	备注	摘要	供应商	客户
	2019-01-27	2019-01-27	出库调整单	0000000002	产品库	销售出库	张三	销售部	202			全月平均法		出库调整单		北京BA公司

图 6-38　【未生成凭证单据一览表】窗口

选择要记账的单据后，单击【确定】按钮，返回【生成凭证】窗口，将凭证类别设置为【转　转账凭证】，补充科目后如图 6-39 所示。

图 6-39 【生成凭证】窗口

单击【生成】按钮，生成凭证分录，如图 6-40 所示。

图 6-40 凭证分录

单击【保存】按钮完成生成，凭证传递到总账系统中

3) 查询明细账

选择【业务工作】→【供应链】→【存货核算】→【账表】→【账簿】→【明细账】，打开【明细账】窗口，选择仓库为【产品库】，存货选择【飞乐 1 号】，如图 6-41 所示。

图 6-41 【明细账】窗口

从明细账看出，调整数据已经入账。

4) 收发存汇总表查询

选择【业务工作】→【供应链】→【存货核算】→【账表】→【汇总表】→【收发存汇总表】，进入设置条件窗口，按照默认条件设置进入查询，如图 6-42 所示。

收发存汇总表

记账日期：全部
仓库：全部

存货				期初			收入			发出			结存		
编码	代码	名称	计量单位	数量	单价	金额	数量	单价	金额	数量	单价	金额	数量	单价	金额
001		i7处理器	个	700.00	1,200.00	840,000.00	60.00	1,200.00	72,000.00	240.00	1,200.00	288,000.00	520.00	1,200.00	624,000.00
002		1T硬盘	个	200.00	820.00	164,000.00	200.00	802.21	160,441.82	80.00	811.10	64,888.00	320.00	811.11	259,553.82
003		19英寸显示器	台				40.00	1,100.00	44,000.00				40.00	1,100.00	44,000.00
004		有线键盘	个				392.00	80.00	31,360.00				392.00	80.00	31,360.00
005		有线鼠标	只				350.00	62.02	21,708.18				350.00	62.02	21,708.18
006		飞乐1号	台	400.00	5,000.00	2,000,000.00	40.00	3,000.00	120,000.00	292.00	3.42	1,000.00	148.00	14,317.57	2,119,000.00
007		喷墨打印机	台	400.00	1,800.00	720,000.00	40.00	1,400.00	56,000.00	180.00			260.00	2,984.62	776,000.00
合计				1,700.00		3,724,000.00	1,122.00		505,510.00	792.00		353,888.00	2,030.00		3,875,622.00

图 6-42 收发存汇总表

（七）存货期末处理

1. 期末处理

（1）在存货核算系统中，对未记账的单据进行记账。

选择【业务工作】→【供应链】→【存货核算】→【业务核算】→【正常单据记账】，对没有记账的单据进行记账。然后分别选择【发出商品记账】【直运销售记账】【特殊单据记账】，完成相关未记账单据的记账工作。

（2）选择【业务工作】→【供应链】→【存货核算】→【业务核算】→【期末处理】，选择全部仓库，如图 6-43 所示。

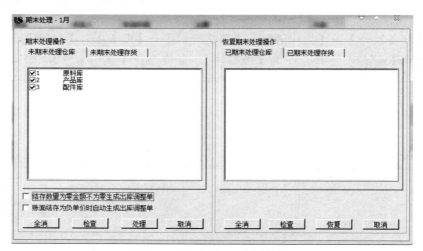

图 6-43 期末处理(选择仓库)

单击左边的【处理】按钮，进入月平均单价计算表，如图 6-44 所示。

仓库名称	存货名称	期初数量	期初金额	入库数量	入库金额	有金额出库数量	有金额出库成本	平均单价	原单价	无金额出库数量	无金额出库成本	出库合计数量	出库合计成本
产品库	飞乐1号	400.00	2,000,000.00	40.00	120,000.00	0.00	1,000.00	4,815.91	4,815.91	292.00	1,406,245.45	292.00	1,407,245.45
配件库	喷墨打印机	400.00	720,000.00	40.00	56,000.00	0.00	0.00	1,763.64	1,763.64	180.00	317,454.55	180.00	317,454.55

图 6-44 仓库平均单价计算表

由于原料库使用的是移动平均法，已经在业务处理过程中计算了单价，所以图 6-44 上没有这部分。

单击工具栏上的【确定】按钮，系统会提示期末处理完毕。

(3) 期末处理后，相关以全月平均法计价的物料，其发出的价格将确定，并进行相应的计算。

选择【业务工作】→【供应链】→【存货核算】→【账表】→【账簿】→【明细账】，进入【明细账】窗口，仓库选择【产品库】，物料选择【飞乐1号】，如图6-45所示。

明细账

仓库：(2) 产品库
存货：(006)飞乐1号 规格型号：
计量单位：台 存货代码：
最高存量： 最低存量： 安全库存量：

记账日期	2019年 月	日	凭证号	摘要 凭证摘要	收发类别	收入 数量	单价	金额	发出 数量	单价	金额	结存 数量	单价	金额
				期初结存								400.00	5,000.00	2,000,000.00
2019-01-27	1	27			销售出库				20.00	4,815.91	96,318.20	380.00	5,009.69	1,903,681.80
2019-01-27	1	27			销售出库				10.00	4,815.91	48,159.10	370.00	5,014.93	1,855,522.70
2019-01-27	1	27			销售出库				10.00	4,815.91	48,159.10	360.00	5,020.45	1,807,363.60
2019-01-27	1	27			销售出库				60.00	4,815.91	288,954.60	300.00	5,061.36	1,518,409.00
2019-01-27	1	27			销售出库				130.00	4,815.91	626,068.30	170.00	5,249.06	892,340.70
2019-01-27	1	27			销售出库				40.00	4,815.91	192,636.40	130.00	5,382.34	699,704.30
2019-01-27	1	27			销售出库				13.00	4,815.91	62,606.83	117.00	5,445.28	637,097.47
2019-01-27	1	27	转 31	产成品入库	产品入库	40.00	3,000.00	120,000.00				157.00	4,822.28	757,097.47
2019-01-27	1	27			其他出库				9.00	4,815.91	43,343.19	148.00	4,822.66	713,754.28
2019-01-27	1	27	转 36	出库调整单	销售出库				1,000.00			148.00	4,815.91	712,754.28
				1月合计		40.00		120,000.00	292.00		407,245.72	148.00	4,815.91	712,754.28
				本年累计		40.00		120,000.00	292.00		407,245.72			

图 6-45 【明细账】(飞乐1号)窗口

从明细账中看出，平均单价已经填入，并进行了金额和相关计算。

(4) 结转销售出库成本。

选择【业务工作】→【供应链】→【存货核算】→【财务核算】→【生成凭证】，单击工具栏上的【选择】按钮，进入查询条件设置，选择【销售专用发票】，单击【确定】按钮，显示【未生成凭证单据一览表】窗口，单击【全选】按钮，如图6-46所示。

未生成凭证单据一览表

已结具采购入库单旦自动选择采购结算具单上采项(以装入库单、发票、付款单)本本月采购入库单接蓝字据销售制

选择	记账日期	单据日期	单据类型	单据号	仓库	收发类别	记账人	部门	部门编码	业务单号	业务类型	计价方式	备注	摘要	供应商	客户
	19-01-27	2019-01-10	专用发票	00001	产品库	销售出库	张三	销售部	202		普通销售	全月平均法		专用发票		北京BA公司
	19-01-27	2019-01-17	专用发票	00002	配件库	销售出库	张三	销售部	202		普通销售	全月平均法		专用发票		北京BA公司
	19-01-27	2019-01-19	专用发票	00003	产品库	销售出库	张三	销售部	202		普通销售	全月平均法		专用发票		武汉WD公司
	19-01-27	2019-01-20	专用发票	00004	产品库	销售出库	张三	销售部	202		普通销售	全月平均法		专用发票		北京BA公司
	19-01-27	2019-01-20	专用发票	00005	配件库	销售出库	张三	销售部	202		普通销售	全月平均法		专用发票		北京BB公司
	19-01-27	2019-01-21	专用发票	00007	配件库	销售出库	张三	销售部	202		普通销售	全月平均法		专用发票		武汉WC公司
	19-01-27	2019-01-22	专用发票	00008	配件库	销售出库	张三	销售部	202		普通销售	全月平均法		专用发票		武汉WC公司
	19-01-27	2019-01-26	专用发票	00012	产品库	销售出库	张三	销售部	202		普通销售	全月平均法		专用发票		武汉WD公司

图 6-46 【未生成凭证单据一览表】窗口1

单击【全选】按钮，再单击【确定】按钮，返回到【生成凭证】窗口，将凭证类别改为【转 转账凭证】，补充录入对方科目为【6401】，如图6-47所示。

单击【合成】按钮，生成凭证(生成一张凭证)，进入【填制凭证】窗口，生成的凭证分录如图6-48所示。

凭证类别		转 转账凭证										
选择	单据类型	单...	摘要	科目类型	科目编码	科目名称	借方金额	贷方金额	借方数量	贷方数量	科目方向	存货编码	存货名称
1	专用发票	00001	专用发票	对方	6401	主营业务成本	96,318.20		20.00		1	006	飞乐1号
				存货	1405	库存商品		96,318.20		20.00	2	006	飞乐1号
		00002		对方	6401	主营业务成本	17,636.40		10.00		1	007	喷墨打...
				存货	1405	库存商品		17,636.40		10.00	2	007	喷墨打...
		00003		对方	6401	主营业务成本	48,159.10		10.00		1	006	飞乐1号
				存货	1405	库存商品		48,159.10		10.00	2	006	飞乐1号
		00004		对方	6401	主营业务成本	48,159.10		10.00		1	006	飞乐1号
				存货	1405	库存商品		48,159.10		10.00	2	006	飞乐1号
		00005		对方	6401	主营业务成本	288,954.60		60.00		1	006	飞乐1号
				存货	1405	库存商品		288,954.60		60.00	2	006	飞乐1号
				对方	6401	主营业务成本	70,545.60		40.00		1	007	喷墨打...
				存货	1405	库存商品		70,545.60		40.00	2	007	喷墨打...
		00006		对方	6401	主营业务成本	70,545.60		40.00		1	007	喷墨打...
				存货	1405	库存商品		70,545.60		40.00	2	007	喷墨打...
		00007		对方	6401	主营业务成本	35,272.80		20.00		1	007	喷墨打...
				存货	1405	库存商品		35,272.80		20.00	2	007	喷墨打...
		00008		对方	6401	主营业务成本	123,454.80		70.00		1	007	喷墨打...
				存货	1405	库存商品		123,454.80		70.00	2	007	喷墨打...
		00012		对方	6401	主营业务成本	62,606.83		13.00		1	006	飞乐1号
				存货	1405	库存商品		62,606.83		13.00	2	006	飞乐1号
合计							861,653.03	861,653.03					

图 6-47 【生成凭证】窗口 1

转 账 凭 证

转 字　　　制单日期：2019.01.29　　审核日期：　　　　　　　附单据数：9

摘要	科目名称	借方金额	贷方金额
专用发票	主营业务成本	86165303	
专用发票	库存商品		86165303
	合计	86165303	86165303

图 6-48 凭证分录 1

单击【保存】按钮，完成凭证编制，凭证被传递到总账系统中。

(5) 结转分期收款发出商品。

选择【业务工作】→【供应链】→【存货核算】→【财务核算】→【生成凭证】，进入【生成凭证】窗口，单击工具栏上的【选择】按钮，在查询条件中选择【分期收款发出商品发货单】，单击【确定】按钮，进入【未生成凭证单据一览表】窗口，如图6-49所示。

					未生成凭证单据一览表							
选择	记账日期	单据日期	单据类型	单据号	仓库	收发类别	记账人	部门	部门编码	业务类型	计价方式	摘要	客户
	2019-01-27	2019-01-23	发货单	00009	产品库	销售出库	张三	销售部	202	分期收款	全月平均法	发货单	武汉WD公司

图 6-49 【未生成凭证单据一览表】窗口 2

选择要生成凭证的行，单击【确定】按钮，返回【生成凭证】窗口，将凭证类别选择为【转 转账凭证】，如图6-50所示。

凭证类别	转 转账凭证											
选择	单据类型	单...	摘要	科目类型	科目编码	科目名称	借方金额	贷方金额	借方数量	贷方数量	科目方向	存货编码	存货名称
1	发货单	00009	发货单	发出商品	1406	发出商品	626,068.30		130.00		1	006	飞乐1号
				存货	1405	库存商品		626,068.30		130.00	2	006	飞乐1号
合计							626,068.30	626,068.30					

图 6-50 【生成凭证】窗口 2

单击【生成】按钮，进入【填制凭证】窗口，生成的凭证分录如图 6-51 所示。

图 6-51 凭证分录 2

单击【保存】按钮完成凭证生成，并将凭证传递到总账系统。

选择【业务工作】→【供应链】→【存货核算】→【财务核算】→【生成凭证】，进入后单击【选择】按钮，进入查询条件，选择【分期收款发出商品专用发票】，单击【确定】按钮，进入选择单据窗口，如图 6-52 所示。

图 6-52 【未生成凭证单据一览表】窗口 3

选择后，单击【确定】按钮，进入【生成凭证】窗口，将凭证类别设为【转 转账凭证】，如图 6-53 所示。

凭证类别	转 转账凭证											
选择	单据类型	单...	摘要	科目类型	科目编码	科目名称	借方金额	贷方金额	借方数量	贷方数量	科目方向	存货编码	存货名称
1	专用发票	00009	专用发票	对方	6401	主营业务成本	240,795.50		50.00		1	006	飞乐1号
				发出商品	1406	发出商品		240,795.50		50.00	2	006	飞乐1号
合计							240,795.50	240,795.50					

图 6-53 【生成凭证】窗口 3

单击【生成】按钮，进入【填制凭证】窗口，生成的凭证分录如图 6-54 所示。

单击【保存】按钮，完成凭证生成，凭证自动传到总账系统中。

(6) 结转委托代销发出商品。

选择【业务工作】→【供应链】→【存货核算】→【财务核算】→【生成凭证】，进入【生成凭证】窗口，单击工具栏上的【选择】按钮，查询条件选择【委托代销发出商品发货单】，单击【确定】按钮，进入【未生成凭证一览表】窗口，如图 6-55 所示。

转 账 凭 证

制单日期：2019.01.29

摘要	科目名称	借方金额	贷方金额
专用发票	主营业务成本	24079550	
专用发票	发出商品		24079550
	合计	24079550	24079550

图 6-54　凭证分录 3

图 6-55　【未生成凭证单据一览表】窗口 4

凭证类别	转 转账凭证										
选择	单据类型	单...	摘要	科目类型	科目编码	科目名称	借方金额	贷方金额	借方数量	贷方数量	科目方向	存货编码	存货名称
1	委托代销...	00001	委托代...	发出商品	1406	发出商品	192,636.40		40.00		1	006	飞乐1号
				存货	1405	库存商品		192,636.40		40.00	2	006	飞乐1号
合计							192,636.40	192,636.40					

图 6-56　【生成凭证】窗口 4

单击【生成】按钮，生成的凭证分录如图 6-57 所示。

转 账 凭 证

制单日期：2019.01.29

摘要	科目名称	借方金额	贷方金额
委托代销发货单	发出商品	19263640	
委托代销发货单	库存商品		19263640
	合计	19263640	19263640

图 6-57　凭证分录 4

单击【保存】按钮，完成凭证生成，并将凭证传递到总账系统。

选择【业务工作】→【供应链】→【存货核算】→【财务核算】→【生成凭证】，进入后单击【选择】按钮，进入查询条件，选择【委托代销发出商品专用发票】，单击【确定】按钮，进入选择单据窗口，如图 6-58 所示。

选择后，单击【确定】按钮，进入【生成凭证】窗口，将凭证类别设为【转 转账凭证】，补充输入科目，如图 6-59 所示。

图 6-58 选择单据窗口 1

选择	记账日期	单据日期	单据类型	单据号	仓库	收发类别	记账人	部门	部门编码	业务单号	业务类型	计价方式	备注	摘要	供应商	客户
	2019-01-27	2019-01-27	专用发票	00010	产品库	销售出库	张三	销售部	202		委托	全月平均法		专用发票		北京BB公司
	2019-01-27	2019-01-27	专用发票	00013	产品库	销售出库	张三	销售部	202		委托	全月平均法		专用发票		北京BB公司

图 6-58　选择单据窗口 1

凭证类别	转 转账凭证											
选择	单据类型	单...	摘要	科目类型	科目编码	科目名称	借方金额	贷方金额	借方数量	贷方数量	科目方向	存货编码	存货名称
1	专用发票	00010	专用发票	对方	6401	主营业务成本	144,477.30		30.00		1	006	飞乐1号
				发出商品	1406	发出商品		144,477.30		30.00	2	006	飞乐1号
		00013		对方	6401	主营业务成本	-19,263.64		-4.00		1	006	飞乐1号
				发出商品	1406	发出商品		-19,263.64		-4.00	2	006	飞乐1号
合计							125,213.66	125,213.66					

图 6-59　【生成凭证】窗口 5

单击【合成】按钮，进入【填制凭证】窗口，生成的凭证分录如图 6-60 所示。

转 账 凭 证

转　字　　　　　制单日期：2019.01.29　　　审核日期：　　　　　　　　　　附单据数：2

摘要	科目名称	借方金额	贷方金额
专用发票	主营业务成本	12521366	
专用发票	发出商品		12521366
票号 日期	数量 单价	合计 12521366	12521366

图 6-60　凭证分录 5

单击【保存】按钮，完成凭证生成，凭证自动转到总账系统中。

(7) 其他未生成凭证的业务生成凭证。

选择【业务工作】→【供应链】→【存货核算】→【财务核算】→【生成凭证】，进入后单击工具栏上的【选择】按钮，进入查询条件，选择全部单据，单击【确定】按钮，进入选择单据窗口，如图 6-61 所示。

选择	记账日期	单据日期	单据类型	单据号	仓库	收发类别	记账人	部门	部门编码	业务单号	业务类型	计价方式	备注	摘要
	2019-01-27	2019-01-27	其他出库单	0000000002	产品库	其他出库	张三	销售部	202		其他出库	全月平均法		其他出库单

图 6-61　选择单据窗口 2

选择全部单据后，单击【确定】按钮进入【生成凭证】窗口，将凭证类别设为【转 转账凭证】，补充科目信息，如图 6-62 所示。

凭证类别	转 转账凭证											
选择	单据类型	单...	摘要	科目类型	科目编码	科目名称	借方金额	贷方金额	借方数量	贷方数量	科目方向	存货编码	存货名称
1	其他出库单	00...	其他出...	对方	660199	其他	43,343.19		9.00		1	006	飞乐1号
				存货	1405	库存商品		43,343.19		9.00	2	006	飞乐1号
合计							43,343.19	43,343.19					

图 6-62　【生成凭证】窗口 6

单击【生成】按钮，进入【填制凭证】窗口，生成的凭证分录如图 6-63 所示。

转 账 凭 证

转　字　　　制单日期：2019.01.29　　审核日期：　　　　　　　　　　　　　附单据数：1

摘 要	科目名称	借方金额	贷方金额
其他出库单	销售费用/其他	4334319	
其他出库单	库存商品		4334319
	合 计	4334319	4334319

图 6-63　凭证分录 6

捐助贫困地区的业务作为销售部费用，单击【保存】按钮完成。

2. 与总账系统对账

选择【业务工作】→【供应链】→【存货核算】→【财务核算】→【与总账对账】，进入【对账】窗口，可查看相关数据。对账之前，应将凭证进行记账。对账结果如图 6-64 所示。

与总账对账

会计年度 2019　　会计月份 1月份

编码	科目名称	存货系统				总账系统			
		期初结存金额	借方发生金额	贷方发生金额	期末结存金额	期初结存金额	借方发生金额	贷方发生金额	期末结存金额
140301	生产用原材料	1004000.00	257510.00	352888.00	908622.00	1004000.00	257510.00	352888.00	908622.00
1405	库存商品	2720000.00	302000.00	1778700.92	1243299.08	2720000.00	302000.00	1778700.92	1243299.08

图 6-64　对账结果

第七章

总账与报表处理过程

第一节 总账与报表处理过程概述

总账与报表处理过程是从审核原始凭证、编制记账凭证开始，到记账、对账、结账、编制会计报表的一系列会计账务处理过程。

一、总账与报表处理过程的目标与内容

(一) 总账与报表处理过程的目标

(1) 及时、准确、完整地采集和输入会计凭证。
(2) 对输入系统的记账凭证进行审核并记账。
(3) 正确完成结账工作。
(4) 方便快速地输出各种账簿、凭证和会计报表，为企业内外部用户提供其所需要的会计报表。
(5) 建立与其他子系统的数据接口，实现会计数据及时传递与共享。

(二) 总账与报表处理过程的内容

(1) 经济业务发生后，会计人员要将能够以货币计量的经济业务纳入会计信息系统，并确定经济业务的发生对会计要素的具体影响。
(2) 通过审核原始凭证，分析具体经济业务，编制记账凭证。
(3) 根据审核无误的记账凭证登记账簿，以便分类反映各项会计要素。
(4) 期末应结算各账户的发生额和余额，并将余额转入下期。
(5) 编制会计报表，为会计信息使用者提供信息。

二、典型业务过程

（一）凭证处理

1. 输入凭证

输入凭证作为总账系统的数据入口，是会计信息系统中重要的日常工作。在计算机环境下，凭证输入的重要性更加突出，因为凭证输入后，其他许多工作如记账、报表编制及银行对账等几乎全部由计算机自动完成。

凭证输入模块的功能是将记账凭证的格式显示在屏幕上，财会人员通过键盘输入一张凭证。在输入过程中允许修改凭证(如插入、删除一条分录)，凭证输入的数据存放在临时凭证库中。当凭证输入后存盘时进行正确性检查，如果凭证正确无误，则保存在凭证文件。

2. 查询凭证

通过凭证查询功能，对凭证进行查看，并且可以追溯到相应的业务单据，以便随时了解经济业务发生的情况，保证凭证的正确性。

3. 审核凭证

审核是指由具有审核权限的操作员按照会计制度规定，对记账凭证进行合法性检查。其主要审核记账凭证是否与原始凭证相符、会计分录是否正确等。审查认为错误或有异议的凭证，应交与填制人员修改后再审核。

4. 记账

记账即登记账簿，它是以会计凭证为依据，将经济业务全面、系统、连续地记录到具有账户基本结构的账簿中，是会计核算的主要方法之一。记账凭证经审核签字后，即可用来登记总账和明细账、日记账、部门账、往来账、项目账及备查账等。记账工作采用向导方式，由具有记账权限的操作员发出记账指令，计算机按照预先设计的记账程序自动进行合法性检验、科目汇总、登记账簿等操作。

（二）账簿处理

企业发生的经济业务，经过制单、审核、记账等程序后，就形成正式的会计账簿。账簿处理包括基本会计核算账簿的查询和输出，以及各种辅助账的查询和输出。

1. 基本会计核算账簿处理

基本会计核算账簿处理包括总账、余额表、日记账、明细账、序时账和多栏账的查询及打印。

2. 辅助核算账簿处理

辅助核算账簿处理包括部门核算、往来核算、项目核算的总账、明细账的查询及打印，以及相关报表如部门收支表、账龄分析表、项目统计表等的查询及打印。

（三）期末处理

期末处理是指在将本期所发生的经济业务全部登记入账后所要做的工作，其主要包括转账、对账和结账。

1. 转账

第一次使用转账功能时，应先进行转账定义。转账定义功能包括自定义转账设置、对应结转设置、销售成本结转设置、汇兑损益结转设置、期间损益结转设置等。

在完成转账定义后，期末只需执行转账生成功能即可快速生成转账凭证，在此生成的转账凭证将自动追加到未记账凭证中。

2. 对账

对账是对账簿数据进行核对，以检查记账是否正确及账簿是否平衡。它主要是通过核对总账与明细账、总账与辅助账数据来完成账账核对的。

3. 结账

每期期末都需要进行结账处理，在信息化环境下结账就是一种成批数据处理过程，每期结账一次，主要是对当期日常处理的限制和对下期账簿的初始化。

业财一体化系统结账顺序如图 7-1 所示，总账系统最后进行结账。

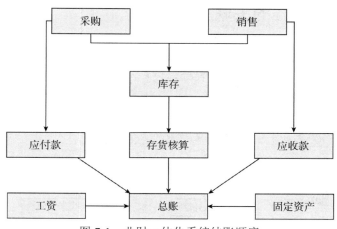

图 7-1　业财一体化系统结账顺序

（四）报表定义

报表定义包括新建报表、报表格式定义和报表公式定义。

1. 新建报表

报表是以文件形式存放的，新建报表即创建新报表文件，且给该报表命名。

2. 报表格式定义

报表格式就是报表的样式，报表处理提供了丰富的格式设计功能，如设置表尺寸、画表格线、调整行高列宽、设置关键字等。

3. 报表公式定义

报表公式定义主要包括报表取数公式定义和报表审核公式定义。

报表取数公式定义是根据报表与账簿、报表与报表及报表与其他系统之间的关系，将报表编制方法通过取数公式加以描述。报表中的数据根据其来源可以分为三类：从总账系统或其他系统取数据；经计算得到的数据；人工输入的外部数据。

报表审核公式定义也叫报表钩稽关系定义。审核公式是根据表内及表间数据的钩稽关系定义的，利用审核公式可以检查报表数据的正确性。

（五）报表编制

报表编制是根据用户定义的报表格式和报表取数公式生成填有数据的会计报表的过程，对于已经定义好报表格式和报表取数公式的报表，只需运行报表编制(计算)功能，系统就可自动生成所需要的报表。

（六）报表审核

报表编制完成后，可以执行报表审核功能对报表进行审核。报表审核是根据事先定义的报表数据钩稽关系来检查报表数据正确性的。

三、与其他业务过程的关联

总账系统是会计信息系统的核心系统，它可以与会计信息系统的其他子系统和业务系统无缝连接，实现数据共享。总账与报表处理过程与其他业务过程的关联，如图7-2所示。

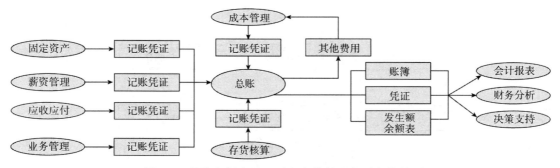

图7-2　总账与报表处理过程与其他业务过程的关联

第二节　总账与报表处理系统功能模块

一、总账系统功能模块

总账系统功能模块，如图7-3所示。

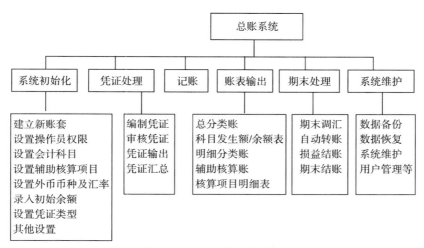

图 7-3　总账系统功能模块

二、报表处理系统功能模块

报表处理系统功能模块，如图 7-4 所示。

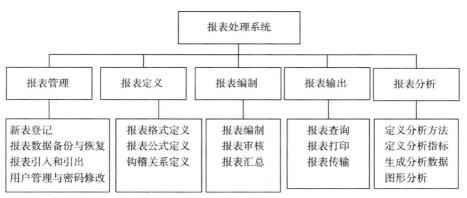

图 7-4　报表处理系统功能模块

三、与相关子系统的接口

总账与报表处理子系统与相关子系统的接口，如图 7-5 所示。

(1) 工资核算与管理过程生成工资费用分配凭证传递到总账处理过程。

(2) 固定资产核算与管理过程生成固定资产变动、盘盈盘亏、计提折旧和减值准备凭证传递到总账处理过程。

(3) 采购管理过程输入采购发票，付款业务过程审核发票并核算该发票的款项，生成采购和支付款项等会计凭证传递到总账处理过程。

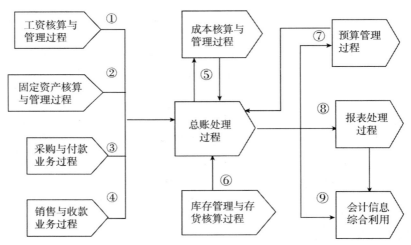

图 7-5　总账与报表处理子系统与相关子系统的接口

(4) 销售管理过程输入销售发票，收款业务过程审核发票并核算该发票的款项，生成销售和款项收回等会计凭证传递到总账处理过程。

(5) 成本核算与管理过程的业务数据所生成的凭证传递到总账处理过程。在成本核算业务处理过程中，如果计入生产成本的间接费用和其他费用来源于总账处理过程，则在成本核算时，要从总账系统中取得间接费用和其他费用数据。

(6) 存货核算过程将存货入库核算和存货出库核算的凭证传送到总账处理过程。库存管理过程定期清查盘点存货并编制存货盘点报告单；存货核算过程对存货盘盈盘亏结果进行会计处理，生成存货盘盈盘亏的记账凭证并传递到总账处理过程。

(7) 预算管理过程可以从总账处理过程中采集预算执行情况数据。如果在参数设置中选择了对总账凭证进行预算控制，则总账处理过程在编制记账凭证时，可根据预算管理中的预算数据进行预算控制。

(8) 报表处理过程从总账处理过程中采集数据编制会计报表。

(9) 总账和报表处理过程采集和储存各种会计数据，可以进一步加工处理，以综合利用会计信息。

第三节　总账与报表处理应用实训

一、实验目的

(1) 掌握业财一体化软件总账系统日常业务处理的各种操作及流程。
(2) 掌握会计报表编制的原理及流程。
(3) 理解业财一体化软件期末处理的流程及操作。

二、实验内容

(1) 凭证管理，包括查询凭证、审核凭证、记账等处理，以及从凭证到账簿到业务单据的联查。

(2) 账簿管理，包括序时账、日记账、明细账和余额表的查询和打印，以及账簿到凭证到业务单据的联查。

(3) 转账处理，包括自定义转账和期间损益结转。

(4) 报表编制，利用模板编制资产负债表和利润表。

(5) 期末结账。

三、实验资料

所有凭证列表，如表7-1所示。

表7-1 所有凭证列表

凭证编号	摘要	借方金额合计	贷方金额合计	系统名
收-0001	收款单	143 840	143 840	应收系统
收-0002	现结	75 400	75 400	应收系统
收-0003	现结	75 400	75 400	应收系统
收-0004	收款单	20 000	20 000	应收系统
收-0005	收款单	200 000	200 000	应收系统
付-0001	付款单	37 120	37 120	应付系统
付-0002	现结	20 880	20 880	应付系统
付-0003	付款单	15 000	15 000	应付系统
转-0001	采购专用发票	37 120	37 120	应付系统
转-0002	采购入库单	32 000	32 000	存货核算系统
转-0003	采购入库单	18 000	18 000	存货核算系统
转-0004	红字回冲单	-80 000	-80 000	存货核算系统
转-0005	蓝字回冲单	78 000	78 000	存货核算系统
转-0006	采购专用发票	90 480	90 480	应付系统
转-0007	运费发票	191 900	191 900	应付系统
转-0008	采购入库单	165 450	165 450	存货核算系统
转-0009	采购专用发票	51 040	51 040	应付系统
转-0010	采购入库单	44 000	44 000	存货核算系统
转-0011	采购专用发票	-928	-928	应付系统
转-0012	采购入库单	-800	-800	存货核算系统
转-0013	采购入库单	56 000	56 000	存货核算系统
转-0014	销售专用发票	143 840	143 840	应收系统
转-0015	销售专用发票	26 100	26 100	应收系统

(续表)

凭证编号	摘要	借方金额合计	贷方金额合计	系统名
转-0016	销售专用发票	540 560	540 560	应收系统
转-0017	销售专用发票	153 120	153 120	应收系统
转-0018	销售专用发票	194 880	194 880	应收系统
转-0019	其他应收单	900	900	应收系统
转-0020	销售专用发票	377 000	377 000	应收系统
转-0021	销售专用发票	226 200	226 200	应收系统
转-0022	销售专用发票	185 600	185 600	应收系统
转-0023	专用发票	120 000	120 000	存货核算系统
转-0024	销售专用发票	98 020	98 020	应收系统
转-0025	销售专用发票	-30 160	-30 160	应收系统
转-0026	专用发票	54 000	54 000	存货核算系统
转-0027	采购发票	62 640	62 640	存货核算系统
转-0028	销售专用发票	97 440	97 440	应收系统
转-0029	预收冲应收	0	0	应收系统
转-0030	计提坏账准备	-963.70	-963	应收系统
转-0031	产成品入库单	120 000	120 000	存货核算系统
转-0032	材料出库单	160 888	160 888	存货核算系统
转-0033	调拨单	72 000	72 000	存货核算系统
转-0034	其他入库单	160	160	存货核算系统
转-0035	入库调整单	700	700	存货核算系统
转-0036	出库调整单	1 000	1 000	存货核算系统
转-0037	专用发票	861 653.03	861 653.03	存货核算系统
转-0038	发货单	626 068.30	626 068.30	存货核算系统
转-0039	专用发票	240 795.50	240 795.50	存货核算系统
转-0040	委托代销发货单	192 636.40	192 636.40	存货核算系统
转-0041	专用发票	125 213.66	125 213.66	存货核算系统
转-0042	其他出库单	43 343.19	43 343.19	存货核算系统
转-0043	待处理财产损溢转营业外收入	160	160	
转-0044	期间损益结转	1 866 060	1 866 060	

四、实验操作指导

(一) 凭证管理

1. 查询凭证

以王五的身份登录企业应用平台,选择【业务工作】→【财务会计】→【总账】→

【凭证】→【查询凭证】，进入【凭证查询】条件设置窗口，如图7-6所示。

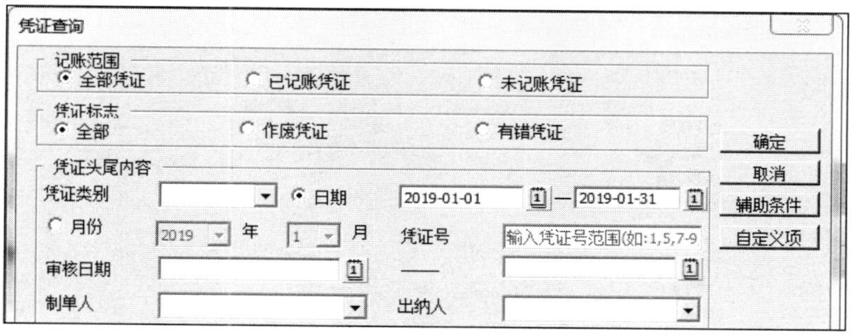

图7-6 【凭证查询】条件设置窗口

单击【确定】按钮，显示【查询凭证列表】窗口，如图7-7所示。

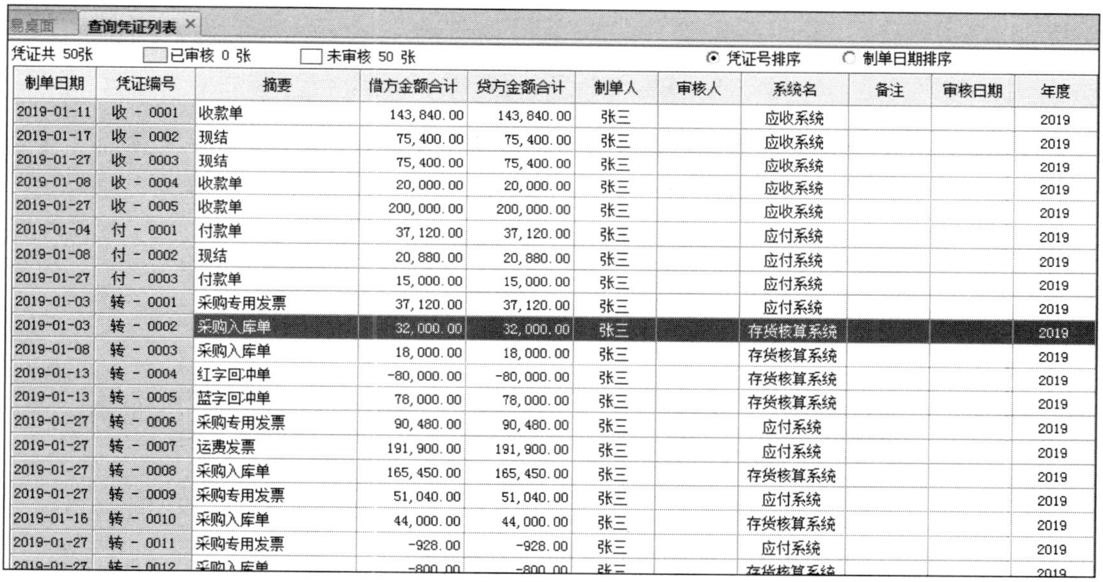

图7-7 【查询凭证列表】窗口

双击凭证列表中任一行可以查看相应的凭证，在图7-7中双击【转-0002】号凭证显示【转-002号】转账凭证，如图7-8所示。

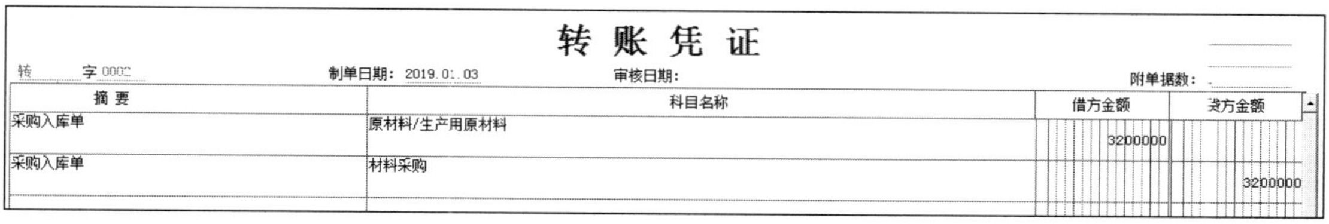

图7-8 【转-002号】转账凭证

单击第一条分录中科目【原材料-生成用原材料】，选择菜单栏中的【联查】→【联查明细账】，可以查看【原材料-生成用原材料】明细账，如图7-9所示。

原材料明细账

科目 140301 生产用原材料

2019年		凭证号数	摘要	借方	贷方	方向	余额
月	日						
			上年结转			借	1,004,000.00
01	03	转-0002	*采购入库单	32,000.00		借	1,036,000.00
01	08	转-0003	*采购入库单	18,000.00		借	1,054,000.00
01	13	转-0004	*红字回冲单	-80,000.00		借	974,000.00
01	13	转-0005	*蓝字回冲单	78,000.00		借	1,052,000.00
01	16	转-0010	*采购入库单	44,000.00		借	1,096,000.00
01	25	转-0023	*专用发票		120,000.00	借	976,000.00
01	27	转-0008	*采购入库单	165,450.00		借	1,141,450.00
01	27	转-0012	*采购入库单	-800.00		借	1,140,650.00
01	27	转-0032	*材料出库单		160,888.00	借	979,762.00
01	27	转-0033	*调拨单		72,000.00	借	907,762.00
01	27	转-0034	*其他入库单	160.00		借	907,922.00
01	27	转-0035	*入库调整单	700.00		借	908,622.00
01			当前合计	257,510.00	352,888.00	借	908,622.00
01			当前累计	257,510.00	352,888.00	借	908,622.00

图 7-9 【原材料-生成用原材料】明细账

在【转-002 号转账凭证】窗口选择菜单栏中【联查】→【联查原始单据】，显示【单据联查】窗口，其包括相关的采购入库单、采购结算单和采购发票，如图 7-10 所示。

图 7-10 【单据联查】窗口

双击相应的单据可以实现记账凭证与相关业务单据的联查。双击【采购发票】，联查采购发票，如图 7-11 所示。

专用发票

表体排序

业务类型 普通采购　　　　　　　发票类型 专用发票　　　　　　　发票号 00001
开票日期 2019-01-03　　　　　供应商 武汉WB　　　　　　　代垫单位 武汉WB
采购类型 普通采购　　　　　　　税率 16.00　　　　　　　　部门名称 采购部
业务员 赵六　　　　　　　　　币种 人民币　　　　　　　　汇率 1.00000000
发票日期　　　　　　　　　　　付款条件　　　　　　　　　备注

	存货编码	存货名称	规格型号	主计量	数量	原币单价	原币金额
1	004	有线键盘		个	400.00	80.00	32000.00

图 7-11 联查采购发票

依此可进行其他凭证及相关业务单据的查询。

2. 审核凭证

选择【业务工作】→【财务会计】→【总账】→【凭证】→【审核凭证】,显示【凭证审核】对话框,如图7-12所示。

图7-12 【凭证审核】对话框

单击【确定】按钮,显示【凭证审核列表】窗口,如图7-13所示。

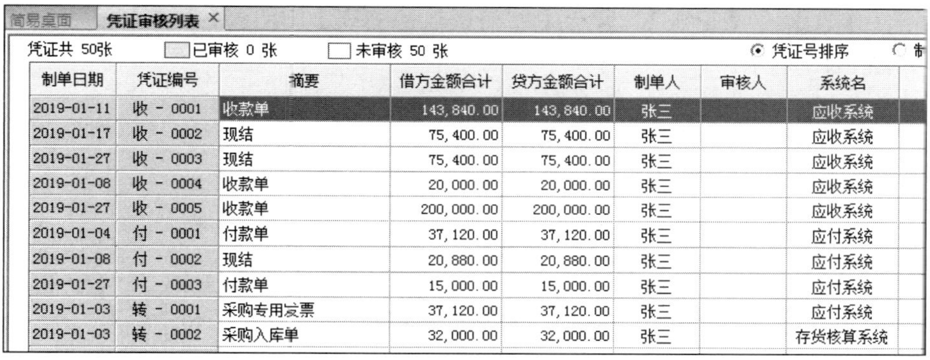

图7-13 【凭证审核列表】窗口

双击第一行显示相应的凭证,单击菜单栏上的【审核】按钮,即完成该凭证的审核。也可以单击菜单栏上的【批处理】→【成批审核凭证】来完成所有凭证的审核,如图7-14所示。

图7-14 成批审核凭证

3. 记账

选择【业务工作】→【财务会计】→【总账】→【凭证】→【记账】,显示【记账】

对话框，如图 7-15 所示。

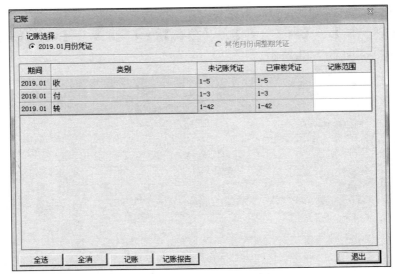

图 7-15 【记账】对话框

单击【全选】→【记账】，显示【期初试算平衡表】，单击【确定】按钮，完成凭证记账，如图 7-16 所示。

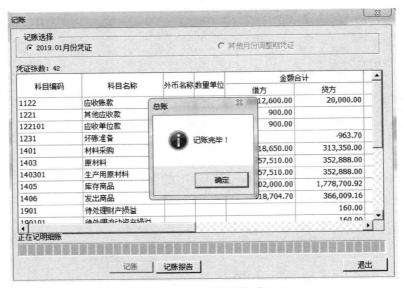

图 7-16 完成凭证记账

（二）账簿管理

1. 序时账查询

选择【业务工作】→【财务会计】→【总账】→【账表】→【科目账】→【序时账】，

弹出【序时账查询条件】对话框，先设置查询条件，如果凭证还没有记账，就需要选择【包含未记账凭证】复选框，如图 7-17 所示。

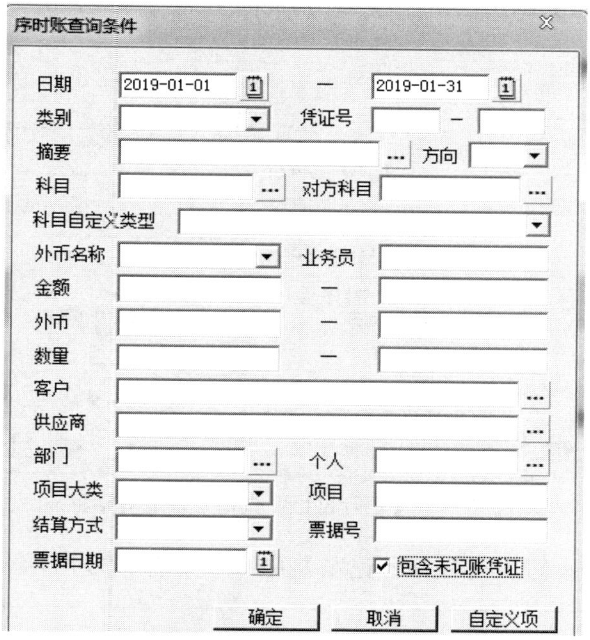

图 7-17　【序时账查询条件】对话框

单击【确定】按钮，序时账查询结果如图 7-18 所示。

日期	凭证号数	科目编码	科目名称	摘要	方向	数量	外币	金额
2019.01.03	转-0001	1401	材料采购	采购专用发票	借			32,000.00
2019.01.03	转-0001	22210101	进项税额	采购专用发票	借			5,120.00
2019.01.03	转-0001	2202	应付账款	采购专用发票_武汉WB_赵六	贷			37,120.00
2019.01.03	转-0002	140301	生产用原材料	采购入库单	借	400.00		32,000.00
2019.01.03	转-0002	1401	材料采购	采购入库单	贷			32,000.00
2019.01.04	付-0001	2202	应付账款	*付款单_武汉WB_赵六	借			37,120.00
2019.01.04	付-0001	100201	工行存款	*付款单_02_GH100_2019.01.04	贷			37,120.00
2019.01.08	收-0004	100201	工行存款	*收款单_02_WC0108_2019.01.08	借			20,000.00
2019.01.08	收-0004	2203	预收账款	*收款单_武汉WC_刘七	贷			20,000.00
2019.01.08	付-0002	1401	材料采购	*现结_02	借			18,000.00
2019.01.08	付-0002	22210101	进项税额	*现结_02	借			2,880.00
2019.01.08	付-0002	100201	工行存款	*现结_02_GH101_2019.01.08	贷			20,880.00
2019.01.08	转-0003	140301	生产用原材料	采购入库单	借	300.00		18,000.00
2019.01.08	转-0003	1401	材料采购	采购入库单	贷			18,000.00
2019.01.10	转-0014	1122	应收账款	销售专用发票_北京BA_刘七	借			143,840.00
2019.01.10	转-0014	6001	主营业务收入	销售专用发票	贷			124,000.00
2019.01.10	转-0014	22210102	销项税额	销售专用发票	贷			19,840.00
2019.01.11	收-0001	100201	工行存款	*收款单_02_BA0111_2019.01.11	借			143,840.00
2019.01.11	收-0001	1122	应收账款	*收款单_北京BA_刘七	贷			143,840.00

图 7-18　序时账查询结果

可以双击某一条记录查询相应的凭证。

2. 银行日记账查询

选择【业务工作】→【财务会计】→【总账】→【出纳】→【银行日记账】，弹出【银行日记账查询条件】对话框，如图 7-19 所示。

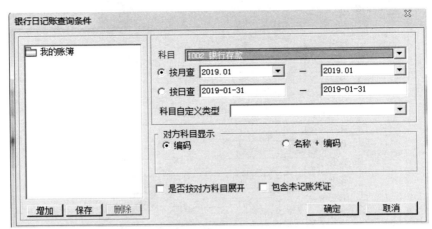

图 7-19　【银行日记账查询条件】对话框

选择科目、月份，进入【银行日记账】窗口，如图 7-20 所示。

银行日记账

科目　1002 银行存款

2019年		凭证号数	摘要	结算号	对方科目	借方	贷方	方向	余额
月	日								
			上年结转					借	1,185,000.00
01	04	付-0001	付款单_02_GH100_2019.01.04	转账支票-GH100	2202		37,120.00	借	1,147,880.00
01	04		本日合计				37,120.00	借	1,147,880.00
01	08	收-0004	收款单_02_WC0108_2019.01.08	转账支票-WC0108	2203	20,000.00		借	1,167,880.00
01	08	付-0002	现结_02_GH101_2019.01.08	转账支票-GH101	1401,22210101		20,880.00	借	1,147,000.00
01	08		本日合计			20,000.00	20,880.00	借	1,147,000.00
01	11	收-0001	收款单_02_BA0111_2019.01.11	转账支票-BA0111	1122	143,840.00		借	1,290,840.00
01	11		本日合计			143,840.00		借	1,290,840.00
01	17	收-0002	现结_02_WD0117_2019.01.17	转账支票-WD0117	6001,22210102	75,400.00		借	1,366,240.00
01	17		本日合计			75,400.00		借	1,366,240.00
01	27	收-0003	现结_02_BA0119_2019.01.19	转账支票-BA0119	6001,22210102	75,400.00		借	1,441,640.00
01	27	收-0005	收款单_02_2019.01.27	转账支票	1122	200,000.00		借	1,641,640.00
01	27	付-0003	付款单_02_GH166_2019.01.27	转账支票-GH166	2202		15,000.00	借	1,626,640.00
01	27		本日合计			275,400.00	15,000.00	借	1,626,640.00
01			当前合计			514,640.00	73,000.00	借	1,626,640.00
01			当前累计			514,640.00	73,000.00	借	1,626,640.00

图 7-20　【银行日记账】窗口

3. 余额表查询

余额表可以反映总括的数据情况，在实际工作中非常有用。选择【财务会计】→【总账】→【账表】→【科目账】→【余额表】，进入【发生额及余额表】窗口，输入查询条件，单击【确定】按钮，如图 7-21 所示。

发生额及余额表

科目编码	科目名称	期初余额		本期发生		期末余额	
		借方	贷方	借方	贷方	借方	贷方
1001	库存现金	7,000.00				7,000.00	
1002	银行存款	1,185,000.00		514,640.00	73,000.00	1,626,640.00	
1122	应收账款	157,600.00		2,012,600.00	363,840.00	1,806,360.00	
1221	其他应收款			900.00		900.00	
1231	坏账准备		10,000.00		-963.70		9,036.30
1401	材料采购			336,650.00	313,350.00	23,300.00	
1403	原材料	1,004,000.00		257,510.00	352,888.00	908,622.00	
1405	库存商品	2,720,000.00		302,000.00	1,778,700.92	1,243,299.08	
1406	发出商品			818,704.70	366,009.16	452,695.54	
1601	固定资产	1,200,000.00				1,200,000.00	
1602	累计折旧		152,982.00				152,982.00
1901	待处理财产损溢				160.00		160.00
资产小计		6,273,600.00	162,982.00	4,243,004.70	3,246,984.38	7,268,816.62	162,178.30
2202	应付账款		276,850.00	52,120.00	432,252.00		656,982.00
2221	应交税费			62,482.00	298,400.00		235,918.00
负债小计			276,850.00	114,602.00	730,652.00		892,900.00
4001	实收资本		5,000,000.00				5,000,000.00
4103	本年利润		833,768.00				833,768.00
权益小计			5,833,768.00				5,833,768.00

图 7-21 【发生额及余额表】窗口

4. 明细账查询

选择【财务会计】→【总账】→【账表】→【科目账】→【明细账】,弹出【明细账查询条件】对话框,如图 7-22 所示。

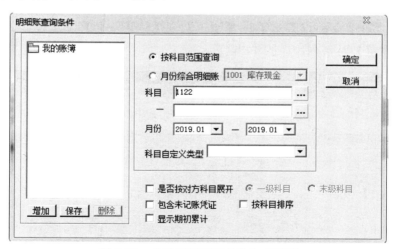

图 7-22 【明细账查询条件】对话框

选择科目【1122】,单击【确定】按钮,应收账款明细账查询结果,如图 7-23 所示。

应收账款明细账

科目 1122 应收账款

2019年		凭证号数	摘要	借方	贷方	方向	余额
月	日						
			上年结转			借	157,600.00
01	10	转-0014	销售专用发票_北京BA_刘七	143,840.00		借	301,440.00
01	11	收-0001	收款单_北京BA_刘七		143,840.00	借	157,600.00
01	14	转-0015	销售专用发票_北京BA_刘七	26,100.00		借	183,700.00
01	20	转-0016	销售专用发票_北京BB_刘七	540,560.00		借	724,260.00
01	21	转-0017	销售专用发票_武汉WC_刘七	153,120.00		借	877,380.00
01	22	转-0018	销售专用发票_武汉WD_刘七	194,880.00		借	1,072,260.00
01	25	转-0022	销售专用发票_武汉WD_刘七	185,600.00		借	1,257,860.00
01	26	转-0024	销售专用发票_武汉WD_刘七	98,020.00		借	1,355,880.00
01	26	转-0025	销售专用发票_北京BB_刘七	-30,160.00		借	1,325,720.00
01	27	收-0005	收款单_武汉WD_刘七		200,000.00	借	1,125,720.00
01	27	转-0020	销售专用发票_武汉WD_刘七	377,000.00		借	1,502,720.00
01	27	转-0021	销售专用发票_北京BB_刘七	226,200.00		借	1,728,920.00
01	27	转-0028	销售专用发票_武汉WD_刘七	97,440.00		借	1,826,360.00
01	27	转-0029	销售专用发票_武汉WC_刘七		20,000.00	借	1,806,360.00
01			当前合计	2,012,600.00	363,840.00	借	1,806,360.00
01			当前累计	2,012,600.00	363,840.00	借	1,806,360.00
			结转下年			借	1,806,360.00

图 7-23 应收账款明细账查询结果

(三) 转账处理

1. 自定义转账

1) 自定义转账设置

选择【业务工作】→【总账】→【期末】→【转账定义】→【自定义转账】，进入【自定义转账设置】对话框，如图 7-24 所示。

图 7-24 【自定义转账设置】对话框

单击【增加】按钮，输入转账信息，如图 7-25 所示。

图 7-25 输入转账信息

单击【确定】按钮，返回【自定义转账设置】窗口，单击【增行】按钮，定义相关信息，如图 7-26 所示。单击【保存】按钮保存。

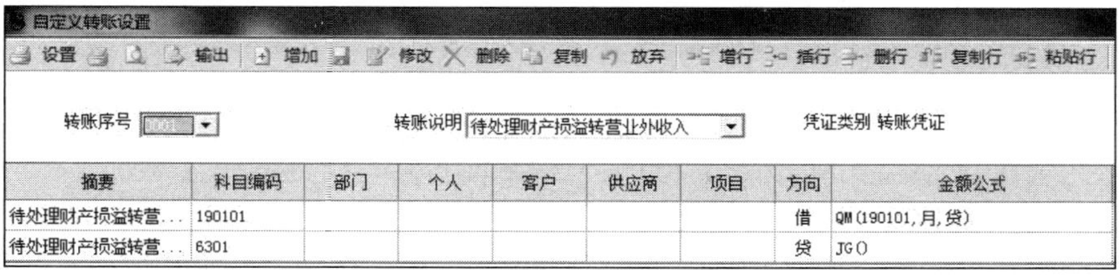

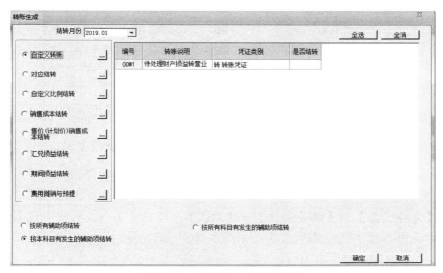

图 7-26　自定义转账分录设置

2) 自定义转账生成

选择【业务工作】→【总账】→【期末】→【转账生成】，打开【转账生成】对话框，如图 7-27 所示。

图 7-27　【转账生成】对话框

依次单击【全选】【确定】按钮，生成凭证，如图 7-28 所示。单击【保存】按钮保存。

图 7-28　生成凭证

对本张凭证进行【审核】【记账】操作。

2. 期间损益结转

在其他系统生成的凭证及在总账系统上生成的【待处理财产损溢转营业外收入】转账凭证，均记账完成后，再进行本实验。

1) 期间损益结转设置

选择【业务工作】→【财务会计】→【总账】→【期末】→【转账定义】→【期间损益】，进入【期间损益结转设置】窗口。选择本年利润科目编码【4103】(本年利润)，凭证类别为【转 转账凭证】，如图 7-29 所示。

图 7-29　【期间损益结转设置】窗口

2) 期间损益结转凭证生成

选择【业务工作】→【财务会计】→【总账】→【期末】→【转账生成】，打开【转账生成】对话框，单击【全选】按钮，如图 7-30 所示。

图 7-30　【转账生成】对话框

单击【确定】按钮,生成转账凭证,单击【保存】按钮,完成凭证生成,如图 7-31 所示。

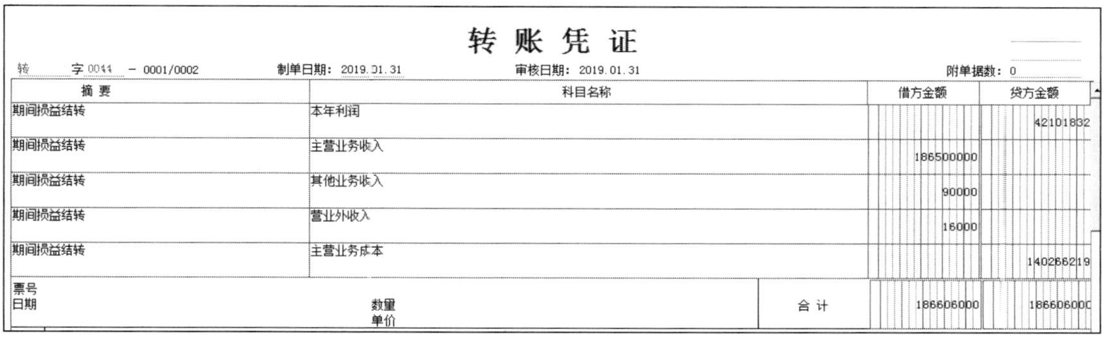

图 7-31 生成转账凭证

对本张凭证进行【审核】【记账】操作。

(四) 报表编制

1. 利用模板制作资产负债表

1) 定义报表

选择【业务工作】→【财务会计】→【UFO 报表】,进入【UFO 报表】窗口,如图 7-32 所示。

图 7-32 【UFO 报表】窗口

选择【文件】→【新建】,系统弹出新建窗口,选择【格式】→【报表模板】,弹出【报表模板】对话框,行业选择【2007 年新会计制度科目】,财务报表选择【资产负债表】,如图 7-33 所示。单击【确认】按钮。

图 7-33 选择报表模板

单击显示有【公式单元】的单元格,在窗口上部的编辑框中会显示出当前单元格的公式,如图 7-34 所示。根据企业的实际情况,调整资产负债表的公式定义、报表格式。

图 7-34 单元格公式

在报表【格式】状态下，选择【数据】→【关键字】→【设置】，可以选择设置【单位名称】【年】【月】等为关键字，如图 7-35 所示。

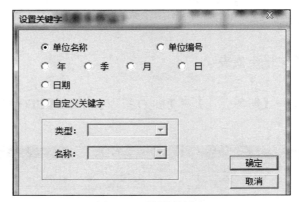

图 7-35 设置关键字

2) 生成报表

选择【数据】→【关键字】→【录入】，打开【录入关键字】对话框，输入关键字，如图 7-36 所示。

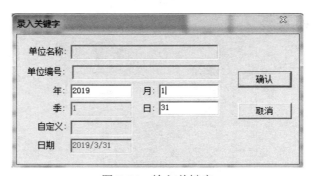

图 7-36 输入关键字

单击【确认】按钮，生成资产负债表，如图 7-37 所示。

资产负债表

编制单位：武汉飞乐电脑公司　　2019 年　1 月　31 日

会企01表
单位：元

资产	行次	期末余额	年初余额	负债和所有者权益（或股东权益）	行次	期末余额	年初余额
流动资产：				流动负债：			
货币资金	1	1,633,640.00	1,192,000.00	短期借款	32		
应收票据	3			应付票据	34		
应收账款	4	1,797,323.70	147,600.00	应付账款	35	656,982.00	276,850.00
应收利息	5			应付职工薪酬	37		
其他应收款	8	900.00	演示数据	应付利息	39		
存货	9	2,668,804.62	3,724,000.00	应付股利	40		
一年内到期的非流动资产	10			其他应付款	41		
流动资产合计	12	6,100,668.32	5,063,600.00	其他流动负债	43		
非流动资产：				流动负债合计	44	892,900.00	276,850.00
可供出售金融资产	15			专项应付款	47		
长期股权投资	17				48		
固定资产	18	1,047,018.00	1,047,018.00	预计负债	49		
在建工程	19			递延所得税负债	50		
生产性生物资产	22			负债合计	53	892900.00	276850.00
长期待摊费用	27			盈余公积	57		
递延所得税资产	28			未分配利润	58	1,254,786.32	833,768.00
其他非流动资产	29			所有者权益（或股东权益）合计	59	6,254,786.32	5,833,768.00
非流动资产合计	30	1047018.00	1047018.00				
资产总计	31	7147686.32	6110618.00	负债和所有者权益（或股东权益）总计	60	7,147,686.32	6,110,318.00

图 7-37　资产负债表

2. 制作利润表

与利用模板制作资产负债表步骤相似。

选择【数据】→【关键字】→【录入】，月份输入【1】，即 1 月，生成的利润表如图 7-38 所示。

利润表

编制单位：武汉飞乐电脑公司　　2019 年　1 月

会企02表
单位：元

项　目	行数	本期金额	上期金额
一、营业收入	1	1,865,900.00	
减：营业成本	2	1,402,662.19	
营业税金及附加	3		
销售费用	4	43,343.19	
管理费用	5	-963.70	
财务费用	6		
资产减值损失	7		
加：公允价值变动收益（损失以"-"号填列）	8		
投资收益（损失以"-"号填列）	9	演示数据	
其中：对联营企业和合营企业的投资收益	10		
二、营业利润（亏损以"-"号填列）	11	420858.32	
加：营业外收入	12	160.00	
减：营业外支出	13		
其中：非流动资产处置损失	14		
三、利润总额（亏损总额以"-"号填列）	15	421018.32	
减：所得税费用	16		
四、净利润（净亏损以"-"号填列）	17	421018.32	

图 7-38　利润表

(五) 期末结账

1. 应收款管理月末结账

选择【业务工作】→【财务会计】→【应收款管理】→【期末处理】→【月末结账】，进行月末结账。

2. 应付款管理月末结账

选择【业务工作】→【财务会计】→【应付款管理】→【期末处理】→【月末结账】，进行月末结账。

3. 采购管理月末结账

选择【业务工作】→【供应链】→【采购管理】→【月末结账】，打开【结账】对话框，单击【结账】按钮，系统会弹出提示信息【是否关闭订单】，如果有未关闭的订单，则单击【是】按钮，进行关闭订单操作，如果已经关闭了相关订单，则单击【否】按钮，系统完成结账工作，如图 7-39 所示。

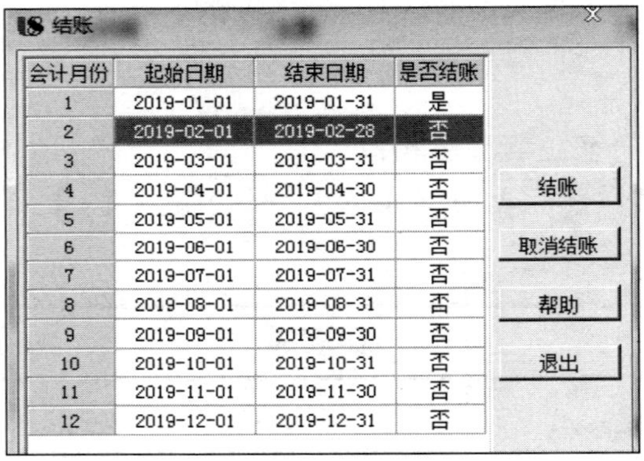

会计月份	起始日期	结束日期	是否结账
1	2019-01-01	2019-01-31	是
2	2019-02-01	2019-02-28	否
3	2019-03-01	2019-03-31	否
4	2019-04-01	2019-04-30	否
5	2019-05-01	2019-05-31	否
6	2019-06-01	2019-06-30	否
7	2019-07-01	2019-07-31	否
8	2019-08-01	2019-08-31	否
9	2019-09-01	2019-09-30	否
10	2019-10-01	2019-10-31	否
11	2019-11-01	2019-11-30	否
12	2019-12-01	2019-12-31	否

图 7-39　采购管理月末结账

4. 销售管理月末结账

选择【业务工作】→【供应链】→【销售管理】→【月末结账】。

单击【结账】按钮完成结账工作。

5. 库存管理月末结账

1) 对账

选择【业务工作】→【供应链】→【库存管理】→【对账】→【库存与存货对账】，选择对账月份进行对账，如图 7-40 所示。

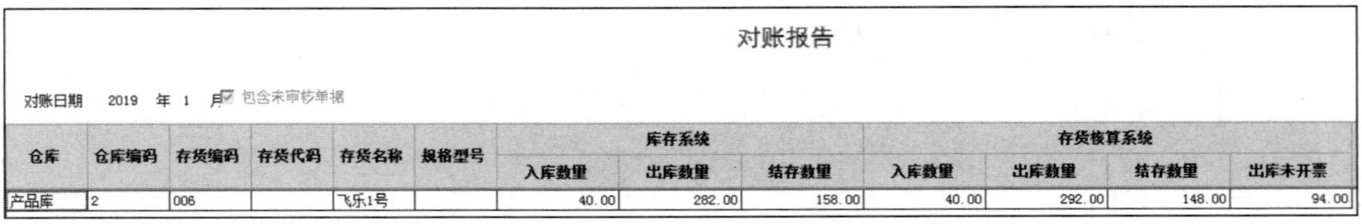

对账报告

对账日期　2019　年　1　月　☑包含未审核单据

仓库	仓库编码	存货编码	存货代码	存货名称	规格型号	库存系统			存货核算系统			
						入库数量	出库数量	结存数量	入库数量	出库数量	结存数量	出库未开票
产品库	2	006		飞乐1号		40.00	282.00	158.00	40.00	292.00	148.00	94.00

图 7-40　对账报告